Minerva
BE

Minervaベイシック・エコノミクス

国際経済学 国際金融編

International Finance

Takekazu Iwamoto
岩本武和 著

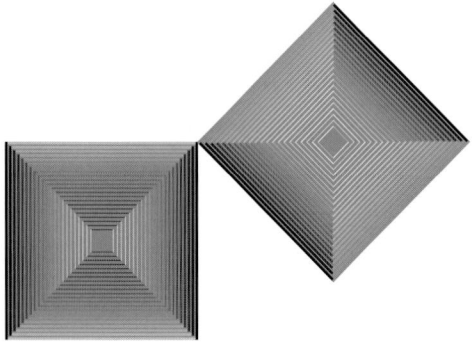

ミネルヴァ書房

はしがき

2つのエピソード

　本書は国際金融論（国際マクロ経済学）のバイエルである。バイエルというのは，ピアノの初学者が最初に通過するテキストであり，私も数十年前，我が家の愚息は現在，悪戦苦闘している。美しい曲も多く含まれるが，あまり面白くない指の練習もある。

　バイエルの練習者には早いけれども，有名な逸話を紹介しよう。昔，ニューヨークの5番街を歩いていたルービンシュタイン（ショパンと同郷であるポーランド出身の世界的ピアニスト）に，ある観光客が「カーネギー・ホールにはどう行ったらよいのですか（How do I get to Carnegie Hall?）」と尋ねたところ，ルービンシュタインは，「練習して，練習して，練習したら行けるのですよ（Practice, Practice, Practice!）」と答えたという。

　ピアノの練習と同様，経済学を含め大学で学ぶ学問には，やはり徹底的な「練習」が必要なのであり，その厳しさは，高校までの受験勉強とは一線を画する。格差社会が進展するなかで，高等教育を受けているはずの本書の読者には，まず自分が然るべき水準のプロフェッショナルになるという自覚を持つべきであると強く思う。

　もう1つ個人的なエピソードを紹介しよう。数年前，入学式後のオリエンテーションで，ある新入生からこんな質問を受けた。「経済学を勉強して何の役に立つのですか？」答えに窮して，こう問い返した。「君は日本史や世界史や，センター試験で理科の勉強をして，何の役に立ったの？」するともちろん「受験勉強の役に立ちました」と言った。咄嗟に答えることができなかったが，家に帰ってから，あの新入生にこう答えれば良かったと思った。

『たそがれ清兵衛』という映画がある。藤沢周平の原作を山田洋次監督が映画化した2002年の作品である。下級武士で，妻を亡くした井口清兵衛は，夜なべの内職をしながら論語の素読をしている幼い娘と，次のような会話をした。「今読んでいるのは論語ではねえか」。「お師匠はんがこれからはおなごも学問しねばだめだっておっしゃったの。お父はん，針仕事習って上手になれば，いつかは着物や浴衣が縫えるようになるだろ。だば，学問したら何の役に立つんだろう」。「そうだなあ。学問は針仕事のようには役にたたねえかもよ。でも，学問しれば自分の頭でものを考えれるようになる。この先世の中どう変わっても，考える力持ってればなんとかして生きて行くこともできる。これは男もおなっこも同じことだ」。

　江戸時代に幼い娘が論語を学ぶことと，現代に経済学の専門化した分野である国際金融論を学ぶこと，それぞれの時代にどう役に立つのだろうか？　今の時代に，論語は役に立たず，国際金融論は役に立ちそうだ。しかし「役に立つ」ということを，目先の近視眼的な，経済学の言葉で言えば，短期的な視点から考えないで欲しいと思う。1990年代以降，日本も世界も，歴史的に見て大きな変革期を経過中である。少子高齢化の日本に必要なことは，長期的には生産性の向上であり，そのために高等教育が果たす役割は大きいはずだ。筆者も読者もその責任は重い。

本書の構成と内容

　ところで，本書が国際金融論のバイエルたるに相応しいテキストかどうかについては，読者の批判を待たなければならない。本書は，4部10章の構成になっている。

　第Ⅰ部は，国際金融論の基礎編で，国際収支と外国為替市場の説明を行っている。おそらく類書と異なる点は，第1章では，フローの統計である国際収支のみならず，ストックの統計である国際投資ポジションにも重点を置いたことである。経常収支と対外純資産の関係や，グロスの対外資産や対外負債の意味については，後の章でも頻出する。第2章では，為替レートの最も古典的なフロー（国際収支）アプローチを使って，変動相場制と固定相場制の違いを詳説

したことである。現代の為替レート・モデルは，こうした古典的なアプローチとは全く異なるが，固定相場制の下での外貨準備の増減等を理解するために，このモデルの直感的な説明は本質から外れていない。

　第Ⅱ部（為替レート・モデル）と第Ⅲ部（国際収支モデル）は，国際マクロ経済学の理論編で，本書の中核をなす。第Ⅱ部では3つの為替レート・モデルを考察するが，それぞれのモデルにおける異なった仮定，それらから導出される異なった結論を理解することが重要である。第3章（金利平価とアセット・アプローチ）は，価格が硬直的という仮定を置いた短期の為替レート・モデルで，最も基本となる考え方である。第4章（購買力平価とマネタリー・アプローチ）は，価格が伸縮的という仮定を置いた長期の為替レート・モデルで，第3章とは異なる結論が導出される。この2つの章は，資本移動が完全に自由であり，かつ内外資産が完全に代替的であるという仮定を置いていたが，第5章（ポートフォリオ・バランス・モデル）では，内外資産が不完全代替という異なった仮定を置くことによって，前の章とは異なった結論が導き出される。おそらく類書と異なる点は，これらの章に配置された補論にあるはずである。第1に，対数関数に関する必要な説明を行い，それを使って本文で展開した代数計算に対応させている。第2に，期待（予想）といった将来に対する不確実性を扱う場合，経済主体のリスクに態度がモデルに仮定されているが，これについては，「補論5.1 期待効用関数とリスクプレミアム」で必要最小限の説明を行った。

　第Ⅲ部は，通常のマクロ経済学のテキストでも触れられている内容を多く含んでいる。第6章（経常収支不均衡の調整）では，経常収支の黒字や赤字が，為替レートやマクロ経済政策でどのように調整されるかを論じている。ここでも，価格が伸縮的か硬直的か，完全雇用か不完全雇用かによって結論が異なることが重要である。第7章（マンデル＝フレミング・モデル）は，開放経済下でのマクロ経済政策の有効性を分析する古典的なモデルであり，IS-LM分析と同様に，物価水準が一定のケインズ経済学の枠組みで分析される短期モデルである。ここでは，為替相場制度の違い（変動相場制と固定相場制）や，資本移動の程度の違い（資本移動が完全に自由であるか，資本規制が存在するか）

によって，マクロ経済政策の有効性に違いがあることを理解することが大切である．第8章（資本移動の動学モデル）では，一期間の経常収支だけではなく，異時点間の経常収支に関する動学モデル（異時点間貿易モデル）を，最も簡単な2期間（現在と将来）モデルで考察する．特に，ある期間の経常収支の不均衡が，資本移動（国際貸借）によってファイナンスされる限り，一国の経済厚生が高まることを，ミクロ経済的な基礎付けによって理解することが重要である．現在のマクロ経済学では当たり前のように頻出するものの，初学者には分かりにくいはずの「ミクロ経済的基礎付け」にページを割いて解説を加えたつもりである．また，本章のモデルで得られた理論的結論と，現実の資本移動とがどのように異なっているか（何が理論的に解明できていないか）についても，多くの紙面を使った．

第Ⅳ部（国際資本市場と国際通貨システム）は，国際金融の歴史，制度，および現在を扱っている．第9章（国際通貨システム）では，第2次世界大戦後のブレトンウッズ体制の原則と，金ドル交換停止後の変動相場制とドル本位制にについて，おおよそ1980年代までの国際通貨システムについて解説し，さらにEUで採用されている独自の通貨制度と，単一通貨ユーロ導入までを取り上げる．第10章（国際資本市場と金融のグローバル化）では，国際資本市場について，特にユーロ市場とオフショア市場について説明し，1990年代以降の金融グローバル化と，その下で拡大したグローバルインバランス，さらに頻発する通貨危機，金融危機，債務危機について検討する．2008年のリーマンショックによって頂点に達した世界金融危機，および2009年のギリシャの財政破綻を契機に現在まで続いている欧州債務危機については，2012年半ばまでに筆者が知り得た情報に基づいていることをお断りしたい．

謝　辞

私が教育に力を入れようと思ったのは，恩師の伊東光晴先生（京都大学名誉教授）が，大学院卒業直前に模擬授業をさせて下さり，それを聞いていただいた伊東先生の「君は研究者としてより教育者として一流になる可能性がある」との一言だ．研究とは，当たり前に思われることを抽象化することで，教育と

は，一般化されて難しく見えることを易しく具体化することである。同じことを理解するのに人の数倍も時間がかかる私には，そういう生き方が向いているかもしれないと思った。本山美彦先生（大阪産業大学学長）には，このようなテキストブックを執筆することさえ，受け入れていただけないかもしれない。しかし，国際経済学ではない世界経済論を京都大学で講義するという先生との約束だけは，今後もずっと果たし続けることで，ご寛恕願うしかない。

　日本国際経済学会の諸学兄たちとの交流から学んだことは，私の何よりの知的財産である。また「国際的な資金フローに関する研究会」（財務省財務総合研究所），および「世界経済の構造転換が東アジア地域に与える影響に関する研究会」（内閣府社会総合研究所）の研究メンバーとして参加させていただいたことは，必ずしも専門ではない分野も含むテキストの執筆期間中であったことや，学会関係者だけではなく政策担当者や民間実務家の立場からの視点を学ばせていただけたことでも幸運だった。特に，青木浩治（甲南大学），阿部顕三（大阪大学），井川一宏（京都産業大学），石川城太（一橋大学），石田修（九州大学），市川眞一（クレディ・スイス証券），上田淳二（財務総合政策研究所），遠藤正寛（慶應義塾大学），大田英明（愛媛大学），小川英治（一橋大学），奥村隆平（金城学院大学），嘉治佐保子（慶應義塾大学），加藤隆俊（国際金融情報センター理事長），河合正弘（アジア開発銀行研究所所長），木村福成（慶應義塾大学），神事直人（京都大学），高木信二（大阪大学），竹中正治（龍谷大学），竹森俊平（慶應義塾大学），中西訓嗣（神戸大学），春名章二（岡山大学），藤田誠一（神戸大学），松林洋一（神戸大学），若杉隆平（京都大学・横浜国立大学）の諸先生方には，学会や研究会等で有益なご助言をいただいていることに感謝したい。

　京都大学の経済学研究科に着任して，すでに20年近くなるが，その間の私にとって最大の資産は，卒業生だけで200人を越えるゼミ生や院生たちだ。さらに私の拙い講義を受講してくれた学生たちは，ゼミ生たちの数十倍にも達するはずである。講義の後に，質問を投げかけ，疑問点を指摘してくれたことで，私の教育能力は大いに改善された。歴代のティーチングアシスタント（TA）たちは，真摯に学生たちの質問に答え，ミクロやマクロ，数学や計量などのサ

ブゼミを担当してくれた。特に，長年 TA を務めてくれた荒戸寛樹（信州大学）と磯貝茂樹（京都大学大学院経済学研究科博士後期課程，ペンシルバニア州立大学留学中）の両氏には，本書の第Ⅱ部と第Ⅲ部の原稿を読んでいただき，有益なコメントをいただいたことを記して感謝したい。もちろんありうべきミステイクは全て筆者の責任である。

　ミネルヴァ書房の堀川健太郎氏と初めてお目にかかったのは，もう何年前のことかも忘れてしまった。国際経済学というテキストブックを1人で執筆するという当初の無謀な計画を断念し，2分冊という形での出版を快諾して下さったことに，まずお礼申し上げたい。中西訓嗣氏（神戸大学）には，『国際経済学 国際貿易編』のご執筆をお引き受けいただいたことに感謝すると同時に，読者には本書と合わせて学習されることを強く勧めたい。計画変更後も，筆者の無能故の多忙故，執筆は遅れに遅れ，堀川氏の適切な督促なしに，原稿の完成はありえなかったであろう。

　最後に私事にわたるが，家計という面では全くの不経済学者である夫と違い我が家の生活を支えてくれている妻と，いつもわれわれに笑顔と元気と希望を与え続けてくれている息子に「ありがとう」の言葉をおくりたい。

　　2012年8月17日

　　　　　　　　　　　　　　　　　　　　　　　　　　　　岩 本 武 和

国際経済学 国際金融編

目　次

はしがき

序　章　国際金融論の考え方……………………………………………1

　1　ミクロ経済学的な視点……2
　2　マクロ経済学的な視点……8

第Ⅰ部　国際収支と外国為替市場

第1章　国際収支と国際投資ポジション……………………………18

　1.1　国民経済計算と国際収支統計……18
　1.2　国際収支の構成……25
　1.3　国際投資ポジション……31

第2章　外国為替市場と為替レート…………………………………38

　2.1　外国為替市場の構造……38
　2.2　為替レートのフロー・アプローチ……42
　2.3　変動相場制と固定相場制……46
　2.4　直物為替レートと先物為替レート……48
　2.5　名目為替レートと実質為替レート……51
　2.6　実効為替レート……53
　補論2.1　カバー付き金利平価……55
　補論2.2　実効為替レートと通貨バスケット……57

第Ⅱ部　為替レート・モデル

第3章　金利平価とアセット・アプローチ……………………………………64

3.1　フロー・アプローチからアセット・アプローチへ……64
3.2　金利平価と無裁定条件……66
3.3　アセット・アプローチ……68
3.4　為替レートのオーバーシューティング……73
3.5　国際金融のトリレンマ……77
補論 3.1　対数関数の利用(1)……80
補論 3.2　カバー付き金利平価(CIP)とカバーなし金利平価(UIP)の違い……84

第4章　購買力平価とマネタリー・アプローチ……………………………87

4.1　購買力平価……87
4.2　貿易財と非貿易財……90
4.3　マネタリー・アプローチの基本方程式……94
4.4　フィッシャー効果と実質金利平価……96
4.5　マネーサプライの成長率と為替レートの変化率……99
補論 4.1　対数関数の利用(2)……104
補論 4.2　ビッグマック指数と購買力平価の推移……108
補論 4.3　バラッサ＝サミュエルソン効果の数学的証明……110

第5章　ポートフォリオ・バランス・アプローチ……………………………113

5.1　資産の不完全代替性とリスクプレミアム……113
5.2　リスクプレミアムを含む為替レート・モデル……114
5.3　ポートフォリオ・バランス・アプローチ……120

補論 5.1　期待効用関数とリスクプレミアム……124
補論 5.2　一国の資金循環……128

第Ⅲ部　国際収支モデル

第 6 章　経常収支不均衡の調整……………………………………132

6.1　対外インバランスとは何か……132
6.2　弾力性アプローチ……134
6.3　アブソープション・アプローチ……142
補論 6.1　マーシャル＝ラーナー条件の数学的導出……149
補論 6.2　国際収支のマネタリー・アプローチ……151

第 7 章　マンデル＝フレミング・モデル…………………………154

7.1　IS-LM-FX モデル……154
7.2　IS-LM-BP モデル……159
7.3　資本規制の効果……163

第 8 章　資本移動の動学モデル……………………………………172

8.1　異時点間の予算制約……173
8.2　消費の決定——資本移動の利益（消費の平準化）……177
8.3　生産の決定——資本移動の利益（投資の効率化）……186
8.4　2 国・2 期間モデルにおける消費・生産・経常収支の決定……193
8.5　資本移動の理論と現実……196
補論 8.1　現在価値……202

第Ⅳ部　国際資本市場と国際通貨システム

第9章　国際通貨システム……210

9.1　ブレトンウッズ体制……210
9.2　ブレトンウッズ体制の崩壊と変動相場制への移行……216
9.3　変動相場制とドル本位制の構造……219
9.4　ユーロと最適通貨圏……224
補論9.1　レーガノミックスと双子の赤字……230
補論9.2　ラテンアメリカの債務危機……232

第10章　金融のグローバル化と国際資本市場……234

10.1　国際資本市場……234
10.2　金融のグローバル化……238
10.3　グローバルインバランス……245
10.4　世界金融危機……251
10.5　欧州債務危機……257
補論10.1　アジア通貨危機……264

練習問題解答……269
文献・統計資料案内……276
索　　引……281

序章　国際金融論の考え方

　金融のグローバル化（financial globalization），すなわち金融市場のグローバルな統合（global integration of capital markets）は，国際的な資産取引を飛躍的に増大させ，資本移動を激増させた。その背景には，冷戦終結後の1990年代以降に進んだグローバル化によって，政治システムや経済システムなどの諸制度が，民主主義や市場経済といった1つの制度に収斂し，IT革命によって，領土的国境や地理的距離が意義を失ったこと[1]，いわゆる**ホームバイアス**の低下がある。

　金融グローバル化の恩恵の1つは，それまで先進国から民間資金を調達することが困難だった新興市場諸国が，国際資本市場にアクセスできるようになったことである。しかし，新興市場経済への巨額の資本流入は，多くの点でそれまでとは異なった**通貨危機**や**金融危機**を発生させることになった。しかも金融危機は，新興国だけでなく，先進国でも頻発するようになったのである。

　1997年のアジア通貨危機，バブル崩壊後の日本の金融危機，2008年のリーマンショックで頂点に達したアメリカ発の世界金融危機，2009年のギリシャ危機を発端とする欧州債務危機と信用不安……。相次ぐ金融危機は，実体経済に深刻なダメージを与え，多くの人々が職を失った。他方こうした危機によって，巨額の利益を手にした一握りの人たちがいることも確かで，所得格差は社会に大きな亀裂をもたらした。大学などでは，ファイナンス関係の講義が人気を集める一方で，実体経済から乖離した貨幣経済の肥大化を糾弾する論調もかまびすしい。

---

[1] これは国際金融（貨幣経済）には当てはまることではあるが，国際貿易（実体経済）には必ずしも当てはまらない。例えば，地理的距離が近い諸国によるFTA（自由貿易協定）の締結は数多くあるし，「産業の集積」による規模の経済性は比較優位の源泉となる。

こうした中で国際金融論という経済学の一領域を学ぶためには，危機が発生するメカニズムを冷徹な眼差しをもって分析するクールヘッドと，痛みを受けた他者への共感を研ぎ澄ますウォームハートしかない（アルフレッド・マーシャル）。このような問題意識を持ちながら，序章では，金融のグローバル化と金融危機の発生メカニズムを，「ミクロ経済学的な視点」（市場メカニズムとは何か）と，「マクロ経済学な視点」（肥大化した貨幣経済とは何か）という2つの視点から考察することによって，本論で多用するいくつかの経済学的な考え方を紹介しよう。

1 ミクロ経済学的な視点

2007年にNHKで放送された『ハゲタカ』というドラマは，利益を手にした一握りの人たちの側から，金融ビジネスの動機（さらに彼らの立場に立った社会正義の実現は可能かまで）を分かりやすく描いている。ときは金融危機の真っ直中にある1998年の日本。米系投資ファンド本社のトップから「日本を買い叩け（Buy Japan out !）」というミッションを受け，同社の日本法人代表取締役に任命された鷲津政彦は，キックオフミーティングで部下たちにこう告げる。「目標はただ1つ。安く買って高く売ること。そして腐ったこの国を買い叩く」。

ハゲタカが最初のターゲットにした腐った獲物は，巨額の不良債権を抱え瀕死の状態にある日本の銀行。同行が抱える額面総額1000億円（同行の時価査定額400億円）を越える計53件の不良債権を90億円で買い叩き，それらを高く売り飛ばすことで，高い目標利回りを実現させる。他方，安く買い叩かれた案件のうち，新たな債権者への返済が不可能となった経営者は自殺に追い込まれていく。実体経済の痛みである[2]。

---

[2] もう少し続けると，「外資ファンドによる企業買収が金銭目的に過ぎる」というマスコミからの批判に対し，鷲津はインタビューでこう切り返す。「お金を稼ぐことがいけないことでしょうか？ 私がやろうとしていることはルールに則った正当な企業再生です。その結果得られる正当な報酬に何か問題があるのですか？ 日本は資本主義社会でしょう。そこに何か問題があるのですか？」その後，鷲津は従業員による↗

裁定と一物一価

一般に**安く買って高く売る**という経済取引を**裁定**（arbitrage）という（第3章，および第4章を参照）。裁定は，上記の企業買収のみならず，ほとんど全てのビジネスの基本である。というより，私たちが日常的に行っている経済行為そのものであると言ってよい。

表0-1のような数値例を考えよう。全く同じ品質の自動車が，日本では200万円，アメリカでは3万ドルで販売されているとしよう。為替レートが1ドル＝100円である場合，次のような裁定取引を行うことによって利益を得ることができる。①200万円でこの自動車を日本で購入し，②アメリカへ輸出すれば，3万ドルで販売することができ，③入手した3万ドルを外国為替市場で売れば，300万円を買うことができる。この裁定取引で，当初の200万円は300万円となり，差額の100万円が利益となる[3]。

こうした裁定が可能であるのは，日米間で自動車に**価格差**があったからである。3万ドルで販売されているアメリカ製自動車の価格は，円に換算すると300万円（3万ドル×100円）に相当するが，同じ自動車が日本では200万円で販売されている。つまり，価格の安い日本で自動車を買い，それを価格の高いアメリカで売ることによって，100万円の価格差が利益となったのである。

ここで，日本製自動車（自国財）に対するアメリカ製自動車（外国財）の相対価格，すなわち，

$$\frac{\text{アメリカ製自動車}}{\text{日本製自動車}} = \frac{3\text{万ドル} \times 100\,(\text{円／ドル})}{200\text{万円}} = \frac{300\text{万円}}{200\text{万円}} = 1.5$$

を**実質為替レート**という（第2章および第4章を参照）。これに対して，自国通貨に対する外国通貨の相対価格である1ドル＝100円は，**名目為替レート**である。

↘企業買収（EBO）という手法を使って，雇用を守りながら企業再生を目指すファンドを自ら立ち上げることになる。

(3) さらにいえば，最初に200万円を持っていなくてもよい。**自己資本**がゼロでも，銀行から金利5％で200万円を借りれば，10万円の利子コストを払っても90万円を儲けることができる。これが後述する**高レバレッジ型のビジネスモデル**である。

表 0-1　裁定と一物一価

	自動車価格	名目為替レート	実質為替レート
日　　本 アメリカ	200万円（↗225万円） 3万ドル（↘2.5万ドル）	1ドル＝100円（↘90円）	1.5（↘1）

　問題はこれからである。①日本ではアメリカへの輸出によって需要が増加することで，自動車の価格が200万円から225万円へと上昇し，②アメリカでは日本からの輸入によって供給が増加することで，自動車の価格が3万ドルから2.5万ドルへと下落したとしよう。③他方，外国為替市場ではドル売り（ドル供給）・円買い（円需要）が発生しているので，名目為替レートが1ドル＝100円から1ドル＝90円へと円高・ドル安に変動したとしよう（第2章を参照）。

　このとき，アメリカ製自動車の価格は円で換算すると225万円（2.5万ドル×90円）となり，日本製自動車と同じ価格になっている。このように，地域間の価格差を利用して利益を稼ぐ裁定によって，地域間の価格差が消滅し**一物一価**が成立する。

　またこのとき，実質為替レートは，

$$\frac{\text{アメリカ製自動車}}{\text{日本製自動車}} = \frac{2.5\text{万ドル} \times 90\text{円（円／ドル）}}{225\text{万円}} = \frac{225\text{万円}}{225\text{万円}} = 1$$

となる。このように，日米間で一物一価が成立しているときの名目為替レート（225万円／2.5万ドル）を**購買力平価**という（第4章を参照）。いうまでもなく，一物一価が成立すると，裁定取引によって利益を稼ぐ機会も消滅する。裁定機会がなくなる条件を**無裁定条件**（no-arbitrage condition）というが，この場合では実質為替レートが1となることが無裁定条件である[4]。

---

[4]　裁定取引は，私たちが日常行っている経済行為や，よく見聞きする経済取引そのものといってよい。全く同じ品質のキャベツが，Aスーパーでは100円，Bスーパーでは150円という情報が分かれば，私たちはAスーパーで買い物をするだろう。すると，Aスーパーでのキャベツの需要は増加し，翌日は125円へと上昇するかもしれない。逆にBスーパーではキャベツの需要が減少するので，翌日は125円へと下落させる↗

市場メカニズムは働くか

ところで，裁定取引によって実際に一物一価が成立するためには，次のような**市場メカニズム**が働かなければならない。日米間の自動車価格の例に戻ろう。日米間で一物一価が成立するためには，以下の①と②のメカニズムが作用する必要がある。

① まず，日米の自動車市場（財市場）において**価格が伸縮的**でなければならない。すなわち，需要が増加すれば価格が上昇し，供給が増加すると価格が下落するといった**市場メカニズム（価格メカニズム）**が有効に作用しなければならない。

② また，外国為替市場においても**為替レートが伸縮的**でなければならない。すなわち，ドル買いが増えればドル高になり，ドル売りが増えればドル安になるといった**変動相場制**が有効に作用しなければならない。

逆にいえば，財市場と外国為替市場で，価格による調整メカニズムが働かなければ，裁定による一物一価は成立せず，日米間で**内外価格差**が残ったままになる。内外価格差がある世界よりも，一物一価になっている世界の方が望ましいと考えるから，経済理論の多くは，市場経済は望ましいという価値判断を前提としている。そして，**価格が伸縮的**で市場メカニズムが働くケースを**長期**とし，**価格が硬直的**で市場メカニズムが働かないケースを**短期**として，便宜的に区別している（第 3 章を参照）。

ここで注意を要するのは，市場メカニズムが働くというのは，実際にはそう簡単な話ではないことだ。例えば，上記①のメカニズムが働くためには，アメリカで自動車価格が下がらなければならない。日本からの供給が増えたから，

↘かもしれない。私たちの当たり前の経済行為によって，両スーパーで一物一価が成立する可能性がある。

　全く同様に，東京外国為替市場では 1 ドル＝90 円のとき，ニューヨーク外国為替市場では 1 ドル＝100 円であったとしよう。このとき，ドルの安い東京において，90 円で 1 ドルを買い，それをドルの高いニューヨークにおいて，100 円で売ると，10 円の価格差が利益となって儲かる。こうした裁定取引によって，東京ではドル買い・円売りが発生して 1 ドル＝95 円へとドル高・円安に動き，ニューヨークではドル売り・円買いが発生して 1 ドル＝95 円へとドル安・円高に動く。こうした為替裁定によって，両市場で一物一価が成立する。

アメリカで価格が自動的に下がるように記述したが，実際には，アメリカの自動車メーカーが，何とかして価格を下げなければならないのである。

価格を下げるためには，ⓐ労働生産性（$y=Y/L$）を上げるか，ⓑコストとりわけ人件費（$W=wL$）を下げるしかない。ここで，Y は生産高，L は雇用者数，w は一人あたり賃金率（ユニット・レーバー・コスト）である[5]。労働生産性の上昇は技術進歩を伴わなければならないので，短期的には期待できない。したがってコストのうち多くを占める人件費 W の削減しかないが，それには，賃金 w のカットか，雇用 L の削減しかない。どちらにしても，実体経済（アメリカ）への痛みを伴う。

こうした痛みを伴う①の調整メカニズムを拒否すれば，②の調整メカニズムを利用するしかない。例えば，日米間の自動車価格が全く変化しないくらい価格が硬直的ならば，名目為替レートが1ドル＝67円（200万円／3万ドル）へと大きく円高に動けばよい。しかし，1ドル＝100円から67円へといった大幅な円高には，為替リスクが伴う。つまり同じ3万ドルの自動車を販売しても，円建ての受取額が300万円から200万円へと大きく減少してしまう。同じ財を輸出して，受取額が変動するというのも，実体経済（日本）への痛みである。

欧州債務危機

2009年のギリシャの財政赤字をきっかけに広がった欧州債務危機は，この①②のメカニズムが全く働かなかった典型的な事例である。ユーロという共通通貨を採用しているユーロ圏諸国では，②のメカニズムは全く作用しない。そこでユーロ導入後，①のメカニズムを作用させるべく，生産性の上昇や労働市場改革を柱とした中期計画（リスボン戦略）にユーロ圏諸国は合意した。そうしなければ，ユーロ圏内で一物一価は成立せず，大きな価格差が残存したまま共通通貨を使用することは，最適通貨圏の理論から考えても困難が伴うからであ

---

[5] 自動車の価格を p とし，産出量 Y が全て労働 L だけで行われているならば，

$$pY=wL \quad \therefore p=w\times(L/Y)=w/y$$

と表されるから，p を下げるためには，w を下げるか（L を下げるか），y を上げるしかない。

る（第9章，第10章を参照）。

　しかし，①のメカニズムを有効に働かせるための構造改革に成功したのは，ドイツなどユーロ圏の一部の国に過ぎず，ギリシャをはじめとするいわゆるPIIGS（またはGIIPS）諸国（ポルトガル・イタリア・アイルランド・ギリシャ・スペイン）では，この改革がほとんど進まなかった。特に労働人口の3分の1が公務員で，年金も平均で61歳から，前倒しで55歳から受給できるギリシャでは，大きな財政赤字へとつながった。財政の破綻が明らかなのに，強い通貨であるユーロ建ての国債を発行でき続けたという矛盾（ユーロ建てギリシャ国債の過大評価）によって，ギリシャ国債は売り捌かれ，国債の価格が急落（利回りは急騰）したのである。

　自ら痛みを伴う構造改革ができない場合，マーケット（裁定業者）自らが市場メカニズムを作用させ，冷徹に不均衡を調整することになるのである。いうまでもなく，過大評価された価格差が裁定業者の利益となる。

　さて，ここで2つのことを念頭に置いて，本書を読み進めて欲しいと思う。第1に，金融危機，例えば上記の欧州債務危機といった経済現象について，ただ日々刻々変化する新しい事実をフォローするだけでは，事柄の本質を理解したことにはならず，そこにどのようなメカニズムが働いているかを，できるだけ経済学の考え方を使って，理解することに努めなければならない。そうでなければ経済学的な認識にまで深めることはできない。本書は，そのためのツールを提供している。

　第2に，経済学の考え方を使って，メカニズムを理論的に解明することは大切であるけれども，現実にはそうしたメカニズムが自動的に働くわけではない。本書において，あたかも自動的に作用するように記述している経済メカニズムは，現実には多くの困難が伴っていることも忘れないで欲しいと思う。市場メカニズムを働かせるためには，痛みを伴うことが多い。たとえ痛みを伴ってでも，「理論が教える通りに（市場経済は望ましいという価値判断に従って）現実を変革すること」も1つのスタンスではあるけれども，それに伴う痛みに社会がどこまで耐えうるかまで考えを深めなければ，社会科学的な認識にまで高めることはできない（残念ながら，本書はそこまでの思考回路を提供できてい

ない)。

　この2つが，クールヘッド（冷徹な頭脳）とウォームハート（他者への共感）である。

2　マクロ経済学的な視点

　冒頭で，金融のグローバル化に伴って，新興国だけでなく先進国でも，金融危機が頻発するようになったことを述べたが，金融のグローバル化に伴って，もう1つよくいわれることは，貨幣経済の肥大化である。どうやら〈金融のグローバル化⇒貨幣経済の肥大化⇒金融危機〉という論理的連関がありそうだ。しかし，この「⇒」でつながれているメカニズムには，まだいくつかのミッシングリンク（失われた環）があり，それを1つずつ埋めて，論理的な飛躍がないようにしていく作業が経済学の仕事だ。もちろんミッシングリンクというからには，未解決の問題も含まれているが，何と何をつなぐリンクが，どのように未解決なのか，という問いを立てることも重要である。そこでまず，よく耳にするはずの「貨幣経済の肥大化」とは，何を意味しているのかを考えよう。

金融資産の飛躍的拡大と資産バブル

　図0-1は，世界の金融資産残高（株式・社債・国債・預金の総計）の推移を示したものである。これをグローバルな貨幣経済の規模を表すものとみなそう。これに対し，世界のGDPは実体経済の規模を表す。金融資産残高は，1980年には12兆ドル（対世界GDP比は109%）に過ぎず，世界の貨幣経済の規模は，実体経済の規模にほぼ等しかった。しかし1990年になると，54兆ドル（同201%）となり，貨幣経済は実体経済の2倍にまで膨らみ，2000年には，114兆ドル（同321%）となって3倍を超えた。そしてリーマンショック直前の2007年には，202兆ドル（同376%）にまで達し，貨幣経済の規模は1980年の水準に比べて17倍にまで膨らんだ。

　ところで，図0-2に示されているバランスシートは，ある時点において経済主体が保有している資産を借方（左側）に，それに対応する負債と自己資本

序章　国際金融論の考え方

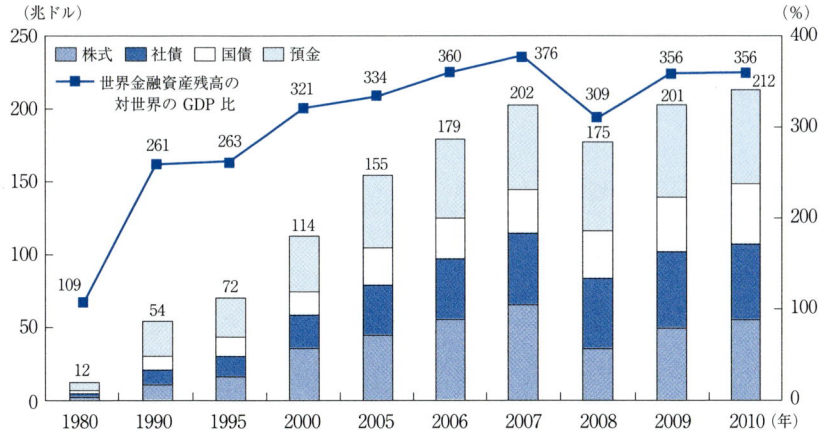

図0-1　世界の金融資産残高の推移

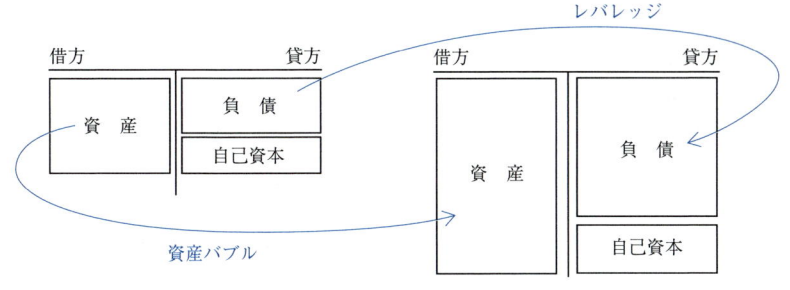

- 総資産＝他人資本（負債）＋自己資本
- 自己資本比率＝$\dfrac{自己資本}{（リスクによってウェイト付けられた）総資産} \geq 8\%$
- レバレッジ＝$\dfrac{総資産}{自己資本} \leq 12.5$

図0-2　バランスシートの肥大化

を貸方（右側）に記載したもので、「総資産＝他人資本（負債）＋自己資本」という関係がある。もちろん、上記の金融資産残高は、バランスシートの資産側（借方）に記載されるものである。

貨幣経済の肥大化とは、バランスシートでいえば、図0-2の左側の資産状態から、右側の資産状態になったということである。このような金融資産の飛

9

躍的拡大の背景には，資産価格が高騰し時価総額が膨らんだこと，つまり資産バブルがあることは間違いない。〈金融のグローバル化⇒資産バブル⇒貨幣経済の肥大化〉という因果関係もありそうである。

高レバレッジ型のビジネスモデル

次に，バランスシートの負債側（貸方）に注目しよう。借方が膨らんだのには，それに対応する貸方も大きくなっていなければならないからである。金融のグローバル化に伴い，高レバレッジ型のビジネスモデルが定着した。**レバレッジ**（leverage）とは，梃子の原理（小さな力で重い物を持ち上げる）を意味し，レバレッジを高めるとは，「小さな自己資本でも，借入金を増やすことで，巨額の資産運用を行う」ことを意味する。つまり，「資産バブルによる金融資産の肥大化」には，「巨額の借入金による高レバレッジ経営」が伴っていたのである。

図0-2に書いているように，いわゆる**BIS規制（自己資本比率規制）**とは，預金業務を行っている商業銀行に対して，（貸出リスクに応じてウェイト付けされた）総資産に対する自己資本の比率を8％以上に維持することを求めるものである。近似的にいえば，商業銀行は自己資本の12.5倍以上のレバレッジをかけることを禁止したものである。しかし，これは預金者を保護するために，商業銀行に対して適用されるものであり，投資ファンドや投資銀行に適用されるものではない（第10章を参照）。

図0-3は，高いレバレッジをかけることで，自己資本に対する利益率を高めることができる簡単な数値例である。ある投資ファンドが出資者から運営をまかされた資金（自己資本）を100億円保有しているとしよう。この100億円で利回り10％の証券化商品に投資した場合，10億円を出資者に還元できる。この場合，100億円の自己資本に対して保有する資産も100億円だから，レバレッジは1で，自己資本利益率も10％に過ぎない。

ここで，投資ファンドが4900億円を5％の金利で借入れ，自己資本100億円と合わせて，5000億円で利回り10％の証券化商品に投資した場合，500億円（5000億円×0.1）の投資収益から金利コスト245億円（4900億円×0.05）を差

序章　国際金融論の考え方

レバレッジ＝1	
借方	貸方
証券化商品　100億円 （利回り　10％）	自己資本（出資金）100億円

$$\text{レバレッジ} = \frac{\text{総資産}}{\text{自己資本}} = \frac{100億円}{100億円} = 1$$

$$\text{自己資本利益率} = \frac{100億円 \times 0.1}{100億円} = \frac{10億円}{100億円} = 10\%$$

レバレッジ＝50	
借方	貸方
証券化商品　5000億円 （利回り　10％）	自己資本（出資金）100億円 借入金　　　　　4900億円 （金利　5％）

$$\text{レバレッジ} = \frac{\text{総資産}}{\text{自己資本}} = \frac{5000億円}{100億円} = 50$$

$$\text{自己資本利益率} = \frac{5000億円 \times 0.1 - 4900億円 \times 0.05}{100億円}$$

$$= \frac{255億円}{100億円} = 255\%$$

図0-3　高レバレッジ経営

し引いた255億円を出資者に還元できる。この場合，100億円の自己資本に対して保有する資産は5000億円だから，レバレッジは50になり，自己資本利益率は255％にも達する。

　つまり，「貨幣経済の肥大化」とは，資産側におけるバブルと，負債側における高レバレッジという2つの要因で「バランスシートの肥大化」ということが引き起こしたものらしい。すなわち〈金融のグローバル化⇒資産バブル＋高レバレッジ経営⇒バランスシートの肥大化⇒貨幣経済の肥大化〉という因果関係がありそうだ。しかし，まだミッシングリンクがある。それは，なぜ金融のグローバル化が，資産バブルや高レバレッジ経営を生み出したかという部分である。

　その答えは，金融のグローバル化が生み出した歴史的な低金利にある。低金利が資産バブルをもたらし，高レバレッジ型のビジネスモデルを定着させた大きな要因である。簡単にいえば，「資産価格＝資産収益／金利」という関係があるから（詳しくは第8章の補論**8.1**「現在価値」を参照），低金利は資産価格を高騰させる。また，低金利によって借入コストが安くなり（図0-3の数値例では5％の金利コスト），レバレッジを高めることが容易になった。すなわち，〈金融のグローバル化⇒歴史的な低金利⇒資産バブル＋高レバレッジ経営⇒バランスシートの肥大化⇒貨幣経済の肥大化〉という因果関係である。

　これでもまだミッシングリンクが残っている。なぜ金融のグローバル化が，歴史的な低金利をもたらしたかという部分である。実はこれがよく分かってい

ない。1つの仮説は，中国を筆頭とするアジアの新興国等の世界的な貯蓄超過（global saving glut）が，世界の実質金利を引き下げたという仮説である。これに対抗するもう1つの仮説は，中央銀行（特に2000年代初めのFRB）による低金利政策が，世界的な過剰流動性（global excess liquidity）を生み出し，名目金利を引き下げたとするものである[6]（名目金利と実質金利の関係は，フィッシャー方程式で示されるが，これについては第4章を参照）。後者が中央銀行政策の誤りを告発する仮説になっているのに対して，前者はそれを免罪することにつながる仮説である。

再び金融危機について

最後に再び金融危機に戻って，〈貨幣経済の肥大化⇒金融危機〉という最後の部分を詰めておこう。表0-3は，高いレバレッジをかけることによって，上手く儲けた数値例に過ぎない。世の中にはこうした美味しい話だけを喧伝する金融商品も多くあるが，いつも上手くいくとは限らないのである。

図0-4は，図0-3と同じ数値例で，左下のバランスシートでは，5000億円の証券化商品の利回りが10％ということを，証券化商品の価格が5500億円に高騰したと表している。これが資産バブルであり，500億円の利益は，自己資本利益率で表すと，10％の収益率に50倍のレバレッジをかけた500％にも相当する（簡単化のため借入金の金利コストは無視している）。これは上手くいった場合である。

しかし，右下のバランスシートは，証券化商品の価格が4000億円に暴落したケースを示している。このとき，借入金4900億円に対して資産価値は4000億円しかないので，900億円の債務超過が発生し，このままでは破綻する。この金融機関が大きすぎて潰せない（too big to fail: TBTF），あるいはシステム上重

---

[6] Bernanke, B., "The Global Saving Glut and the U.S. Current Account Deficit", FRB Speech, March 10, 2005, Bernanke, B. "The Great Moderation", Remarks at the Meetings of the Eastern Economic Association, February 20, 2004., Taylor, J.B., *Getting Off Track: How Government Actions and Interventions Caused, Prolonged, and Worsened the Financial Crisis*, 2009（竹森俊平解説／村井章子訳『脱線FRB』日経BP社，2009年）.

序章　国際金融論の考え方

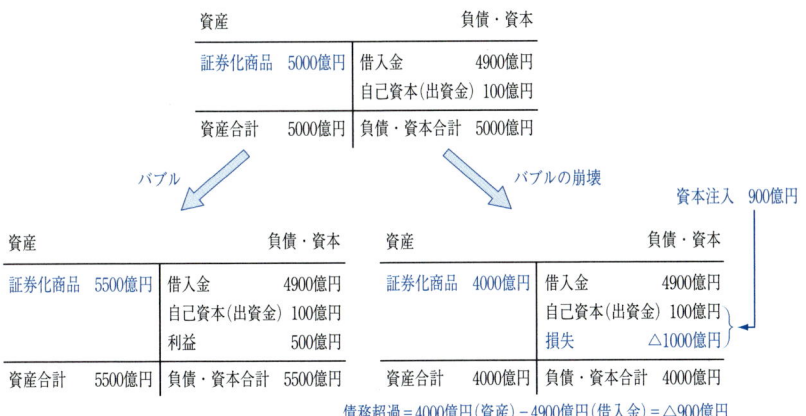

図0-4　バブルとその崩壊

要な金融機関（Systemically Important Financial Institutions: SIFIs）の1つならば，破綻すれば金融危機につながる恐れがある。破綻を回避するには，損失額の1000億円に対して，自己資本は100億円しかないのだから，900億円の資本不足を，政府が**資本注入**して**救済**（bailout）するしかないのである。

　システム上重要な金融機関（SIFIs）が破綻すると，どういうことになるだろうか。上記の金融機関は，4900億円の借入れを行っていたが，これが返済不能となると，貸出しをしていた複数の銀行も回収不能な不良債権を抱えることとなる。**銀行間市場**では，こうした銀行に短期で融資している銀行も多くあるので，そうした銀行も経営が危うくなる。こうなると，銀行間市場でのお金の貸し借りが困難となり，銀行間市場で流動性が不足すると，**コールレート**（銀行間市場での超短期の金利）が上昇し，金融システム全体が麻痺する。血流が悪くなって血圧が上がると思えばよい。これが**金融危機**である。

　このとき登場するのが**最後の貸し手**（Lender of Last Resort: LLR）としての**中央銀行**であり，銀行間市場で不足している流動性を潤沢に供給する（先ほど述べた政府による税金を使った救済＝資本注入とは別物であることに注意せよ）。金融危機が発生すれば，拡大を続けてきたレバレッジが一挙に解消に向かう（**デレバレッジ**）。銀行は資産を縮小させ，新しい貸出しを抑制（**貸し渋り**）するため，実体経済も縮小に向かう。民間の金融機関がリスクをとること

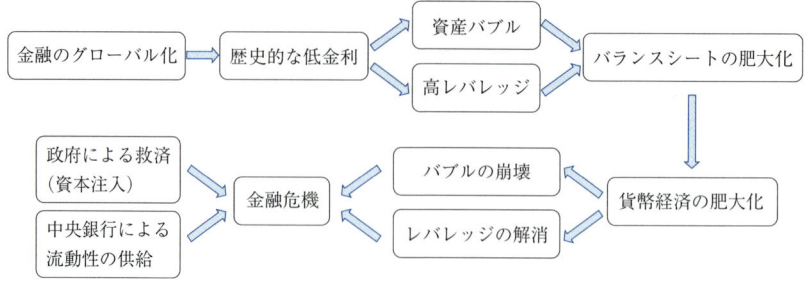

図0-5　金融のグローバル化と金融危機

に慎重になり，バランスシート調整が進む過程で，今度は非伝統的手段を用いてリスク資産まで買い入れ，マネーサプライを増やすことで，バランスシートを肥大化させてきたのが中央銀行（日銀，FRB，ECB等）なのである。

　バブル崩壊後の日本の金融危機，リーマンショックで頂点を迎えたアメリカ発の世界金融危機，そしてそれに連動しているEUの信用不安……，これら金融のグローバル化に伴って頻発する金融危機は，これまで説明してきたような，共通した発生メカニズム（因果連関）がある。これまで，1つずつミッシングリンクをつないできたが，まとめると図0-5のようになるだろう。

　ここでの議論は，もちろん粗っぽい論理である。しかし，金融のグローバル化とか，貨幣経済の肥大化とか，日頃何気なしに使用する日常語を数値化し（例えば図0-1），それを経済学の概念装置として使えるようにし（例えば図0-2～4），経済メカニズムを多少粗っぽくても論理的なフローチャートにしてみることが大切である（例えば図0-5）。もちろん論理的な細部を詰めるという非常に重要な作業が残っているが，それは本書の本文を熟読して欲しいと思う。

　本論は，「国際収支と国際投資ポジション」という第1章から始まるが，ここでもすでに序章で使用した経済学的な考え方が登場する。例えば，世界の経常収支不均衡を意味する**グローバルインバランス**と金融危機後のその調整（**リバランス**）というフローの問題は，**バブル**とその崩壊（boom and bust），および**レバレッジ**とその解消（**デレバレッジ**）というバランスシート上のストックの問題に対応して理解する必要がある。つまり，国際収支というフローの分析

以上に，一国の対外バランスシートである国際投資ポジションの分析が重要である。そして，国際投資ポジションでも，債権国とか債務国を定義する対外純資産というネットの指標以上に，対外総資産とか対外総負債といったグロスの統計が重要である。つまり，ネットのフロー分析からグロスのストック分析へ視点を移すこと，これも序章のメッセージの1つである。

第Ⅰ部

国際収支と外国為替市場

第1章　国際収支と国際投資ポジション

国際収支（balance of payments: BOP）とは，一定期間において，一国の対外取引に伴って発生した代金の受取りと支払いの差額で，これを体系的に記録・集計した統計を国際収支統計という。国際収支を理解するためには，以下の3つの視点が重要である。

第1は，国民経済計算と国際収支統計との関係である。特に，経常収支と国内総生産（GDP）や貯蓄投資バランス（ISバランス）との関係は重要である。第2は，国際収支の構成である。国際収支統計は複式簿記の原理を使って作成されるので，貸方の合計と借方の合計は必ず等しくなるが，経常収支や金融収支といった項目ごとには不均衡（受取りと支払いの差額）が発生するが，全ての収支を合計すると必ず均衡する（ゼロになる）。第3は，フローの概念である国際収支と，ストックの概念である国際投資ポジション（international investment position: IIP）との関係である。金融のグローバル化に伴い，グロスの対外資産・対外負債が，両建てで（とりわけ先進国において）飛躍的に拡大し，一国の対外バランスシートであるIIP統計やその分析の重要性が高まってきている。

1.1　国民経済計算と国際収支統計

国民経済計算（System of National Accounts: SNA）は，国際連合が定めた基準にしたがい一国のマクロ経済の状況を体系的に記録した統計体系である。日本では，2000年に1993 SNAに基づく指標へ改定され，さらに2016年より2008 SNAに基づく指標へと改定された[1]。

---

[1] 日本の SNA 統計は，内閣府のホームページ「国民経済計算（GDP 統計）」に網羅されている（http://www.esri.cao.go.jp/jp/sna/menu.html）。

表1-1を参照しながら，マクロ経済学における三面等価の原則を確認しておこう。ⓐまず国内総生産（gross domestic product: **GDP**）とは，一定期間において国内で生産された付加価値（国内産出額－中間生産物）の合計で，国内で生産された最終財・サービスの価値額に等しい（生産面からみたGDP）。ⓑまた生産された付加価値は，生産活動で雇用された生産要素サービスに対して，賃金や利潤や地代などの所得として分配される（分配面からみたGDP）。ⓒさらに分配された所得は，消費や投資や政府支出などの形態で支出される（支出面からみたGDP）。この生産・分配・支出の3つの側面からみたGDPが恒等的に等しいことが三面等価の法則である。すなわち，2019年の日本のGDPは，生産・分配・支出のいずれの側面から見ても，560兆円強である。

外国との取引を考慮に入れた場合，GDP統計には，いくつか注意しなければならない点がある。図1-1は，「自国と外国の間でいつ・どのような資金の受取りと支払いが発生するか」に注目して，国民所得勘定と国際収支勘定の関係を示したものである。図1-2は，両者における主要項目の対応関係を図示したものである。これらを参照しながら，まず図1-1の左上からスタートし，以下のような5つの段階で，自国と外国の間で受取りと支払いが発生することを確認しよう。

① 国内取引だけを考えた場合，GDPのうち，自国の経済主体（家計・企業・政府）によって支出されるのは，消費と投資と政府支出の合計となる。対外取引を考慮に入れた場合，生産されたGDPのうち，外国で支出されるものは輸出となる。また，国内で支出されるGDPのうち，外国で生産されたものが輸入となる。この輸出マイナス輸入を純輸出といい，国際収支統計では貿易・サービス収支に相当する。したがってGDPは，次のように表される（図1-2における対応関係も参照）。

GDP＝消費＋投資＋政府支出＋純輸出（貿易・サービス収支）

② 国内取引だけを考えた場合，生産されたGDPは，生産活動に雇用された労働や資本や土地といった生産要素サービスに対して，賃金や利子や地代などの所得として分配される。対外取引を考慮に入れた場合，国内居住

第Ⅰ部 国際収支と外国為替市場

表 1-1　日本の GDP（2019年）

ⓐ 生産面からみた GDP　　（単位：10億円）

1. 農林水産業	5,652.3
2. 鉱　　業	386.9
3. 製 造 業	113,974.8
4. 電気・ガス・水道・廃棄物処理業	16,969.9
5. 建 設 業	30,020.8
6. 卸売・小売業	70,430.6
7. 運輸・郵便業	29,929.0
8. 宿泊・飲食サービス業	13,617.8
9. 情報通信業	27,265.5
10. 金融・保険業	22,790.0
11. 不動産業	65,588.6
12. 専門・科学技術，業務支援サービス業	45,646.7
13. 公　　務	27,876.1
14. 教　　育	19,210.2
15. 保健衛生・社会事業	44,205.7
16. その他のサービス	22,422.0
小　　計	555,987.1
輸入品に課される税・関税	9,670.8
（控除）総資本形成に係る消費税	(−)7,247.5
統計上の不突合	2,856.5
国内総生産	**561,267.0**

ⓑ 分配面からみた GDP

雇用者報酬	286,784.5
営業余剰・混合所得	93,289.8
固定資本減耗	134,647.7
生産・輸入品に課される税	46,693.8
（控除）補助金	(−)3,005.3
統計上の不突合	2,856.5
国内総生産	**561,267.0**
海外からの所得の純受取	21,696.3
国民総所得（GNI）	**582,963.3**

ⓒ 支出面からみた GDP

民間最終消費支出	373,976.3
政府最終消費支出	42,910.7
総資本形成	142,434.5
在庫品増加	2,120.2
財貨・サービスの輸出	97,463.6
（控除）財貨・サービスの輸入	(−)97,638.3
国内総生産	**561,267.0**

（出所）内閣府の HP（https://www.esri.cao.go.jp/jp/sna/menu.html）。

第1章 国際収支と国際投資ポジション

国民所得勘定

- 消費＋投資＋政府支出
  - ① 財・サービスの輸入／財・サービスの輸出 → 貿易・サービス収支
- 国内総生産（GDP）＝消費＋投資＋政府支出＋純輸出
  - ② 要素所得の支払い／要素所得の受取り → 第1次所得収支
- 国民総所得（GNI）
  - ③ 所得移転の支払い／所得移転の受取り → 第2次所得収支
- 国民総可処分所得（GNDI）
  - ④ 資産の輸入／資産の輸出 → 資本移転収支
  - ⑤ 資産移転の支払い／資産移転の受取り → 金融収支

国際収支勘定（経常収支）

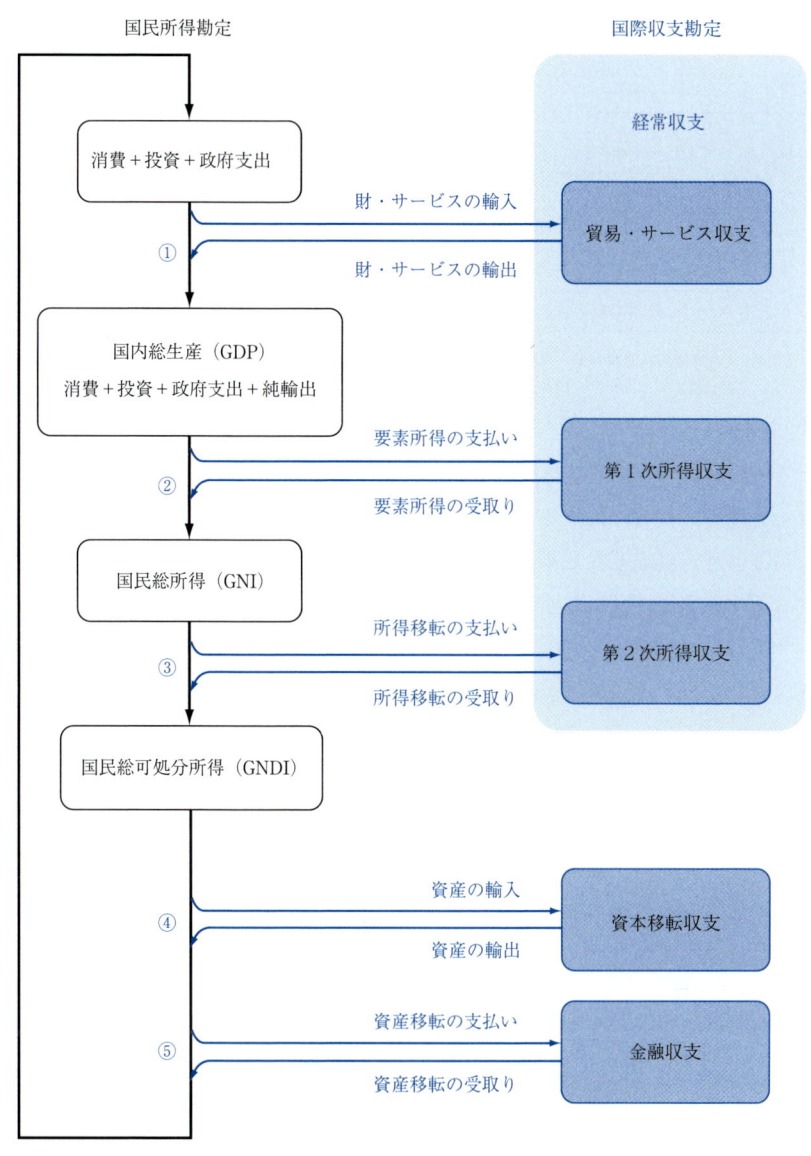

（出所）Feenstra, R.C. and A.M. Taylor, *International Macroeconomics*, 2nd. edition, Worth Publishers, 2011, Figure 5-2 (p. 161) より作成。

図1-1　国民所得勘定と国際収支勘定

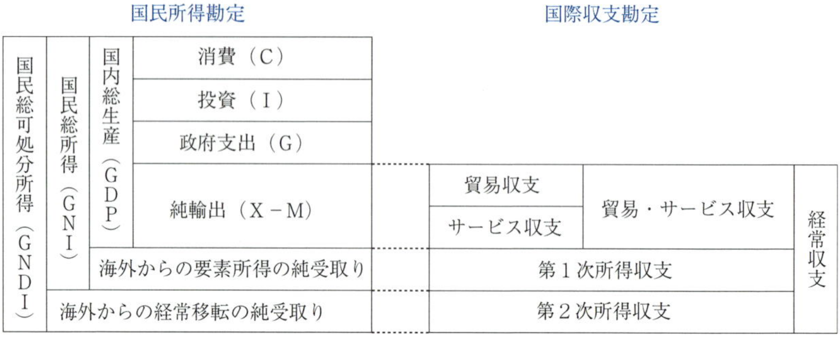

第Ⅰ部 国際収支と外国為替市場

国民所得勘定			国際収支勘定		
国民総可処分所得（GNDI）	国民総所得（GNI）	国内総生産（GDP）	消費（C）		
			投資（I）		
			政府支出（G）		
			純輸出（X−M）	貿易収支	貿易・サービス収支	経常収支
				サービス収支		
		海外からの要素所得の純受取り	第1次所得収支		
	海外からの経常移転の純受取り	第2次所得収支			

（出所）中島隆信・北村行伸・木村福成・新保一成『テキストブック経済統計』東洋経済新報社，2000年，図8-1，296ページより作成。

図1-2 国民所得勘定と国際収支勘定

者の所得には，外国へ輸出された要素サービスに対する所得の受取り（例えば対外投資に対する利子や配当の受取り）が付け加えられ，外国から輸入された要素サービスに対する所得の支払い（例えば対内投資に対する利子や配当の支払い）が差し引かれなければならない。これら国内居住者が受け取る所得の合計を，**国民総所得**（gross national income: **GNI**）という。また，生産要素の輸出入に対する所得の受払いが，国際収支統計では**第1次所得収支**に相当する。したがって，GNI は次のように表される（図1-2における対応関係も参照）[2]。

$$\text{GNI}＝\text{GDP}＋海外からの要素所得の純受取（第1次所得収支）$$

③ さらに対外取引を考慮に入れた場合，この GNI に含まれる全ての所得

---

[2] ここで重要なのは，国内（domestic）と国民（national）という概念の違いである。**国内概念**は，主として生産に関連した概念で，国内での生産か国外での生産かを区別する。例えば，国内に居住する外国企業が生産した付加価値は GDP に含まれるが，外国に居住する自国企業が生産した付加価値は GDP に含まれない。これに対して，**国民概念**は，主として分配に関連した概念で，居住者への所得か非居住者への所得かを区別する。例えば，自国に居住する企業が海外から受け取った利子や配当は GNI に加算されるが，自国に居住する企業が海外へ支払った利子や配当は GNI から控除される。GNI は，かつての**国民総生産**（gross national product: **GNP**）と名目的には同じ値となるが，生産よりも分配に関連した概念であるため，93SNA から GNP の概念がなくなった。

が，国内に留保されるわけではない。例えば，外国に対する贈与（無償資金協力といった所得や，物資や技術援助などの財やサービス）や，移民による本国家族への送金などは，GNIから差し引かれ，逆に外国から受け取る贈与などは，GNIに付け加えられる。こうした対価を伴わない一方的移転（unilateral transfer）の受払いは，国際収支統計では**第2次所得収支**として計上される。GNIにネットの一方的移転を加えたものを，国民総可処分所得（gross national disposable income: GNDI）という[(3)]。したがって，GNDIは次のように表される（図1-2における対応関係も参照）。

$$\text{GNDI}＝\text{GNI}＋海外からの一方的移転の純受取り$$
$$＝\text{GDP}＋第1次所得収支＋第2次所得収支$$

④　対価を伴わない対外取引は，上記のような所得の移転だけではなく，資産の移転もある。例えば，対外債務の支払免除や債務削減は，対価を伴わない資産の移転である。国際収支勘定では，ネットの資産移転（外国からの資産移転マイナス外国への資産移転）を**資本移転収支**という。

⑤　対外取引を考慮に入れた場合，一定期間に一国で使える資源は，GNDIによる制約を受けず，対外的な資産取引によって，増加または減少する。外国の経済主体が自国資産（例えば自国政府・企業が発行する債券）を取得すれば，その資産の輸出（資金の借入れ）は，自国が支出できる資源を増加させる。逆に，自国の経済主体が外国資産（例えば外国政府・企業が発行する債券）に支出すれば，その資産の輸入（資金の貸出し）は，自国が支出できる資源を減少させる。国際収支勘定では，このような資産の輸出入の差額（資金の対外借入れマイナス対外貸出し）を**金融収支**という。

総需要・総供給と貯蓄投資バランス

ところで，生産面からみたGDPは，一国の**総供給**（aggregate supply）に

---

(3) 日本のSNA統計では，グロス概念のGNDIではなく，固定資本減耗を控除したネット概念の**国民可処分所得**（national disposable income: NDI）が公表されている（表1-1ⓑを参照）。

等しく，これを Y としよう。支出面からみた GDP は，一国の**総需要**（aggregate demand）に等しく，それは消費 C，投資 I，政府支出 G，および輸出 X から輸入 M を引いた純輸出（貿易・サービス収支）の4つからなる。したがって，一国の「総供給＝総需要」は，

$$\underbrace{Y}_{\text{GDP}}^{\text{総供給}} = \underbrace{C+I+G}_{\text{内需}} + \underbrace{(X-M)}_{\text{外需}}^{\text{総需要}} \tag{1-1}$$

と表される。ここで，$C+I+G$ は内需を表し，$X-M$ は外需を表す。以下では簡略化のため，この $X-M$ を単に経常収支と呼ぶことにしよう[4]。(1-1)から，貿易収支は，

$$X-M=Y-(C+I+G) \tag{1-2}$$

と表される。つまり，経常収支は，国内で生産された財・サービスのうち，国内で支出された内需を引いたものである。

さらに，三面等価の原則から，国内で生産された付加価値は，国内の要素サービスへ所得として分配される。この所得から税金 T を差し引いたものを**可処分所得**といい，この可処分所得のうち消費されなかった部分が民間貯蓄となる。したがって，民間貯蓄 S^P は，

$$S^P=(Y-T)-C \tag{1-3}$$

と定義される。(1-2)と(1-3)から Y を消去すると，経常収支は，

$$X-M=(S^P-I)+(T-G) \tag{1-4}$$

と表される。つまり，貿易収支は，民間部門の**貯蓄投資バランス** S^P-I と，政府部門の**財政収支** $T-G$ の和に等しい。ここで，財政収支を政府貯蓄 S^G と定義し，一国の総貯蓄を $S=S^P+S^G$ と定義すると，経常収支は，

$$X-M=S-I \tag{1-5}$$

---

(4) 第6章の脚注(8)も参照のこと。

表 1-2　日本の貯蓄投資バランス (2019年)

	実数 (10億円)	対 GDP 比 (%)
民間部門 (S^P-I)	33,490.7	6.1
家計 (個人企業を含む)	11,627.2	2.1
非金融法人企業	13,885.5	2.5
金融機関	6,473.8	1.2
対家計民間非営利団体	1,504.2	0.3
政府部門 ($T-G$)	−16,234.4	−2.9
海外部門 ($X-M$)	−20,112.8	−3.6
統計上の不突合	2,856.5	0.5

(出所)　内閣府の HP (http://www.esri.cao.go.jp/jp/sna/menu.html)
18「制度部門別の純貸出 (+) /純借入 (−)」。

と表される。つまり，貿易収支は，一国全体の貯蓄投資バランスに等しい。

　貯蓄投資バランスは，日本の SNA 統計では，表 1-2 で確認することができる[5]。これは，(1-4)を変形した次の式に対応している。

$$(S^P-I)+(T-G)+(X-M)=0$$

すなわち，民間部門（家計や企業など）の貯蓄投資バランスと，政府部門の財政収支と，海外部門のマイナスの経常収支（純輸出 $X-M$ の符号がマイナスになっているのは，海外から見た対自国の経常収支という意味）を全て合計すると必ずゼロになるが，部門ごとには不均衡が発生している。表 1-2 より，2015年の日本においては，民間部門の貯蓄投資バランスは約33兆円の黒字（対 GDP 比6.1%），政府部門の財政収支は約16兆円の赤字（対 GDP 比−2.9%），海外部門の貿易収支黒字は約20兆円の黒字（対 GDP 比3.6%）となっている。

1.2　国際収支の構成

　国際収支統計は，**国際通貨基金**（International Monetary Fund: IMF）が定めている国際収支マニュアル（現在は2008年に公表された第 6 版）によって，

---

[5]　まず収入から消費支出を差し引いて貯蓄を算出し（所得支出勘定），次にこの貯蓄を原資に投資を行い（資本調達勘定），その差額が SNA 統計で，「制度部門別の純貸出(+)／純借入(−)」と呼ばれる数値となる。

国際的に比較可能な方式で作成されており，かつ2008 SNAとの整合性が保たれている。

表1-3は，日本の国際収支の推移を示している。この国際収支表の上段に示されている国際収支の構成と項目内容を確認しておこう。まず国際収支は，大きく4つの項目に分けられており，それらには，以下のような関係がある。

経常収支＋資本移転等収支－金融収支＋誤差脱漏＝0

この関係を2019年における国際収支の数字を当てはめると，以下のようになる。

$$経常収支(20.5兆円)＋資本移転等収支(-0.4兆円)－$$
$$金融収支(24.7兆円)＋誤差脱漏(4.6兆円)＝0$$

また，資本移転等収支[6]と誤差脱漏を除き，一国の対外取引を，経常取引（モノの取引）と金融取引（カネの取引）の2つに単純化すると，前者における代金の受払いの差額である経常収支（current account）と，後者における受払いの差額である金融収支（financial account）との関係は，次のようになる。

経常収支－金融収支＝0　∴経常収支＝金融収支

こうした関係になるのは，国際収支統計が，複式簿記の原理に基づいて，全ての対外取引を，貸方（credit）と借方（debit）の双方に，同一金額を計上するからである。したがって，貸方の合計と借方の合計は必ず一致する。

表1-4に示されているように，貸方に計上する項目は，財・サービスの輸出，所得の受取り，資産の減少・負債の増加などであり，借方に計上する項目は，財・サービスの輸入，所得の支払い，資産の増加・負債の減少などである。

符号については，資産・負債の「増加と減少」に着目し，資産・負債の増加をプラス（＋），資産・負債の減少をマイナス（－）としている。その結果，貸方項目の符号は，資産の減少（－）・負債の増加（＋），借方項目の符号は，資産の増加（＋）・負債の減少（－）となる。

---

[6] 資本移転等収支（capital account）には，対価を伴わない資産の無償取引や，債務免除のほか，非生産・非金融資産の取得処分などが含まれる。

経常収支

　経常取引の受取りと支払いの差額である経常収支は，①貿易・サービス収支（財の輸出入の差額である貿易収支と，輸送，旅行，金融，特許権や著作権の使用料などサービスの受払いの差額であるサービス収支の合計），②第1次所得収支（賃金や給与などの雇用者報酬と，利子や配当などの投資収益といった要素所得の受払いの差額，つまり居住者が国外で受け取った所得と，非居住者に国内で支払われた所得の差額），③第2次所得収支（無償資金協力や贈与など対価を伴わない資産の一方的移転の受払いの差額）の合計である。すなわち，

経常収支＝貿易・サービス収支＋第1次所得収支＋第2次所得収支

である。表1-5の例に示されているように，財・サービスの輸出は貸方，輸入は借方に記録され，所得の受取りは貸方，所得の支払いは借方に記載される。

① 自国の企業が外国の企業へ，100万円の商品を，現金と引き換えに輸出した場合，輸出100万円を貸方に，現金（金融資産）の増加100万円を借方に計上する。
② 自国の居住者が外国へ旅行し，ホテル代や飲食費などで50万円を支出し，クレジットカードで支払った場合，サービスの輸入50万円を借方に，現金（金融資産）の減少50万円を貸方に計上する。
③ 自国の居住者が，外国企業に投資した株式から配当金20万円を現金で受け取った。

　この例では，貸方の合計も借方の合計も170万円となり，収支は均衡している。しかし，経常収支は70万円の黒字，金融収支も70万円の黒字となり，「経常収支－金融収支＝0（経常収支＝金融収支）」が成り立つ。

金融収支

　金融取引の収支尻である金融収支には，①直接投資（親会社の子会社への出資といった経営への参加を目的とした，議決権ベースで10％以上の株式の取得

表1-3　日本の国際

		①貿易・サービス収支			②第一次所得収支	③第二次所得収支
	(1)経常収支（①+②+③）		貿易収支	サービス収支		
2010年	193,828	68,571	95,160	−26,588	136,173	−10,917
2011年	104,013	−31,101	−3,302	−27,799	146,210	−11,096
2012年	47,640	−80,829	−42,719	−38,110	139,914	−11,445
2013年	44,566	−122,521	−87,734	−34,786	176,978	−9,892
2014年	39,215	−134,988	−104,653	−30,335	194,148	−19,945
2015年	165,194	−28,169	−8,862	−19,307	213,032	−19,669
2016年	213,910	43,888	55,176	−11,288	191,478	−21,456
2017年	227,779	42,206	49,113	−6,907	206,843	−21,271
2018年	194,001	1,052	11,265	−10,213	212,980	−20,031
2019年	205,259	5,060	3,812	1,248	213,954	−13,755

（出所）財務省のHP（http://www.mof.go.jp/international_policy/reference/balance_of_payments/bpnet.

表1-4　国際収支表への記載事項

貸方（Credit）	借方（Debit）
財・サービスの輸出 所得の受取り	財・サービスの輸入 所得の支払い
経常移転の受取り	経常移転の支払い
金融資産（直接投資・証券投資・金融派生商品・その他投資）の減少・負債の増加	金融資産（直接投資・証券投資・金融派生商品・その他投資）の増加・負債の減少
外貨準備の減少	外貨準備の増加

表1-5　国際収支表への記載例1

	貸　方		借　方		収　支
経常収支	① 財の輸出	100	② サービスの輸入	50	70
	③ 配当金の受取り	20			
金融収支	②′資産の減少	50	①′資産の増加	100	70
			③′資産の増加	20	
合　計		170		170	0

など），②**証券投資**（直接投資に該当しない株式や債券といった証券への投資），③金融派生商品（他の金融商品や指数，商品に連動する金融商品への投資），④その他投資（貿易信用，融資，現預金など），⑤外貨準備の増減（通貨当局が保有し，為替介入などのために直ちに利用できる対外資産の増減）が含まれる。すなわち，

金融収支＝直接投資＋証券投資＋金融派生商品＋その他投資＋外貨準備

である。表1-6の例に示されているように，資産の減少や負債の増加は貸方，

収支（2010～2019年） (単位：億円)

(2)資本移転等収支	(3)金融収支 (①+②+③+④+⑤)						(4)誤差脱漏
		①直接投資	②証券投資	③金融派生商品	④その他投資	⑤外貨準備	
−4,341	217,099	62,511	127,014	−10,262	−89	37,925	27,612
282	126,294	93,101	−135,245	−13,470	44,010	137,897	21,998
−804	41,925	93,591	24,435	5,903	−51,490	−30,515	−4,911
−7,436	−4,087	142,459	−265,652	55,516	25,085	38,504	−41,217
−2,089	62,782	125,877	−48,330	37,644	−61,306	8,898	25,656
−2,714	218,764	161,319	160,294	21,439	−130,539	6,251	56,283
−7,433	286,059	148,587	296,496	−16,582	−136,662	−5,780	79,583
−2,800	188,113	174,118	−56,513	34,523	9,467	26,518	−36,866
−2,105	200,315	148,047	100,528	1,239	−76,127	26,628	8,419
−4,131	247,164	235,314	93,337	3,778	−113,305	28,039	46,035

htm）。

表1-6 国際収支表への記載例2

	貸　方		借　方		収　支
直接投資			① 直接投資(資産の増加)	200	200
証券投資	② 証券投資(負債の増加)	150			−150
その他投資	①′その他投資(現金の減少)	200	②′その他投資(現金の増加)	150	−350
	③′その他投資(現金の減少)	300			
外貨準備			③ 外貨準備の増加(資産の増加)	300	300
合　計		650		650	0

資産の増加や負債の減少は借方に記録される。

① 自国の企業が外国に立地する子会社が発行した新株200万円を，現金と引き換えに購入した場合，直接投資200万円を借方に（資産の増加），その他投資200万円を貸方に（現金の減少）計上する。

② 外国の居住者が自国の企業が発行する社債150万円を，現金と引き換えに購入した場合，証券投資150万円を貸方に（負債の増加），その他投資150万円を借方に（現金の増加）計上する。

③ 日本の通貨当局が300万円のドル買い介入を行い，アメリカ財務省証券を現金と引き換えに購入した場合，外貨準備の増加300万円を借方に（資産の増加），その他投資300万円を貸方に（現金の減少）計上する。

この例でも，貸方の合計と借方の合計はともに650万円となり，収支は均衡している。しかし，項目ごとの収支をみると，直接投資は200万円の黒字（資本流出），証券投資は150万円の赤字（資本流入），その他資本は350万円の赤字

(資本流入)，外貨準備は300万円の増加（資本流出）となっている。

金融収支を，資本の流出入（capital flows）の観点から見ると，

金融収支＝［国内居住者の海外資産購入（資産の増加）－売却（資産の減少）］
　　　　－［海外居住者の国内資産購入（負債の増加）－売却（負債の減少）］

と定義できる。右辺の各項は，**グロスの資本移動**（gross capital flows）を意味し，第1項はグロスの資本流出，第2項はグロスの資本流入を表す[7]。金融収支は，**ネットの資本移動**（net capital flows）を意味し，グロスの資本流出が資本流入より大きい（小さい）場合，ネットの資本流出（資本流入）を表し，金融収支はプラス（マイナス）となる。

近年における日本の国際収支の特徴

表1-3に戻って，近年における日本の国際収支の特徴をまとめておこう。

第1に，経常収支はほぼ一貫して黒字，金融収支もほぼ一貫して黒字である。つまり，日本は経常収支で稼いだ黒字を，対外的に貸し出している（資本流出）というのが，基本的な構造である。

しかし第2に，経常収支の中身は，近年大きく変化した。かつては経常収支黒字のほとんどを，貿易収支黒字で稼いでいたが，貿易黒字額は次第に小さくなり，2011年からは赤字に転落した。それにかわって経常収支黒字に貢献しているのは，第1次所得収支の大幅な黒字である。特に直接投資や証券投資の配当金や利子の受取りなど投資収益の受取りが，経常収支黒字を支えるようになった。このように，日本はすでに「金利生活者」の国になっているのである。

第3に，サービス収支は一貫して赤字であるが，その赤字額は近年減少しつ

---

[7] 右辺第1項（グロスの資本流出）は，「資産」の増加が減少より大きい限り，通常はプラスの符号をとる。しかし，投資相手国の金融危機などで，国内居住者が外国から巨額の資金を引き揚げるような場合，資産の減少が大きくなり，グロスの資本流出がマイナスとなる場合もある。同様に，右辺第2項（グロスの資本流入）は，「負債」の増加が減少より大きい限り，通常はプラスの符号をとる。しかし，自国の金融危機などで，海外居住者が自国から巨額の資金を引き揚げるような場合，負債の減少が大きくなり，グロスの資本流入がマイナスとなる場合もある。

つある。表1-3では，サービス収支の内訳までは見ることができないが，サービス収支のうち，日本が一貫して黒字であるのは「知的財産権等使用料」である。また2015年以降，黒字に転じたのが「旅行」である。すなわち，外国人から受け取る国内旅行サービスの輸出の方が，日本人が支払う海外旅行サービスの輸入よりも，大きくなったのである。旅行サービスは，今後日本の対外競争力の一部を支える可能性を持っているかもしれない。

日本・アメリカ・中国の国際収支比較

表1-7から，日本・アメリカ・中国の国際収支を比較してみよう（比較のために3カ国ともドル建て表示している）。

上述のように，日本の国際収支は，経常収支黒字・金融収支黒字というパターンである。すなわち，経常収支黒字を，対外貸出しすることで，次項で述べるように，対外純資産を増加させ続けている。ただし，日本の経常収支構造は，貿易収支の赤字化と所得収支黒字の拡大という構造に転換している。

これに対し，アメリカの国際収支は，一貫して経常収支赤字・金融収支赤字という日本と正反対のパターンである。すなわち，経常収支赤字を，対外借入れでファイナンスするというパターンが定着している。

中国の国際収支のパターンは，日米と異なり，経常収支黒字・金融収支赤字というのが基本的なパターンであった。これは，商品輸出の拡大を支えているのが，外国からの直接投資をはじめとする巨額の資本流入だったからである。その結果，中国では著しく外貨準備が増加した。しかし2014年以降，ネットで大幅な資本流出となり，2015年から2016年には外貨準備も減少に転じた。

1.3 国際投資ポジション

国際収支（BOP）とは，冒頭で定義したように，<u>一定期間</u>における対外取引に伴って発生する代金の受取りと支払いの差額であり，GDPと同じく，<u>フロー</u>の概念である。企業会計で言えば，損益計算書に相当する。これに対して，国際投資ポジション（IIP：日本の国際収支統計では<u>対外資産負債残高</u>）とは，

表1-7　日本・アメリカ・中国の国際収支

(単位：100万ドル)

		経常収支				資本移転等収支	金融収支（外貨準備除く）	外貨準備	誤差脱漏
			貿易・サービス収支	第一次所得収支	第二次所得収支				
日　本	2016年	197,049	40,444	176,311	−19,705	−6,580	270,090	−5,331	74,290
	2017年	203,169	37,636	184,482	−18,949	−2,499	144,155	23,577	−32,937
	2018年	176,098	1,405	192,883	−18,190	−1,923	157,930	23,923	7,677
	2019年	184,540	4,578	192,610	−12,649	−3,809	197,101	24,701	41,071
アメリカ	2016年	−394,867	−481,172	197,021	−110,716	−6,605	−365,720	2,102	37,855
	2017年	−365,261	−513,785	257,794	−109,270	12,394	−332,409	−1,695	18,762
	2018年	−449,700	−579,939	251,172	−120,933	−4,195	−424,718	5,004	34,183
	2019年	−480,228	−576,865	236,344	−139,707	−6,246	−400,205	4,660	90,927
中　国	2016年	202,203	255,737	−44,013	−9,520	−344	416,070	−443,625	−229,414
	2017年	195,117	217,010	−10,037	−11,856	−91	−109,537	91,526	−213,036
	2018年	25,499	103,002	−75,093	−2,410	−569	−172,682	18,877	−178,736
	2019年	141,335	164,122	−33,037	10,250	−327	−37,755	−19,288	−198,051

(出所)　IMF, *Balance of Payments and International Investment Position Statistics*.

一時点における対外資産と対外負債を示したものであり，ストックの概念である。企業会計で言えば，貸借対照表（バランスシート）に相当する。

表1-8は，日本のIIPの推移を示している。ここから分かるように，IIPは，

$$対外総資産＝対外総負債＋対外純資産$$

という関係になっている。ここで，グロスの概念としての対外総資産および対外総負債と，ネットの概念である対外純資産の区別は重要である。そして，資産残高および負債残高の各項目は，「直接投資＋証券投資＋金融派生商品＋その他投資＋外貨準備」というように，BOPの金融収支の各項目に対応するようになっている。つまり，一国の対外バランスシートであるIIPは，その国がどのような形態での金融資産を対外的に保有しているかを示すものとなっている。

グロスの対外総資産・総負債の飛躍的拡大

2008年に公表された「IMF 国際収支マニュアル第6版」では，その正式名称が *Balance of Payments and International Investment Position Manual* と変更されたように，BOPだけではなく，IIPも正式な統計に格上げされた。このように，各国の対外取引をフローの側面から把握するBOP分析だけではなく，ストックの側面から把握するIIP分析の重要性が共通認識となってきた。

一国の対外バランスシートであるIIP統計とその分析が重視されるようになった背景には，金融のグローバル化（金融市場のグローバルな統合）に伴い，国際資産取引が双方向で拡大した結果，グロスの対外資産・対外負債が両建てで飛躍的に拡大し，一国の対外バランスシートが肥大化したことがある。

　図1-3は，アメリカのIIPの推移を示している。アメリカの対外総資産・総負債は，1990年代後半からともに飛躍的に増加を続け，双方とも1995年に対GDP比で50％を超え，2005年には100％を超えた。より広いタイムスパンをとると，1990年からリーマンショック直前の2007年の18年間に，対外総資産は2.4兆ドルから20.7兆ドルへと，対外総負債は2.6兆ドルから22.0兆ドルへと，ともに絶対額で8.5倍以上も増加している。これに対して，リーマンショック後の2008年から2016年の変化をみると，総資産が19.4兆円から23.9兆円へと1.2倍，総負債は23.4兆円から32.0兆円へと1.4倍の増加にとどまっている。

　このように，金融のグローバル化が進んだ1990年代からリーマンショックまで，アメリカは大きな「資産バブル」と，それを支える「負債レバレッジ」を抱えていた。これに対して，リーマンショック後には，大規模なバブルの崩壊と大幅なデレバレッジ（レバレッジの巻き戻し）が進んだのである。

　重要なことは，以下で検討するように，ネットで見ると，日本は世界最大の債権国で，アメリカは世界最大の債務国であるが，ネットの債務国であるアメリカが，グロスで巨額の対外資産・負債を保有しているという事実である。

ネットの対外純資産と経常収支の関係

　「対外総資産＞対外総負債」である国は，対外純資産（net foreign asset）がプラスであり，こうした国を債権国という。逆に「対外総資産＜対外総負債」である国は，対外純資産がマイナスであり，こうした国を債務国という。

　フローの概念である国際収支と，ストックの概念である国際投資ポジションとは，密接な関係がある。1.2で説明したように，資本移転等収支と誤差脱漏を除くと，経常収支黒字（赤字）は，金融収支黒字（赤字）に等しく，金融収支黒字（赤字）は，自国からの資本の純流出（外国からの資本の純流入）を意味し，自国から資本が純流出（外国から資本が純流入）すると，その額だけ対

33

■第Ⅰ部　国際収支と外国為替市場

表1-8　日本の国際投資ポジション

	資産残高	直接投資	証券投資	金融派生商品	その他投資	外貨準備
2010年末	561,448	68,925	269,507	4,287	129,700	89,330
2011年末	583,100	75,565	262,639	4,188	140,192	100,517
2012年末	658,927	91,232	308,099	4,623	145,509	109,464
2013年末	797,686	119,302	361,253	8,207	175,394	133,529
2014年末	930,496	142,017	398,055	56,288	183,057	151,080
2015年末	938,398	151,852	411,792	45,080	181,121	148,553
2016年末	986,289	158,885	441,421	43,451	199,971	142,560
2017年末	1,013,364	175,141	463,596	33,880	198,340	142,406
2018年末	1,018,047	181,882	450,942	32,137	212,809	140,276
2019年末	1,097,731	202,833	503,134	34,300	212,941	144,521

（出所）　財務省のHP（http://www.mof.go.jp/international_policy/reference/iip/data.htm）。

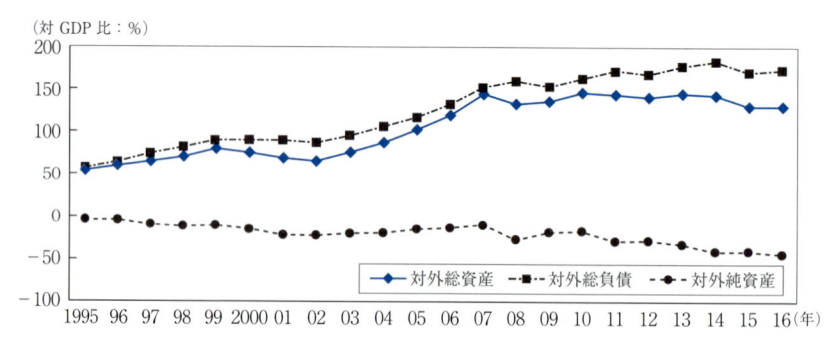

（出所）　U.S. Department of Commerce, Bureau of Economic Analysis.

図1-3　アメリカの国際投資ポジション

外純資産が増加（減少）することになる。すなわち，

　　　　　今期末の対外純資産＝前期末の対外純資産＋今期の経常収支

という関係がある。つまり一般に，対外純資産（NFA）と経常収支（CA）の間には，

$$\Delta NFA = CA \qquad (NFA_t = NFA_{t-1} + CA_t) \qquad (1\text{-}6)$$

という関係が成立する。

　しかし実際には，**ストック**の概念である国際投資ポジションは，為替レートの変動や資産価格の変化などの**評価効果**（valuation effect）が加わるため，上記のような理論的な関係とは一致しない。評価効果がプラスならば**キャピタルゲイン**（評価益），マイナスならば**キャピタルロス**（評価損）が発生したこと

(2010年末～2019年末) (単位：10億円)

負債残高	直接投資	証券投資	金融派生商品	その他投資	対外純資産
305,542	18,735	152,051	5,267	129,488	255,906
317,359	18,824	157,481	5,641	135,413	265,741
359,625	19,227	180,504	5,326	154,568	299,302
471,955	19,551	252,008	8,656	191,739	325,732
579,382	23,748	285,492	59,555	210,586	351,114
611,209	24,770	321,051	45,692	219,696	327,189
649,982	28,232	325,214	45,471	251,066	336,306
684,062	28,926	376,721	33,971	244,444	329,302
676,597	30,683	351,191	30,698	264,026	341,450
733,206	33,871	396,302	33,304	269,728	364,525

を意味する。したがって，キャピタルゲインを KG と表すと，実際には，

$$\Delta NFA = CA + KG \quad (NFA_t = NFA_{t-1} + CA_t + KG_t) \tag{1-7}$$

という関係が見られる。

　表１－８に見られるように，2019年末の日本の対外総資産は1098兆円，対外総負債は733兆円で，対外純資産は365兆円（対 GDP 比76％）となっている。2015年末の対外純資産は339兆円だから，2016年中に対外純資産は10兆円増加したことになる。他方，表１－３から，2016年の経常収支（CA）は20兆円の黒字だから，理論的には，2015年中に対外純資産（NFA）は20兆円増加しなければならないにもかかわらず，実際には10兆円しか増加しておらず，その差額10兆円の評価損（キャピタルロス）が2016年中に生じた評価効果である。こうした評価効果には，円高によるドル建て資産の評価額が減少したことや，対外証券投資における株価や証券価格の下落などが影響している[8]。

アメリカの「法外な特権」と途上国の「原罪」

　ストックの概念である対外投資ポジションは，為替レートの変動や資産価格の変化などの評価効果が加わるため，グロスの対外債権や対外債務の資産構成や，それらがいかなる通貨建てで保有されているか，という問題が重要である。

　第１に，先進国の多くは自国通貨建てで対外借入れを行うことができ，対外

---

[8] 財務省国際局「平成28年末現在本邦対外資産負債残高の概要」2017年５月（http://www.mof.go.jp/international_policy/reference/iip/2016_g.htm）。アメリカに関する評価効果の分析については，第10章を参照。

債務は自国通貨建てである。特に，アメリカの対外債務のほとんどはドル建てであり，対外債権は外貨建て（例えば，ヨーロッパや日本などへの直接投資は，ユーロ建ておよび円建て）になっている。そのため，ドル安になっても，ドル建て債務の価値には変化がないが，外国通貨建て対外債権には為替差益が発生する。したがって，ドル安は外国からアメリカへの実質的な「富の移転」をもたらす。対外債務の95％を自国通貨であるドル建てで保有しているアメリカは，たとえ世界最大の債務国であるとはいえ，今なおドルが国際通貨であることから法外な特権（exorbitant privilege）を享受している[9]。

第2に，多くの途上国は自国通貨建てで借入れを行うことができず，対外債務は外国通貨建て（多くの場合は貸し手である先進国の通貨建て）である。したがって，自国通貨安は対外債務の自国通貨に換算した価値を上昇させる。つまり，自国通貨安は，先進国とは逆に，途上国から外国への「富の移転」をもたらす。途上国が自国通貨建てで借入れを行うことができないことは，原罪（original sin）と呼ばれる[10]。この原罪があるため，しばしば途上国は債務不履行（デフォルト）を引き起こしてきたのである。

第3に，先進国の多くは，対外債務は自国通貨建て，対外債権は外国通貨建てとなっているが，日本が外貨準備のほとんどをドル建ての米国債で保有している場合，円高・ドル安になれば，対外資産の円価値は下落する。つまり，自国通貨（円）が強くなると，対外債権の価値は減少する（為替リスクを債権国が負担している）。

「世界最大の債権国が，世界最大の債務国の通貨建てで，自国の対外債権を保有している」という事例は，歴史上稀なケースである。第一次大戦前，当時の世界最大の債権国イギリスは，自国の対外債権を自国通貨（ポンド）建てで

---

[9] Gourinchas, P-O. and H. Rey, "From World Banker to World Venture Capitalist: U.S. External Adjustment and the Exorbitant Privilege," in Clarida, R. (ed.), *G7 Current Account Imbalances: Sustainability and Adjustment*, University of Chicago Press., 2007, pp. 11-66.

[10] Eichengreen, B. and R. Hausmann (eds.), *Other People's Money: Debt Denomination and Financial Instability in Emerging Market Economies*, University of Chicago Press, 2005.

保有していた。すなわち，イギリス以外の国は，国際金融センターであるロンドンで起債し，その債券をイギリス人が購入するという形で，自国の対外債権を保有した（ポンド建ての海外投資）[11]。

こうした歴史に学ぶならば，日本以外の国が，国際金融センターである東京で起債し，それを日本人が購入するという形で，自国の対外債権を円建てで保有するべきかもしれない。非居住者が日本で発行する円建ての債券を，一般に**円建て外債**（通称**サムライ・ボンド**）というが，発行件数，発行額ともに，その水準は低い。

練習問題

1.1　財務省のウェブサイト（http://www.mof.go.jp/international_policy/reference/balance_of_payments/data.htm）または日本銀行のウェブサイト（http://www.boj.or.jp/statistics/br/bop/index.htm/#p02）から最新のデータを取得し，日本の経常収支およびその内訳についてグラフを作成して，近年における傾向と変化を確認しなさい。

1.2　アメリカ商務省のBEA（Bureau of Economic Analysis）のウェブサイト（http://www.bea.gov/national/index.htm#gdp）（http://www.bea.gov/international/index.htm#bop）から，1981年から現在までのアメリカの名目GDPおよび経常収支のデータを取得し，経常収支の対GDP比のグラフを作成して，長期的な推移を確認しなさい。

1.3　上記のウェブサイトから，日米の対外総資産，対外総負債，対外純資産の対GDP比の推移をグラフで示し，日米の対外投資ポジションの特徴を比較しなさい。

1.4　アメリカは世界最大の債務国であるにもかかわらず，所得収支は僅かながらも一貫して黒字である。その理由を説明しなさい（第10章の**10.3**も参照）。

---

[11] 日露戦争時（1904〜1905）に，当時日本銀行副総裁であった高橋是清は，戦費調達のために，イギリスで外債（ポンド建ての日本公債）の公募に奔走した。イギリス人は，この外債を購入し（自国通貨＝ポンド建て対外資産の増加），日本は戦費調達が可能となった（外国通貨＝ポンド建て対外債務が増加）。

第2章 外国為替市場と為替レート

　本章では，外国為替市場の仕組みと，為替レートに関する基本的な知識を導入する。第1に，自国通貨と外国通貨を交換する市場である外国為替市場の構造と，どのような対外取引に伴って外国通貨の需要と供給が発生するかを考える。第2に，外国為替市場の構造と，前章の国際収支の理解ができていれば，最も古典的な為替レート決定メカニズムであるフロー・アプローチを理解することができるはずである。ここでは，変動相場制と固定相場制の根本的な違い（外国為替市場における不均衡の調整メカニズムの違い）を押さえておくことが大切である。第3に，対外取引に伴って発生する為替リスクと，為替リスクを回避する手段としての先物為替の手法を紹介する。第4に，名目為替レートに対して実質為替レートの概念を導入する。名目概念と実質概念の違いは重要で，実質為替レートの概念は本書でも何度も登場することになる。第5に，2国間通貨の為替レート（例えば円ドルレート）に対して，多国間通貨の加重平均である実効為替レートと，補論ではそれと基本的には同じ概念である通貨バスケットを紹介する。われわれが普段見聞きする為替レートは，直物為替レート・名目為替レート・2国間為替レートであるのに対して，先物為替レート・実質為替レート・実効為替レートの概念に対する理解を深めることも大切である。

2.1 外国為替市場の構造

　経常取引や資本取引といった国際取引には，自国通貨と外国通貨の交換を必要とする。例えば，アメリカに商品を輸出した日本の輸出業者は，受け取ったドルを，外国為替市場で円に交換して，日本の商品生産者に支払う必要があるし，アメリカに資本輸出しようとする日本の投資家は，外国為替市場で円をドルに交換して，対米投資を行う必要がある。このように異なる通貨が交換され

第 2 章　外国為替市場と為替レート

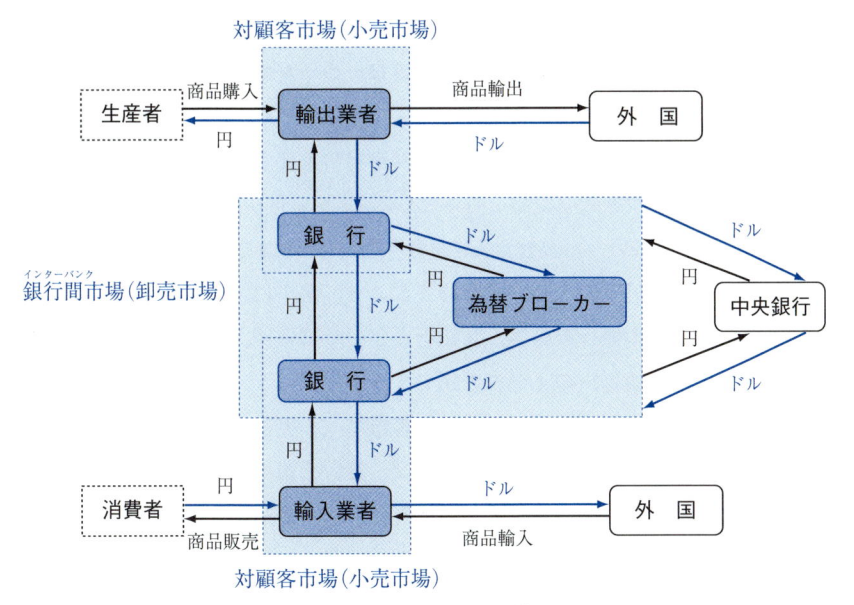

図 2 - 1　外国為替市場の構造

る市場を**外国為替市場**（foreign exchange market）といい，異なる通貨の交換比率を**為替レート**（exchange rate）という。

　図 2 - 1 は，外国為替市場の構造を示したものである。左上の日本の輸出業者は，国内の生産者から商品を購入し，それを外国へ輸出してドルを受け取る。しかし，輸出業者が生産者に支払うのに必要なのは円であるから，外国から受け取ったドルを銀行で円と交換する。ここで，輸出業者と銀行の間に，円とドルを交換する市場が存在している。全く同様に，左下の輸入業者と銀行の間にも，円とドルを交換する市場が存在している。この外国為替市場は，**対顧客市場（小売市場）**と呼ばれる。私たちが，外国旅行をするために，銀行で円をドルに両替するとき，私たちは，外国から旅行というサービスを輸入することになるから，この図に登場する輸入業者の位置にあることになる。

　さらに，図の左中にあるように，輸出業者から受け取ったドルを持っている銀行と，輸入業者に支払うためのドルを必要としている銀行との間にも，円とドルを交換する市場が存在している。この外国為替市場は，**銀行間市場（卸**

39

売市場）と呼ばれる。2つの銀行（**為替ディーラーまたはトレーダー**）が直接に取引する場合もあるが，その間に**為替ブローカー**が介在し，銀行間の円とドルの交換を仲介する場合もある[(1)]。

また，**通貨当局（中央銀行）**も，銀行間市場の重要な参加者である。通貨当局は，為替レートの急激な変動を防ぐために，「ドル売り・円買い」または「ドル買い・円売り」といった**為替介入**（**為替平衡操作** [**2.3**を参照]）を行っている。

これらのことを以下の3つにまとめておこう。第1に，外為市場の参加者は，①個人や企業などの銀行の顧客，②銀行などの金融機関，③為替ブローカー，④通貨当局（中央銀行）の4つに分類できる。

第2に，外為市場は，広義には，対顧客市場（小売市場）と銀行間市場（卸売市場）の2つに分類されるが，狭義には，銀行間市場を指す。2つの銀行が直接に取引する場合もあるが，その間に為替ブローカーが介在し，銀行と銀行の間の円とドルの取引を仲介する場合もある（図2-2参照）。

第3に，為替レートは，第一義的には銀行間市場で決まる卸売価格である。対顧客市場の小売価格は，銀行間レートを基準に，一定のマージンを付加したレートに設定される。例えば午前9時50分の銀行間レート「1ドル＝110円」を基準に，顧客への売値（Bid）は「1ドル＝111円」，顧客からの買値（Ask）は「1ドル＝109円」というような対顧客レートが設定される[(2)]。一般に「売値（Bid）＜買値（Ask）」であり，この売値と買値の価格差をスプレッド（Bid-Ask-Spread）という。

表2-1は，国際決済銀行（BIS）の統計による世界の外国為替取引高（1日平均）の推移である。表2-1ⓐによると，2010年の世界全体の外国為替取

---

(1) ここで，ディーラーとブローカーの区別は重要である。為替ディーラー（トレーダー）は，ドルという外国通貨建ての債権・債務を自己勘定として保有しており，円高とか円安といった為替変動による差益が，彼らの収益となる。これに対して，為替ブローカーは，あくまで仲介業者であり，自己勘定としてドルを保有しているのではないので，仲介手数料が彼らの収入である。

(2) ドルの売値（Bid）とは，「ドルを売って円に換えるためのレート」で，銀行の店頭ではTTB（Telegraphic Transfer Buying rate）に表示されている為替レートにあたる。ドルの買値（Ask）とは，「円を外貨に換えるためのレート」で，銀行の店頭ではTTS（Telegraphic Transfer Selling rate）に表示されている為替レートにあたる。

```
                            ｲﾝﾀｰﾊﾞﾝｸ    ┌ ダイレクト・ディーリング
            ┌ 銀 行 間 市 場  ┤
   外国為替市場 ┤            └ ブローカー経由の取引
            └ 対顧客市場
```

図2-2　外国為替市場の分類

表2-1　世界の外国為替取引高（4月の1日平均）

ⓐ世界の外国為替取引高：取引形態別　　　　（単位：10億ドル）

	1998	2001	2004	2007	2010
直物取引	568	386	631	1,005	1,490
先物取引（アウトライト）	128	130	209	362	475
為替スワップ取引	734	656	954	1,714	1,765
通貨スワップ取引	10	7	21	31	43
オプション取引その他	87	60	119	212	207
合　計	1,527	1,239	1,934	3,324	3,981

ⓑ世界の外国為替取引高：地域別　　　　（単位：%）

	1995	1998	2001	2004	2007	2010
イギリス	29.3	32.6	31.8	32.0	34.6	36.7
アメリカ	16.3	18.3	16.0	19.1	17.4	17.9
日　本	10.3	7.0	9.0	8.0	5.8	6.2
その他	44.1	42.1	43.3	40.9	42.1	39.3
合　計	100	100	100	100	100	100

（出所）　Bank for International Settlements (BIS), *Triennial Central Bank Survey of Foreign Exchange and Derivatives Market Activity in 2010* (http://www.bis.org/publ/rpfxf10t.htm).

引高は，1日平均約4兆ドルである。年間の営業日を250日とすると，1年間では約1000兆ドルにものぼる。他方，国連の統計によると，2010年の世界全体の貿易取引額は，年間で14兆ドルに過ぎない（UN, *Monthly Bulletin of Statistics Online*）。したがって，世界の外国為替取引額は，貿易取引額の70倍以上にものぼる。この数字も，「実体経済」をはるかに凌駕する「貨幣経済」の一例である。表2-1ⓑは，外国為替市場の地域別の取引高の推移である。世界の3大外国為替市場のうち，イギリスのシェア（36.7％）は一貫してトップであるが，日本のシェア（6.2％）の低下が著しく，この表ではその他に含まれるが，シンガポール（5.3％），スイス（5.2％），香港（4.7％），オーストラリア（3.8％）が続いている。

2.2　為替レートのフロー・アプローチ

外国為替市場の供給曲線と需要曲線

　為替レートとは，外国通貨1単位（例えば1ドル）の価値を，自国通貨（例えば円）で表示した値である[3]。リンゴ1個の価格が100円というのと，1ドルの価格が100円というのと，同じである。

　さらに，1ドル＝100円から1ドル＝90円へ為替レートの値が下落すること（ドル安）は，ドルに対して円の価値が上昇すること（円高）を意味するので，これを自国通貨の**増価**（appreciation）といい，逆に，1ドル＝90円から1ドル＝100円へ為替レートの値が上昇すること（ドル高）は，ドルに対して円の価値が下落すること（円安）を意味するので，これを自国通貨の**減価**（depreciation）という。

　また，リンゴの価格が下がれば，リンゴの需要は増え（安いときに買い），価格が上がれば供給は増える（高いときに売る）と考えられるので，リンゴの需要曲線は右下がり，供給曲線は右上がりとなる。同様に，ドルの価値が下がれば，ドル需要は増え（安いときに買い），価値が上がれば供給が増える（高いときに売る）と考えられるので，ドルの需要曲線は右下がり，供給曲線は右上がりとなる。このことを，外国為替市場の構造から，もう少し詳しく検討しておこう。

　図2-1において，外国為替市場にドルを供給しているのは，輸出業者（またはドルを受け取る銀行）であり，ドルを需要しているのは，輸入業者（またはドルを支払う銀行）である。

　図2-3に示しているように，円高・ドル安になると，輸出が減少し，輸入が増加する，と考えられる。例えば，1ドル＝100円から90円に円高・ドル安

---

[3]　この表示の仕方を，自国通貨建て（邦貨建て）の為替レートという。逆に，自国通貨1単位（例えば1円）を外国通貨（例えばドル）で表示する仕方を，外国通貨建て（外貨建て）の為替レートという。一般には，自国通貨建て（邦貨建て）の為替レートで表示される場合が多い。

第2章　外国為替市場と為替レート

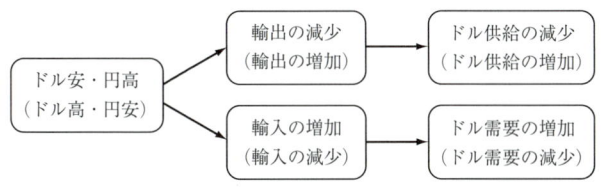

```
                    ┌─ 輸出の減少 ──→ ドル供給の減少
ドル安・円高 ──────┤    (輸出の増加)   (ドル供給の増加)
(ドル高・円安)     │
                    └─ 輸入の増加 ──→ ドル需要の増加
                         (輸入の減少)   (ドル需要の減少)
```

図2-3　為替レートの変化とドル需要・供給の変化

になると，1ドルの商品を輸出しても，その円での受取額は100円から90円に減ってしまうからであり，逆に，1ドルの商品を輸入すると，その円での支払額は100円から90円に減らすことができるからである。このように，輸出が減少すると，輸出業者による外国為替市場へのドルの供給が減少し，輸入が増加すると，輸入業者による外国為替市場からのドルの需要が増加する[4]。

逆に，円安・ドル高になると，輸出が増加し，輸入が減少する，と考えられる。例えば，1ドル＝100円から110円にドル高・円安になると，1ドルの商品を輸出すれば，その円での受取額は100円から110円に増えるからであり，逆に，1ドルの商品を輸入すると，その円での支払額は100円から110円に増えてしまうからである。このように，輸出が増加すると，輸出業者による外国為替市場へのドルの供給が増加し，輸入が減少すると，輸入業者による外国為替市場からのドルの需要が減少する。

このメカニズムを通常の需要・供給曲線で表したものが，図2-4である。縦軸は，自国通貨建ての為替レート（円／ドル）で，上に行くほどドル高（円安），下に行くほどドル安（円高）を意味する。横軸は，外国為替市場におけるドルの取引量を表す。

ドルの**供給曲線が右上がり**であるのは，ドル安・円高（ドル高・円安）の場合，輸出が減少（増加）して，外国為替市場に供給されるドルが少なく（多く）なるからである。ドルの**需要曲線が右下がり**であるのは，ドル安・円高

---

[4]　正確にいえば，「普通，円高・ドル安になると，**輸出量**が減少し，**輸入量**が増加」すると考えられる。しかし，本文のメカニズムが成り立つためには，「円高・ドル安になると，**輸出額**が減少し，**輸入額**が増加」しなければならない。後者が成り立つためには，第6章で述べる**マーシャル＝ラーナーの条件**が成り立っていなければならない。

■第Ⅰ部　国際収支と外国為替市場

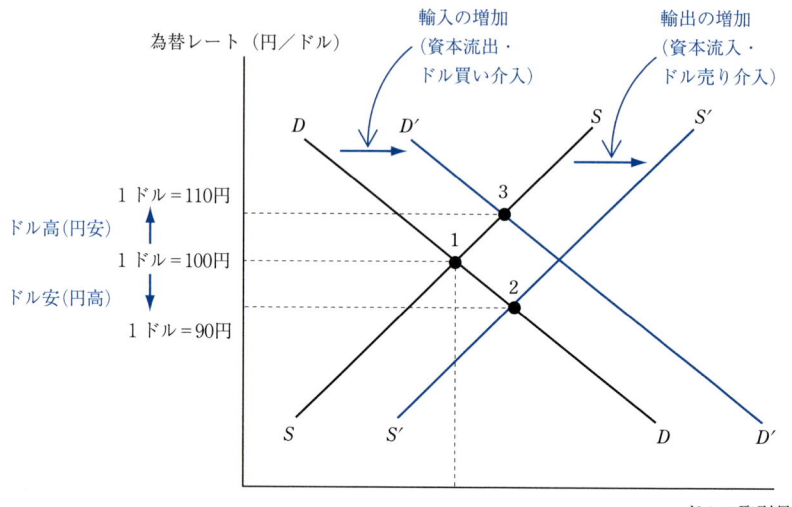

図2-4　外国為替市場の需給均衡

（ドル高・円安）の場合，輸入が増加（減少）して，外国為替市場から需要されるドルが多く（少なく）なるからである。外国為替市場の均衡点は，2つの曲線の交点1（例えば，1ドル＝100円）となる。

円高と円安

ここで，交点1（1ドル＝100円）の水準にあったとき，何らかの外生的要因（日本製品の価格が相対的に安いとか，日本製品に対する外国人の嗜好が強い等）によって，日本からの輸出が拡大したとしよう。このことは，供給曲線の SS から $S'S'$ への右方シフトとして示され，その結果，交点は点2に移り，為替レートは，例えば1ドル＝90円へと円高になる。これは，日本の貿易黒字が拡大すれば，円高傾向になるという直感と合致するはずである。

逆に，交点1（1ドル＝100円）の水準にあったとき，何らかの外生的要因（外国製品の価格が相対的に安いとか，外国製品に対する日本人の嗜好が強い等）によって，日本への輸入が拡大したとしよう。このことは，需要曲線の DD から $D'D'$ への右方シフトとして示され，その結果，交点は点3に移り，為替レートは，例えば1ドル＝110円へと円安になる。これも，日本の貿易収

支が悪化すれば，円安傾向になるという直感と合致するはずである。

　ここまで，外国為替市場にドルを供給するのは輸出業者，外国為替市場でドルを需要するのは輸入業者として，説明してきた。しかし，外国為替取引は，財およびサービスの輸出入に伴うものだけではない。

　例えば，日本に投資しようとする外国人投資家は，外国為替市場でドルを売って（ドルの供給）円を買い，その円で日本に投資するだろうし，外国に投資しようとする日本人投資家は，外国為替市場で円を売ってドルを買い（ドルの需要），そのドルで外国に投資するだろう。また，為替レートが点1（1ドル＝100円）の水準にあったとき，何らかの外生的要因によって，日本への資本流入が拡大すれば，SS曲線が$S'S'$曲線に右方シフトし，円高傾向になるであろうし，日本からの資本流出が拡大すれば，DD曲線が$D'D'$曲線に右方シフトし，円安傾向になるだろう。

　さらに，通貨当局による円安防止のためのドル売り・円買い介入は，外国為替市場におけるドル供給を意味し，円高防止のためのドル買い・円売り介入は，外国為替市場におけるドル需要を意味する。また，為替レートが点1（1ドル＝100円）の水準にあったとき，通貨当局がドル売り・円買い介入を行うことは，このモデルでは，SS曲線の$S'S'$曲線への右方シフトとして表わされ，円高傾向になるかもしれないし，ドル買い・円売り介入は，このモデルでは，DD曲線の$D'D'$曲線への右方シフトとして表わされ，円安傾向になるかもしれない。

　一般に，国際収支表の貸方項目に記載される対外取引はドル供給を伴う取引であり，借方項目に記載される対外取引はドル需要を伴う取引である（28頁の表1-3を参照）。ここで説明した為替レートの決定モデルは，国際収支に現れる対外取引，すなわちフローの対外取引に伴って発生する自国通貨（円）と外国通貨（ドル）の交換から，外国為替市場の需給均衡を考えるという意味で，為替レートのフロー・アプローチと呼ばれる。

2.3　変動相場制と固定相場制

　これまでの議論において，為替レートは，外国為替市場における外貨（ドル）に対する需要と供給が均衡するところで決定された。図2-4では，輸出超過などによって発生した超過供給はドル安（自国通貨の増価）によって，輸入超過などによって発生した超過需要はドル高（自国通貨の減価）によって，調整された。このように，外国為替市場における外貨の超過供給や超過需要が，為替レートの変動によって調整（**価格調整**）される為替相場制度を**変動相場制**（floating exchange rate system）という。

　これに対して，通貨当局が為替レートを予め設定した公定平価に固定し，この公定平価を維持するために，外国為替市場における外貨の超過供給や超過需要を，通貨当局が公定平価で無制限に売買することによって調整（**数量調整**）する為替相場制度を**固定相場制**（fixed exchange rate system）という。通貨当局が公定平価で外貨を無制限に売買する為替政策を**為替平衡操作**（exchange equalization operation），または単に**市場介入**（market intervention）といい，このときに使われる外貨が**外貨準備**である。

　図2-5は，**ブレトンウッズ体制**（第9章を参照）の下で，日本が公定相場を1ドル＝360円に固定していた場合を想定している。図2-5 ⓐのケースでは，日本が輸出の増加などによって，ドルの超過供給が発生している。変動相場制ならば，この超過供給は円高によって調整され，均衡点は点1から点2にシフトして，需給均衡が達成される（価格調整）。

　しかし，固定相場の場合，ドルを売りたいと思っている市場参加者（輸出業者など）は，点1を越えるドルの超過供給は，外為市場では1ドルを360円以下で売却するしかないため，通貨当局に360円のレートで売却するのである。つまり通貨当局が1ドルを360円のレートで無制限に購入するという約束をしている場合，ドルの需要曲線はD1D′というように，1ドル＝360円のレートで水平に屈折した形状になり，点3で需給均衡が達成される（数量調整）。通貨当局の外貨準備は，この**ドル買い介入**によって増加する。

第2章 外国為替市場と為替レート

ⓐドル買い介入のケース

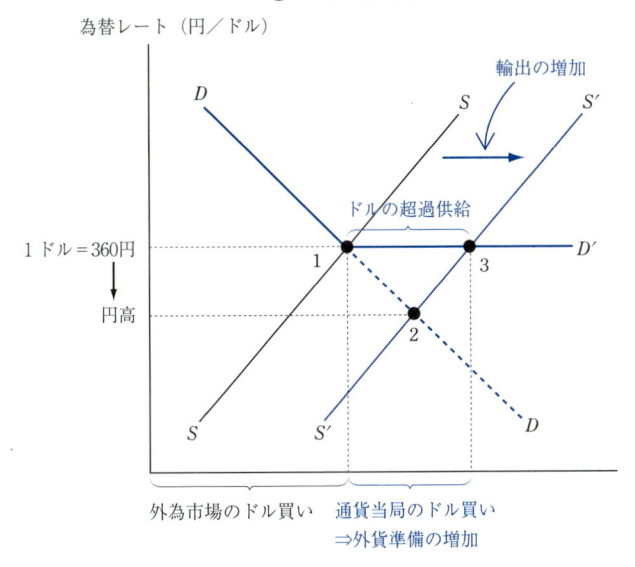

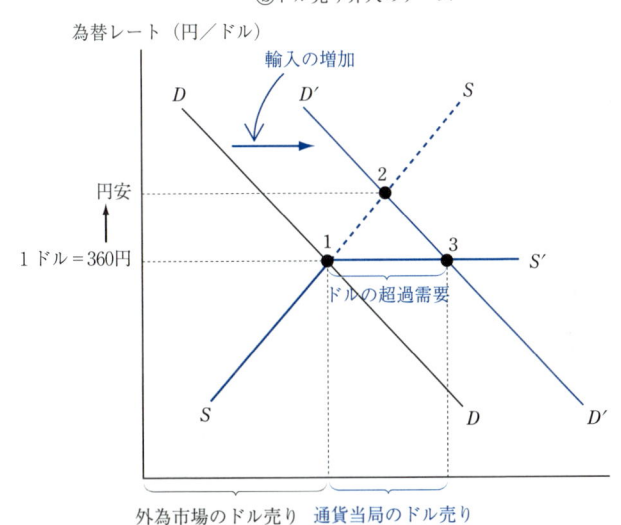

図2-5 固定相場制

図2-5ⓑのケースでは，輸入の増加などによって，ドルの需要曲線は右方にシフトし，ドルの超過需要が発生している。変動相場制ならば，この超過供給は円安によって調整され，均衡点は点1から点2にシフトして，需給均衡が達成される。

しかし，固定相場の場合，ドルを買いたいと思っている市場参加者（輸入業者など）は，点1を越えるドルの超過需要は，外為市場では1ドルを360円以上で購入するしかないため，通貨当局から360円のレートで購入するのである。つまり通貨当局が1ドルを360円のレートで無制限に売却するという約束をしている場合，ドルの供給曲線はS1S′というように，1ドル＝360円のレートで水平に屈折した形状になり，点3で需給均衡が達成される。通貨当局の外貨準備は，このドル売り介入によって減少する。

固定相場制を維持するために決定的に重要なことは，通貨当局が公定相場で外貨を無制限に売買するという約束を守ること（コミットメント）と，市場参加者がこの約束を信頼していること（クレディビリティ）である。両者の信頼関係が失われれば，固定相場制は崩壊し，通貨危機に陥る場合もある。通貨当局の外貨準備が枯渇するのではないかという疑念が持たれた場合，市場参加者は，為替レートが切り下げられる前に（外国通貨が安く買えるうちに），通貨当局に対して，公定相場で自国通貨を売って，外国通貨を買おうとするはずである。こうした自国通貨売りに対して，通貨当局は自国通貨を買い支えるが，外貨準備が枯渇してしまえば，固定相場制は崩壊し，通貨危機に陥る。

2.4　直物為替レートと先物為替レート

外国為替取引には，直物取引と先物（先渡）取引がある。直物取引とは，売買契約と同時に為替の受渡し（決済）が行われる取引であり，これまで説明してきた為替レートは全て直物為替レート（spot exchange rate）であった。これに対して，先物取引とは，将来のある時点で為替の受渡しが行われるが，契約時点で将来受渡しされる為替の対価が決められる取引である。契約時に決められる為替の対価が先物為替レート（forward exchange rate）である。先物取

引は，以下で述べるような為替リスクを回避する手段として用いられる。

為替ポジションと為替リスク

　外国為替市場の参加者は，外国通貨建ての債権や債務を保有している。この外貨建て債権または債務の残高を**為替ポジション（為替持高）**という。この部分は為替レートの変動に伴う為替リスクにさらされている。次のような例を考えよう（図2-6を参照）。

① アメリカに1万ドルの商品を輸出した日本の輸出業者を考えよう。現在の為替レートが1ドル＝100円ならば，この輸出業者は円建てで100万円受け取ることができるはずである。しかし，実際に代金を受け取る3カ月後に，為替レートが1ドル＝90円というように，円高・ドル安になった場合，この輸出業者は90万円しか受け取ることができず，10万円の為替リスクを負うことになる。この輸出業者が保有している外貨建て債権の残高を**ロング・ポジション（買持ち）**といい，外国通貨が減価する（円高・ドル安になる）ことによって，為替リスクが発生する。

　このように為替ポジションがロングである（外貨建て債権残高を保有している）場合，現在時点で，例えば先物レートを1ドル＝95円で「売り予約」をしておけば，たとえ将来時点で，直物レートが1ドル＝90円になったとしても，1ドル＝95円で100万ドルを売る契約が現時点で確定しているので，為替リスクは回避される。

② アメリカから1万ドルの商品を輸入した日本の輸入業者を考えよう。現在の為替レートが1ドル＝100円ならば，この輸入業者は外国為替市場から100万円を支払えばよいはずである。しかし，実際に代金を支払う3カ月後に，為替レートが1ドル＝110円というように，円安・ドル高になった場合，この輸出業者は110万円も支払わなければならず，10万円の為替リスクを負うことになる。この輸入業者が保有している外貨建て債務の残高を**ショート・ポジション（売持ち）**といい，外国通貨が増価する（円安・ドル高になる）ことによって，為替リスクが発生する。

　このように為替ポジションがショートである（外貨建て債務残高を保有

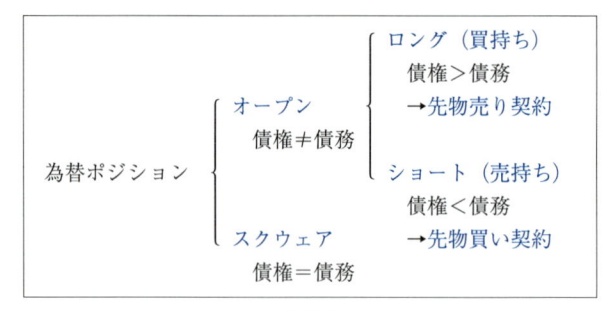

```
                    ┌ ロング（買持ち）
                    │ 債権＞債務
            ┌ オープン │ →先物売り契約
            │ 債権≠債務 │
為替ポジション ┤        │ ショート（売持ち）
            │        │ 債権＜債務
            │        └ →先物買い契約
            └ スクウェア
              債権＝債務
```

図 2-6　為替ポジション

している）場合，現在時点で，例えば先物レートを 1 ドル＝105 円で「買い予約」をしておけば，たとえ将来時点で，直物レートが 1 ドル＝110 円になったとしても，1 ドル＝105 円で 100 万ドルを買う契約が現時点で確定しているので，為替リスクは回避される。

③　外貨建て債権残高（ロング）または債務残高（ショート）があるケースを，為替ポジションが**オープン**であるというのに対して，外貨建て債権と債務が同額であるケースを**スクウェア**という。例えば，アメリカに対して商品を 1 万ドル輸出し，かつ同額の商品を輸入した日本の貿易業者を考えよう。実際に代金の受払いが行われる 3 カ月後に，円高・ドル安になっても，輸出で発生する為替差損が，輸入で発生する同額の為替差益によってカバーでき，円安・ドル高になっても，輸入で発生する為替差損が，輸出で発生する同額の為替差益によってカバーできる。すなわち，為替ポジションがスクウェアの場合には，為替リスクは発生しない。したがって，為替リスクを回避する基本は，できるだけ為替ポジションをオープンからスクウェアの方向にしていくことである。

直先スプレッド

　直物レートを S，先物レートを F とすると，$S-F$ を直先スプレッドという。**直先スプレッド**が正 ($S>F$) の場合，すなわち先物レートが直物レートに比べて円高・ドル安になる場合，（円の）**先物プレミアム**といい，直先スプレッドが負 ($S<F$) の場合，すなわち先物レートが直物レートに比べて円安・ドル高

になる場合，（円の）**先物ディスカウント**という。

詳細は第3章で説明されるが，自国および外国の利子率を i, i^* とすると，一般に，

$$\frac{F-S}{S}=i-i^*$$

という**カバー付き金利平価**（covered interest parity: CIP）の関係が成立する。したがって，

$$S>F \Leftrightarrow i<i^* \Leftrightarrow 先物プレミアム$$
$$S<F \Leftrightarrow i>i^* \Leftrightarrow 先物ディスカウント$$

という関係がある（この関係の導出については補論2.1を参照）。

2.5 名目為替レートと実質為替レート

これまで議論してきた「1ドル＝100円」というような，外国為替市場において実際に観察される為替レートは，名目（貨幣）タームで定義された**名目為替レート**（nominal exchange rate）である。すなわち，名目為替レートとは，1単位の外国通貨（1ドル）が何単位の自国通貨（100円）と交換されるかという**2国間の通貨の相対価格**と定義される。

これに対して，実質（実物）タームで定義された為替レートを，**実質為替レート**（real exchange rate）という。すなわち，実質為替レートは，1単位の外国財が何単位の自国財と交換できるかという**2国間の財の相対価格**と定義される。

次のような例を考えてみよう。名目為替レートが100（円／ドル）のとき，100円を1ドルに両替して，アメリカ旅行をすることはできる。しかし，日本で100円支払えば購入できる財を，アメリカでも1ドル支払って購入できるとは限らない。例えば，日本では200円で購入できるハンバーガーが，アメリカでは3ドルで販売されているとしよう。この場合，日本において200円で購入できるハンバーガーは，アメリカでは300円（100円×3ドル）も支払わなければならない。言い換えれば，アメリカのハンバーガー1個（外国財1単位）は，

日本では1.5個（自国財1.5単位）に相当するのである。この場合，実質為替レートは，1.5〔(100円×3ドル)／200円〕である。すなわち，

$$\text{実質為替レート} = \frac{\text{自国通貨で測った外国財の価格}}{\text{自国通貨で測った自国財の価格}} = \frac{100[\text{円／ドル}] \times 3[\text{ドル}]}{200[\text{円}]}$$
$$= 1.5$$

である。このように，実質為替レートとは，自国財で測った外国財の相対価格（外国財1単位で得られる自国財の数量）を意味する。

　上の例では，1つの財の価格だけで考えてきたが，実際には複数の財バスケットの物価水準が問題となる。一般には，名目為替レートを S，自国および外国の物価水準を P，P^*，実質為替レートを Q とすると，

$$Q = \frac{S \times P^*}{P} = \frac{\text{自国通貨で測った外国の物価水準}}{\text{自国通貨で測った自国の物価水準}}$$

と定義される。実質為替レート Q の値の上昇・下落は，それぞれ自国通貨の実質減価（real depreciation）・実質増価（real appreciation）と定義される。名目為替レート S の値の上昇・下落が，それぞれ自国通貨の名目減価（nominal depreciation）・名目増価（nominal appreciation）と定義されるのと同様である。

　外国財の相対価格（P^*/P）が上昇すると，自国通貨は実質減価（Q は上昇）し，自国の輸出競争力が強化され，経常収支は改善される。逆に，外国財の相対価格（P^*/P）が下落すると，自国通貨は実質増価（Q は下落）し，自国の輸出競争力が弱まり，経常収支は悪化する[5]。

　例えば，固定相場制を採用している国が，インフレで物価水準が上昇すると，名目為替レート S の値が一定でも，実質為替レートは増価（Q が下落）し，経常収支が悪化するかもしれない[6]。また，円が名目増価（S が下落）しても，

---

[5] 為替レートの増価・減価が，経常収支の悪化・改善に及ぼす影響は，脚注(4)で述べたように，マーシャル＝ラーナーの条件を考慮に入れなければならない（第6章を参照）。また，実質為替レートは，価格（物価水準）が伸縮的な長期モデルにおいて特に重要な概念で，購買力平価と密接に関係があるが，これについては第4章で詳述する。
[6] 例えば，アジア通貨危機前のタイでは，事実上1ドル＝25バーツに固定されてい↗

デフレが続くことによって日本の物価水準が下落すると、実質為替レートは減価（Q が上昇）し、経常収支が改善されるかもしれない。

なお、実質為替レートは、輸入財で測った輸出財の相対価格である**交易条件**（terms of trade）と、理論的には同じ概念である。つまり、実質為替レートは、次のように定義される交易条件の逆数である。

$$交易条件 = \frac{輸出財価格（自国財の物価水準）}{輸入財価格（外国財の物価水準）} = \frac{輸入量}{輸出量}$$

したがって、**交易条件の改善**（交易条件の値が大きくなること）と実質為替レートの増価（実質為替レートの値が小さくなること）、**交易条件の悪化**（交易条件の値が小さくなること）と実質為替レートの減価（実質為替レートの値が大きくなること）は、理論的には同じ意味である。

2.6　実効為替レート

これまで議論してきた為替レートは、円とドルの交換比率といった2国間通貨の為替レート（bilateral exchange rate）であった。しかし、例えば「円高・ドル安」といっても、円が他の主要国通貨に対して強くなっている「円の独歩高」と、ドルが他の主要国通貨に対して減価している「ドルの全面安」とでは、その原因も違うし、また日本の対外競争力に及ぼす影響も異なってくる。このような場合、自国の通貨価値を多国間通貨の総合的な価値（multilateral exchange rate）として、単一の指標で捉える必要がある。このような指標として、しばしば用いられるのが、**実効為替レート**（effective exchange rate）である。

実効為替レートとは、主要国取引相手国の通貨に対する自国通貨の価値を加

↘た。しかし、巨額の資本流入によってマネーサプライは増加し、インフレが発生していた。こうしてバーツは実質増価し、経常赤字が膨らんでいた。この意味では、バーツの名目為替レートは過大評価されていて、名目減価が望ましかった（第10章の補論を参照）。

重平均して算出される指数である。加重平均する際のウェイトは，自国と相手国との経済関係の密接さから求められるが，通常は，自国と相手国との貿易額に基づいて決定される。また，相手国通貨に対する自国通貨の2国間価値として，名目為替レートを用いて産出されたものは**名目実効為替レート**（nominal effective exchange rate: $NEER$），実質為替レートを用いて産出されたものは**実質実効為替レート**（real effective exchange rate: $REER$）といわれる。総合的な通貨価値の判断材料としては後者がより正確である。

日本の主要貿易相手国が n カ国あり，第 i 国通貨に対する円の2国間名目為替レートを S_i，2国間実質為替レートを Q_i，第 i 国への輸出額が日本の輸出額全体に占めるウェイトを $w_i(i=1, 2, \ldots n)$ とすると，円の名目実効為替レート（$NEER$）および実質実効為替レート（$REER$）は，次のような加重平均として定義される。

　　算術加重平均の場合

$$NEER = \sum w_i S_i = w_1 S_1 + w_2 S_2 + \cdots + w_n S_n \quad (\sum w_i = 1)$$
$$REER = \sum w_i Q_i = w_1 Q_1 + w_2 Q_2 + \cdots + S_n Q_n \quad (\sum w_i = 1)$$

　　幾何加重平均の場合

$$NEER = (S_1)^{w_1} \times (S_2)^{w_2} \times \cdots \times (S_n)^{w_n} = \Pi_{i=1}^{n} (S_i)^{w_i} \quad (\sum w_i = 1)$$
$$REER = (Q_1)^{w_1} \times (Q_2)^{w_2} \times \cdots \times (Q_n)^{w_n} = \Pi_{i=1}^{n} (Q_i)^{w_i} \quad (\sum w_i = 1)$$

実際には，基準時の2国間為替レートを，それぞれ100とした指数として算出される。すなわち，基準時の2国間実質為替レート $\bar{Q}_i (i=1, 2, \cdots n)$ をそれぞれ100とすると，実質実効為替レート（$REER$）は，次のように定義される。

$$REER = \left(\frac{Q_1}{\bar{Q}_1} \times 100\right)^{w_1} \times \left(\frac{Q_2}{\bar{Q}_2} \times 100\right)^{w_2} \times \ldots \times \left(\frac{Q_n}{\bar{Q}_n} \times 100\right)^{w_n}$$
$$= \Pi_{i=1}^{n} \left(\frac{Q_i}{\bar{Q}_i}\right)^{w_i} \times 100 \quad (\sum w_i = 1)$$

例えば，日本がアメリカ，中国，ユーロ圏の3カ国・地域とだけ経済関係を持ち，各国・地域との経済関係を示すウェイトを40，40，20％，円が基準時

(出所) Bank for International Settlements (BIS), BIS effective exchange rate indices (http://www.bis.org/statistics/eer/index.htm).

図2-7 円・ドル・ユーロの実質実効為替レートの推移（2001〜2011年）

(100) からドル，人民元，ユーロに対して実質で30，10，20％増価したとすると，現時点での円の実質実効為替レート（$REER$）は，「$(130)^{0.4} \times (110)^{0.4} \times (120)^{0.2} = 120$」というように算出される[7]。図2-7は，円・ドル・ユーロの実質実効為替レートの推移である。

補論2.1　カバー付き金利平価

いま，円建て預金の金利を年率で i（×100％），ドル建て預金の金利を年率で i^{*}（×100％），直物レートを S，先物レートを F とし，投資家が資金を円建てで運用するか，ドル建てで運用するか，という意思決定を行うものとする。

図2-8で示されているような先物取引を考えよう。1単位の円を円建て預金で運用すれば，① 1年後に得られる元利合計は，$1+i$ 円である。ドル建て預

---

[7] べき乗は表計算ソフトのエクセルを使って簡単に計算できる。例えば，「$2^3 = 8$」というべき乗計算は，エクセルの任意のセルに「＝2^3」と入力して Enter キーを押すと8と計算される。「^（キャレットまたはハット）」はべき乗を表す演算子である。「$(130)^{0.4} \times (110)^{0.4} \times (120)^{0.2} = 120$」は，エクセルの任意のセルに「＝130^0.4*110^0.4*120^0.2」と入力して Enter キーを押すと「119.666」と計算される。

■第Ⅰ部　国際収支と外国為替市場

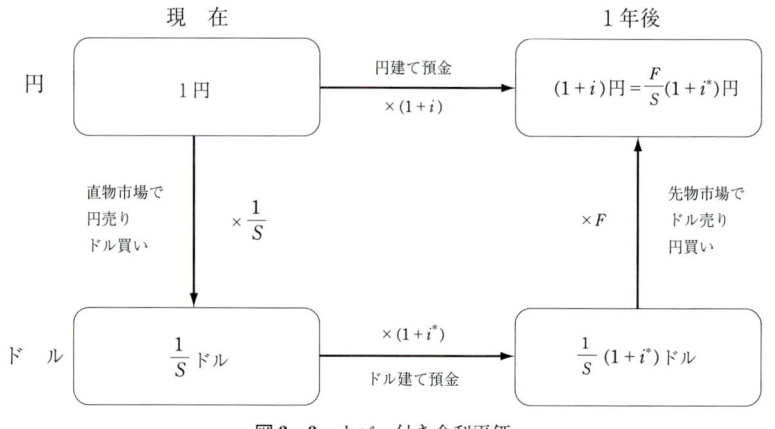

図2-8　カバー付き金利平価

現在：1円 →（円建て預金 $\times(1+i)$）→ 1年後：$(1+i)$円 $= \dfrac{F}{S}(1+i^*)$円

直物市場で円売りドル買い $\times \dfrac{1}{S}$ ↓　　↑ 先物市場でドル売り円買い $\times F$

$\dfrac{1}{S}$ ドル →（$\times(1+i^*)$　ドル建て預金）→ $\dfrac{1}{S}(1+i^*)$ ドル

金で運用するためには，②まず，現在の直物レート S で円を売って $1/S$ ドルを買い，③次に，それをドル建てで運用すると，1年後に得られる元利合計は $(1+i^*)\times(1/S)$ ドルとなるが，④先物レート F でこのドルを売ると，$(1+i^*)\times(F/S)$ 円となる。

投資家の意思決定は，①と④のどちらが大きいか，すなわち，

$$1+i \lessgtr (1+i^*)\dfrac{F}{S}$$

に依存する。もし「左辺(①)＜右辺(④)」ならば，投資家は，ドル建てで運用した方が得だから，日本からアメリカへ**資本が流出**する。具体的には，「円資金を調達し，それを直物レートで売って，ドル建てで預金し，先物レートでドルを売る」という取引が行われる。円資金の調達（需要）が増えることによって，円金利は上昇し（$i \nearrow$），ドル預金での運用（供給）が増えることによって，ドル金利は下落する（$i^* \searrow$）。他方，直物市場ではドル買い円売りによって，直物レートはドル高（$S \nearrow$）となり，先物市場ではドル売り円買いによって，先物レートはドル安（$F \searrow$）となる（逆に「左辺(①)＞右辺(④)」ならば投資家は，円建てで運用した方が得だから，アメリカから日本へ**資本が流入**する）。この取引は，**資本移動が完全に自由**（perfect capital mobility）である限り，両辺が等しくなるまで続くはずである。つまり，

第2章 外国為替市場と為替レート

$$1+i=(1+i^*)\frac{F}{S} \qquad (2\text{-}1)$$

が成立すると，もはやこの取引で利鞘を稼ぐ機会はなくなる。このように先物取引でカバーされた(2-1)の条件を**カバー付き金利平価**（covered interest parity: CIP）という。(2-1)の CIP 条件を変形すると，以下の(2-2)に近似できる[8]。

$$i-i^*=\frac{F-S}{S} \qquad (2\text{-}2)$$

ここで，$(F-S)/S$ は直先スプレッドを表す（普通はこれをプラスの値で表示し，$F>S$ の**先物ディスカウント**で示し，先物レートがどれだけ減価するかで表す）。したがって(2-2)式は，

先物ディスカウント＝自国の金利－外国の金利（内外金利差）

を意味する。すなわち，**資本移動が完全に自由**であるならば，先物ディスカウントは内外金利差に等しい。**資本規制**（capital control）が撤廃されている先進国間では，CIP が成立しており，例えば，図2-9に示されているように，日米間で資本移動が自由化された1980年代以降，円ドル間の直先スプレッドは，日米間の金利差に等しくなっている。

補論2.2　実効為替レートと通貨バスケット

2.3で議論した固定相場制の1つに，自国通貨を米ドルに固定するという**ドルペッグ制**がある。多くの東アジア諸国のように，アメリカとの経済依存度が圧倒的に大きい場合は，こうしたドルペッグ制も合理的な為替相場制度かもしれない。しかし，東アジア域内で貿易や投資の依存度が高まってくれば，ドルだけではなく，域内の複数の通貨から構成される**通貨バスケット**（currency

---

[8] (2-1)を変形し，$\mu=(F-S)/S$ とおき，$i^*\mu$ は小さい値だからこれを無視すると，以下のように(2-2)が導出できる。

$$1+i=(1+i^*)\frac{F}{S} \Rightarrow \frac{1+i}{1+i^*}=1+\frac{F-S}{S}=1+\mu \Rightarrow 1+i=(1+i^*)(1+\mu)$$
$$=1+\mu+i^*+i^*\mu \Rightarrow i-i^*=\mu \Rightarrow i-i^*=\frac{F-S}{S}$$

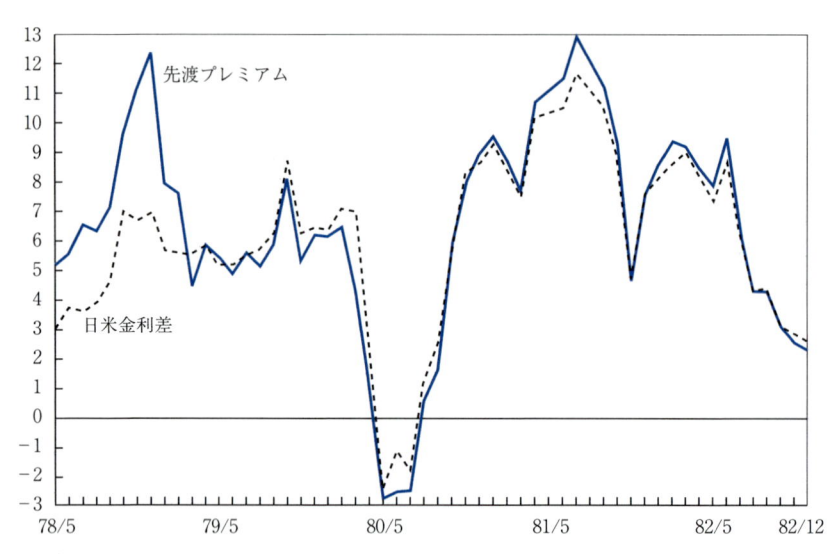

(注) 月末値。先渡プレミアムは対ドル3カ月先物、円金利は3カ月現先レート、ドル金利はオフショア市場における3カ月物預金金利による。利差はドル金利マイナス円金利。
(出所) 高木信二『入門国際金融』(第4版) 日本評論社、2011年、115頁。

図2-9 日米のカバー付き金利平価 (CIP) の推移

basket) に対して、自国通貨を安定させる**通貨バスケット制**の方が、合理的な為替相場制度になることもあるかもしれない。

通貨バスケットは、実効為替レートと理論的には同じ概念である。そして、通貨バスケットを構成する各国通貨を伸縮的に変動させ、通貨バスケットは固定相場制を維持する（実効為替レートを一定に保つ）制度が通貨バスケット制である。以下の例で、ドルペッグ制と通貨バスケット制を比較しよう。

まず、中国の通貨当局が「1ドル＝6.8人民元」というドルペッグ制を採用しているとしよう。円ドルレートが「1ドル＝100円」のとき、「1円＝0.068人民元」（6.8人民元／100円）という円元レートとなる。ここで「1ドル＝110円」とドル高（円安）になったとき、円元レートも「1円＝0.062人民元」（6.8人民元／110円）という元高（円安）になる。つまり、ドルに対してだけ固定相場制を採用していると、円ドルレートが10％だけドル高になると、円元レートも10％だけ元高になり、中国の対日競争力は低下する。このことは、日

本とも経済依存度が高い中国にとって，必ずしも望ましいことではない。

そこで，中国の通貨当局が，60％をドルに，40％を円にウェイトづけた通貨バスケットを作り，これに人民元を固定する通貨バスケット制を採用したとしよう。基準時に「1ドル＝6.8人民元」「1円＝0.068人民元」「1ドル＝100円」というレートを採用すると，通貨バスケットの基準レートは「1通貨バスケット＝1.08人民元」となる[9]。

ここで，円ドル相場が「1ドル＝110円」と10％だけドル高（円安）になったとき，「1通貨バスケット＝1.08人民元」を維持するためには，人民元をドルに対して4％（40％×10％）切り下げて「1ドル＝7.07人民元」，円に対して6％（60％×10％）切り上げて「1円＝0.064元」にすればよい[10]。つまり，ドルに対して10％減価した円に対しては，6％の切り上げで対応し，円に対して10％増価したドルに対しては，4％の切り下げで対応すれば，人民元のドルと円に対する実効為替レートは一定に保たれ，中国の日米2ヵ国に対する対外競争力に変化はない[11]。日米ともに経済依存度が高い中国にとって，この通貨

---

[9] 3つの通貨バスケットを CB，人民元を CNY，米ドルを USD，日本円を JPY と表記すると，

$$\frac{CB}{CNY} = \left(\frac{CNY}{USD}\right)^{0.6} \times \left(\frac{CNY}{JPY}\right)^{0.4} = 6.8^{0.6} \times 0.068^{0.4} = 3.159 \times 0.341 = 1.08$$

と計算できる。べき乗計算については，脚注(7)を参照。

[10] 円ドル相場が「1ドル＝110円」になっても，「1通貨バスケット＝1.08人民元」を維持するためのドル元レートを $x(CNY/USD)$，円元レート $y(CNY/JPY)$ とすると，

$$x^{0.6} \times y^{0.4} = 1.08$$
$$x = 110y$$

という連立方程式を解けばよい。下式を上式に代入すると，

$$(110y)^{0.6} \times y^{0.4} = 110^{0.6} y^{(0.6+0.4)} = 16.78y = 1.08$$

なので，$y=0.064$，$x=7.07$ が求まる（四捨五入しているので誤差が発生している）。

[11] 一般に，通貨バスケットにおけるドルおよび円に対するウェイトを α，$\beta(\alpha+\beta=1)$ とすると，

$$\frac{CB}{CNY} = \left(\frac{CNY}{USD}\right)^{\alpha} \times \left(\frac{CNY}{JPY}\right)^{\beta}$$

となる。ここで，

$$B = \frac{CB}{CNY}, \quad X = \frac{CNY}{USD}, \quad Y = \frac{CNY}{JPY}, \quad Z = \frac{JPY}{USD}$$

と表記すると，上の式は，次のように変形できる。

バスケット制の方が望ましいかもしれない。

練習問題

2.1 経常収支が改善すると，変動相場制の場合は自国通貨が増価し，固定相場制の場合は外貨準備が増加する。この違いについてグラフを用いて説明しなさい。

2.2 外国通貨建ての債権を持っている場合と，債務を持っている場合では，為替レートの変動によって被るリスクと，リスクを回避する手段が異なるが，その違いを説明しなさい。

2.3 日米間で日本製自動車と米国製自動車のみを輸出入しているとしよう。当初，日本製自動車が200万円，米国製自動車が2万ドル，名目為替レートが1ドル＝100円であった場合，以下の問いに答えなさい。
① 米国製自動車の円建て価格はいくらか。また，このときの実質為替

$$\frac{CB}{CNY} = \left(\frac{CNY}{USD}\right)^\alpha \times \left(\frac{CNY}{USD} \cdot \frac{USD}{JPY}\right)^\beta \Rightarrow B = X^\alpha \times \left(X\frac{1}{Z}\right)^\beta$$

$$\frac{CB}{CNY} = \left(\frac{CNY}{JPY} \cdot \frac{JPY}{USD}\right)^\alpha \times \left(\frac{CNY}{JPY}\right)^\beta \Rightarrow B = (YZ)^\alpha \times Y^\beta$$

両辺の対数をとって，時間について微分し，$\alpha + \beta = 1$ を考慮すると，（対数関数および対数微分については，第3章の補論 **3.1** を参照），

$$\frac{\dot{B}}{B} = \frac{\dot{X}}{X} - \beta\frac{\dot{Z}}{Z}, \quad \frac{\dot{B}}{B} = \frac{\dot{Y}}{Y} + \alpha\frac{\dot{Z}}{Z}$$

ここで，円ドルレートの変化率を10%（$\dot{Z}/Z = 0.1$），各ウェイト $\alpha = 0.6$，$\beta = 0.4$ を代入し，通貨バスケットの変化率をゼロ（$\dot{B}/B = 0$）に保つための人民元の対ドル変化率（$\dot{X}/X$）と対円変化率（$\dot{Y}/Y$）は，以下のように求められる。

$$0 = \frac{\dot{X}}{X} - 0.4 \times 0.1 \quad \therefore \frac{\dot{X}}{X} = 0.04, \quad 0 = \frac{\dot{Y}}{Y} + 0.6 \times 0.1 \quad \therefore \frac{\dot{Y}}{Y} = -0.06,$$

$$\log B = \alpha \log X + \beta \log X - \beta \log Z = \log X - \beta \log Z$$
$$\Rightarrow \frac{\dot{B}}{B} = \frac{\dot{X}}{X} - \beta\frac{\dot{Z}}{Z} \quad \Rightarrow 0 = \frac{\dot{X}}{X} - 0.4 \times 0.1 \quad \therefore \frac{\dot{X}}{X} = 0.04$$

$$\log B = \alpha \log Y + \alpha \log Z - \beta \log Y = \log Y + \alpha \log Z$$
$$\Rightarrow \frac{\dot{B}}{B} = \alpha\frac{\dot{Z}}{Z} \quad \Rightarrow 0 = \frac{\dot{Y}}{Y} + 0.6 \times 0.1 \quad \therefore \frac{\dot{Y}}{Y} = -0.06$$

というように，人民元の対ドル変化率と対円変化率を求めることができる。

レートはいくらか。
② 名目為替レートが1ドル＝90円に増価したとき，実質為替レートはいくらになるか。
③ 日本製自動車の価格が250万円に上昇したとき，実質為替レートはいくらになるか。
④ 米国製自動車の価格が3万ドルに上昇したとき，実質為替レートはいくらになるか。
⑤ 米国製自動車の価格が3万ドルに上昇し，名目為替レートが1ドル＝90円に増価したとき，実質為替レートはいくらになるか。

第 II 部

為替レート・モデル

第3章 金利平価とアセット・アプローチ

　第Ⅱ部では，まず代表的な2つの為替レート・モデルを検討する。本章では，価格が硬直的な短期モデルであるアセット・アプローチを考察する。重要なことは，このモデルの基礎にある金利平価の考え方を理解することである。本章の最後の節では，国際通貨システムにおける基本的な政策命題である国際金融のトリレンマを導入する。

　次章では，価格が伸縮的な長期モデルであるマネタリー・アプローチを考察する。大切なことはこのモデルの基礎にある購買力平価について把握することである。これら2つの為替レート・モデルの前提の違いだけでなく，モデル全体の構造や，マネーサプライなどの諸変数の動きの違いについて理解を深めることが重要である。

3.1　フロー・アプローチからアセット・アプローチへ

　第2章で説明した為替レートのフロー・アプローチは，外国為替市場の需給均衡を，国際収支表の貸方項目（受取項目）に記載される対外取引（例えば輸出）と，借方項目（支払項目）に記載される対外取引（例えば輸入）とに伴って発生するドルの需給均衡として説明するものであった。すなわち，一定期間におけるフローの対外取引から，外国為替市場の需給均衡を捉える考え方である。この考え方は，固定相場制の下で，国際取引に占める輸出入等の取引のウェイトが高かった時には有効なアプローチであった。

　しかし，表2-1で示したように，今日の外国為替市場における外国為替取引額は，国際収支表に現れるフローの対外取引額と比べて，桁違いに大きな金額である。これは，変動相場制に移行し，金融のグローバル化が進んだことによって，資本移動が活発に行われるようになったからである。このような変化

を反映して，外国為替市場と為替レートは，次のように捉えられるようになった。

第1に，主要先進国が変動相場制に移行することによって，通貨そのものが投資の対象としての**資産**となったこと，そして，外国為替市場も1つの**資産市場**となり，為替レートはその**資産価格**とみなされるようになったことである。

第2に，金融市場の統合と資本移動の自由化が進んだことによって，**3.2**で説明するような**金利裁定**が盛んになり，**金利平価条件**が成立しやすい条件が整ったことである。金利裁定とは，異なる資産間の収益率格差を利用して，資金を移動することで利鞘を稼ぐ取引である。今日における巨額の外国為替取引のほとんどは，各国通貨建て資産の収益率格差によって瞬時に資金が動く金利裁定取引と考えられる。

こうして今日では，**アセット・アプローチ**と呼ばれる為替レートモデルが，為替レート短期モデルとして基本的な枠組となった。アセット・アプローチでは，各国通貨は収益率の異なる資産とみなされ，外国為替市場における金利平価条件が，資産価格としての為替レートを決定することになる。

短期と長期

マクロ経済学において，**短期**とは，**価格が硬直的**で，**不完全雇用**が発生している期間を意味する。これに対して，**長期**とは，**価格が伸縮的**で，**完全雇用**が実現されている期間を意味する。

国際マクロ経済学においても同様に，**為替レートの短期モデル**とは，価格が硬直的で，財・サービス市場は均衡していないが，資産市場としての外国為替市場だけが均衡している場合を意味する。具体的には，**金利平価**に基づいた**アセット・アプローチ**が短期モデルである。これに対して，**為替レートの長期モデル**とは，価格が伸縮的で，財・サービス市場も均衡している場合を意味する。具体的には，**購買力平価**に基づいた**マネタリー・アプローチ**である。本章では前者を考察し，次章で後者を検討する。

3.2 金利平価と無裁定条件

一般に裁定（arbitrage）とは，価格差を利用して（安いところで買って高いところで売ることで）利鞘を稼ぐ取引である。裁定取引の結果，安い価格が上昇し，高い価格が下落することによって，価格差が消滅し，利鞘を稼ぐ機会が消滅する（一物一価になる）。この条件を無裁定条件（no-arbitrage condition）という。

金利裁定（interest arbitrage）とは，異なる資産間の金利差（収益率格差）を利用して（安く借りて高く貸し付けることで）利鞘を稼ぐ取引を意味する。短期の資本移動は，外国為替市場における金利裁定によるものである。

カバーなし金利平価（uncovered interest parity: UIP）

いま，円建て預金の金利を年率で i（×100%），ドル建て預金の金利を年率で i^*（×100%），自国通貨建ての現在の為替レートを S，1年後の予想為替レートを S^e とし，投資家が資金を円建てで運用するか，ドル建てで運用するか，という意思決定を行うものとする。投資家は為替リスクを先物市場でカバーしないこと，言い換えれば為替ポジションをオープンにしておくとしよう。

図3-1で示されているような金利裁定を考えよう。1単位の円を円建て預金で運用すれば，①1年後に得られる元利合計は，$1+i$ 円である。ドル建て預金で運用するためには，②まず，現在の直物レート S で円を売って $1/S$ ドルを買い，③次に，それをドル建てで運用すると，1年後に得られる元利合計は $(1+i^*)\times(1/S)$ ドルとなるが，④1年後の予想為替レート S^e でこのドルを売ると，$(1+i^*)\times(S^e/S)$ 円となる。

投資家の意思決定は，①と④のどちらが大きいか，すなわち，

$$1+i \lessgtr (1+i^*)\frac{S^e}{S}$$

に依存する。もし「左辺（①）＜右辺（④）」ならば，投資家は，ドル建てで運用した方が得だから，日本からアメリカへ資金が流出する。具体的には，「円資

第3章 金利平価とアセット・アプローチ

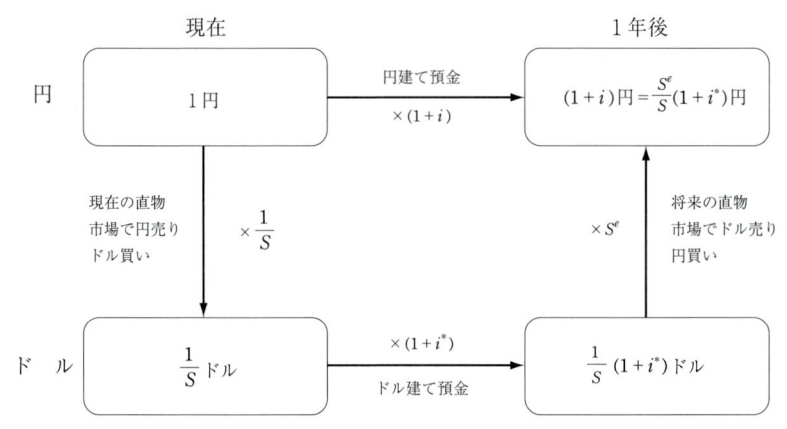

```
            現在                          1年後
       ┌─────────┐   円建て預金    ┌─────────────────────┐
 円     │   1円   │ ──────────→  │(1+i)円 = (Sᵉ/S)(1+i*)円│
       └─────────┘   ×(1+i)       └─────────────────────┘
            │                              ↑
    現在の直物                         将来の直物
    市場で円売り    ×1/S        ×Sᵉ   市場でドル売り
    ドル買い    ↓                      │円買い
       ┌─────────┐   ×(1+i*)     ┌─────────────┐
 ドル   │ 1/S ドル │ ──────────→  │ (1/S)(1+i*)ドル│
       └─────────┘   ドル建て預金  └─────────────┘
```

図 3-1 カバーなし金利平価（UIP）

金を調達し，それを直物レートで売って，ドル建てで預金し，予想直物レートでドルを売る」という金利裁定が行われる。円資金の調達（需要）が増えることによって，円金利は上昇し（$i\nearrow$），ドル預金での運用（供給）が増えることによって，ドル金利は下落する（$i^*\searrow$）。他方，現在の直物市場ではドル買い円売りによって，現在の直物レートはドル高（$S\nearrow$）となり，将来の直物市場ではドル売り円買いによって，予想為替レートはドル安（$S^e\searrow$）となる（逆に「左辺（①）＞右辺（④）」ならば投資家は，円建てで運用した方が得だから，アメリカから日本へ**資金が流入**する）。この金利裁定は，**資本移動が完全に自由**である限り，両辺が等しくなるまで続くはずである。つまり，

$$1+i=(1+i^*)\frac{S^e}{S} \tag{3-1}$$

が成立すると，もはや金利裁定で利鞘を稼ぐ機会はなくなる。このカバーなし金利裁定の無裁定条件を，**カバーなし金利平価**（UIP）という。

(3-1)は，次の(3-2)に近似できる[1]。

---

[1] (3-1)を変形し，$\mu=(S^e-S)/S$ とおき，$i^*\mu$ は小さい値だからこれを無視すると，以下のように(3-2)が導出できる。

$$1+i=(1+i^*)\frac{S^e}{S} \Rightarrow \frac{1+i}{1+i^*}=1+\frac{S^e-S}{S}=1+\mu \Rightarrow 1+i=(1+i^*)(1+\mu)$$
$$=1+\mu+i^*+i^*\mu \Rightarrow i-i^*=\mu \Rightarrow i-i^*=\frac{S^e-S}{S}$$

$$i-i^* = \frac{S^e - S}{S} \tag{3-2}$$

ここで，$(S^e-S)/S$ は，為替レートの予想変化率を表す。以下では，これを予想減価率と呼び，予想為替レートがどれだけ減価するかを意味することとする。したがって(3-2)は，

予想減価率＝自国の金利－外国の金利

を意味する。

3.3 アセット・アプローチ

(3-2)を変形すると，次の(3-3)が得られる。

$$i = i^* + \frac{S^e - S}{S} \tag{3-3}$$

(3-3)の意味は，円建て預金とドル建て預金の**予想収益率**（expected rate of return）が等しいということである。(3-1)，(3-2)，(3-3)は，全て同じ無裁定条件（UIP条件）であるが，今後は，特に(3-3)を外国為替市場の均衡条件とする。

アセット・アプローチでは，まず，(3-3)における自国および外国の金利 i，i^*，および予想為替レート S^e を外生変数（与件）として，内生変数である為替レート S がどのように決定されるかを考察する。次に与件である i，i^*，S^e が変化した場合，現在の為替レート S はどのように変化するかを考察する。これらを，表3-1の数値例と図3-2のグラフを使って考えてみよう。

> なお，対数の扱いに慣れている読者は，次のように計算すると応用範囲が広くなる（補論3.1「対数関数の利用(1)」を参照）。(3-1)を変形し，両辺の自然対数をとり，x が小さい値のとき，$\ln(1+x) \approx x$ に近似できるから，以下のように(3-2)が導出できる。
>
> $$1+i = (1+i^*)\frac{S^e}{S} \Rightarrow \frac{1+i}{1+i^*} = 1 + \frac{S^e - S}{S} \Rightarrow \ln(1+i) - \ln(1+i^*)$$
> $$= \ln(1 + \frac{S^e - S}{S}) \Rightarrow i - i^* = \frac{S^e - S}{S}$$

第3章　金利平価とアセット・アプローチ

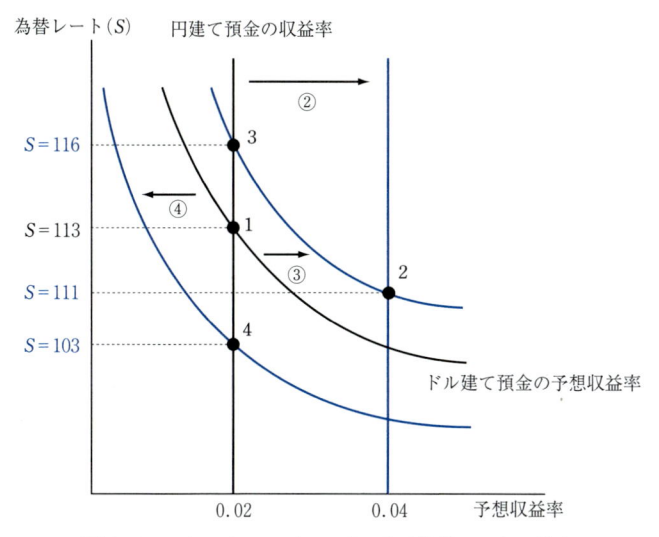

図3-2　アセット・アプローチによる為替レートの決定

表3-1　アセット・アプローチの数値例

	円金利(i)	ドル金利(i^*)	予想為替レート(S^e)	現在の為替レート(S)
①現在の状態	2 %	5 %	1ドル＝110円	1ドル＝113円
②円金利(i)の上昇	4 %	5 %	1ドル＝110円	1ドル＝111円（円高）
③ドル金利(i^*)の上昇	2 %	7 %	1ドル＝110円	1ドル＝116円（円安）
④円高予想(S^eの下落)	2 %	5 %	1ドル＝100円	1ドル＝103円（円高）

① **外国為替市場の均衡**：図3-2は，横軸に内外の予想収益率，縦軸に為替レートをとり，(3-3)の均衡条件を図示したグラフである。(3-3)の左辺は，円建て預金の収益率を表し，数値例①の場合，$i=0.02$の垂直線で示される。(3-3)の右辺は，ドル建て預金の予想収益率を表し，右下がりのグラフとして示される[(2)]。交点1が外国為替市場の均衡点である。表3-1の数値例①を代入すると，

---

(2) (3-3)の右辺は，$\dfrac{S^e}{S}-(1-i^*)$ と変形できるので，正確にいえば，$-(1-i^*)$ を漸近線とする分数関数である。

$$0.02 = \frac{110}{S} - 0.95$$

となり,これを解くと $S \approx 113$ となる。

② **自国金利の上昇**:次に,数値例②のように,円建て預金の金利が2%から4%に上昇した場合を考えよう。このとき,(3-3)は,

$$0.04 = \frac{110}{S} - 0.95$$

となり,図3-2の垂直線は $i=0.04$ まで右にシフトし,均衡点は点1から点2に移る。上式を解くと,為替レートは $S \approx 111$ まで円高になる。すなわち,自国金利の上昇は,自国通貨を増価させる。自国の金利が上昇すると,自国通貨建て預金で運用した方が有利だから,自国通貨に対する需要が増えるからである。

③ **外国金利の上昇**:さらに,数値例③のように,ドル建て預金の金利が5%から7%に上昇した場合,(3-3)は,

$$0.02 = \frac{110}{S} - 0.93$$

となるため,ドル建て預金の予想収益率を表す右下がりのグラフは,右にシフトし,均衡点は点1から点3に移る。上式を解くと,為替レートは $S \approx 116$ まで円安になる。すなわち,外国金利の上昇は,自国通貨を減価させる。外国の金利が上昇すると,外国通貨建て預金で運用した方が有利だから,外国通貨に対する需要が増えるからである。

④ **予想為替レートの変化(円高予想)**:最後に,最も興味深い結論は,為替レートに対する予想の変化が,現在の為替レートに対して及ぼす影響である。数値例④のように,予想為替レートが $S^e = 100$ というように円高シフトすれば,(3-3)は,

$$0.02 = \frac{100}{S} - 0.95$$

となるため,交点は点1から点4に移る。上式を解くと,為替レートは $S \approx 103$ まで円高となる。すなわち,外国為替市場の参加者の円高予想が,

自己実現的に円高をもたらすのである[3]。将来の自国通貨が増価することが予想されれば，自国通貨に対する需要が高まり，現在の自国通貨を増価させるのである。

外国為替市場と貨幣市場の同時均衡

(3-3)における自国および外国の金利 i および i^* は，貨幣市場の均衡条件を加えることによって内生変数にすることができる。すなわち，以下の(3-3)，(3-4)，(3-5)の3本の連立方程式から，自国および外国の金利 i, i^*, および為替レート S の3つの変数を解くことができる。

$$\begin{cases} \text{外国為替市場の均衡条件} \quad i = i^* + \dfrac{S^e - S}{S} & (3\text{-}3) \\[2mm] \text{自国の貨幣市場の均衡条件} \quad \dfrac{M}{P} = L(\underset{+\ -}{Y, i}) & (3\text{-}4) \\[2mm] \text{外国の貨幣市場の均衡条件} \quad \dfrac{M^*}{P^*} = L^*(\underset{+\ -}{Y^*, i^*}) & (3\text{-}5) \end{cases}$$

M をマネーサプライ，P を物価水準，L を貨幣需要，i を利子率，Y を実質所得（これまでと同じく，右肩に * が付いている方を外国）とすると，自国および外国の貨幣市場の均衡条件は，それぞれ(3-4)(3-5)によって表される。

ここで，左辺は実質貨幣残高を表す。マネーサプライ M は，中央銀行による政策変数として外生的に与えられ，短期モデルを考えているので，物価水準 P は一定である。右辺は実質貨幣需要を表し，各変数の下に付いている＋－は，

---

[3] 社会学者のロバート・K・マートン（金融工学への貢献で1997年度のノーベル経済学賞を受けたロバート・C・マートンの父親）は，『社会理論と社会構造』において，「自己実現的予言」(self-fulfilling prophecy) という概念を，「最初の誤った状況の規定が新しい行動を呼び起こし，その行動が当初の誤った考えを真実なものとすること」，すなわち「ある状況が起こりそうだと考えて人々が行為すると，そう思わなければ起こらなかったはずの状況が実際に実現してしまうこと」と定義した。マートンはこの概念を，ギリシャ神話の『オイディプス王』の筋書きから採用したが，現代においては，例えば「銀行の取付け騒ぎ」（銀行資産が比較的健全な場合であっても，いったん支払不能の風説がたち，多くの預金者がそれを真実だと信ずるようになると，たちまち支払不能の結果に陥る）が，典型的な自己実現的予言とされ，経済学においても「自己実現的」(self-fulfilling) という形容詞を関した概念が頻出している（浜田宏一『国際金融』岩波書店，1996年，119頁参照）。

■第Ⅱ部　為替レート・モデル

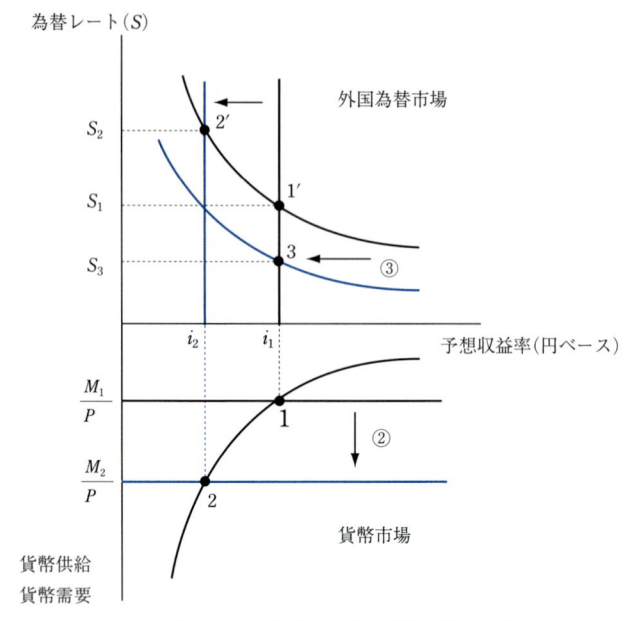

図3-3　外国為替市場と貨幣市場の同時均衡

符号条件を示す。すなわち，実質所得 Y が上昇（下落）すれば，貨幣の取引需要は増加（減少）し，利子率 i が上昇（下落）すれば，貨幣の投機的需要は減少（増加）する。

図3-3の上半分は，図3-2と同じ外国為替市場の均衡を示し，下半分は，(3-4)で表される自国の貨幣市場の均衡を示している。

① **為替市場と貨幣市場の均衡**：自国のマネーサプライが M_1 で与えられ，所得水準が Y_1 のとき，(3-4)は，

$$\frac{M_1}{P} = L(Y_1, i_1)$$

となり，貨幣市場の均衡点は図3-3の点1，自国の利子率は i_1 となる。このとき，為替市場の均衡点は点1′，為替レートは S_1 に決定される。

② **自国におけるマネーサプライの増加**：自国のマネーサプライが M_2 に増加すると，(3-4)は，

72

$$\frac{M_2}{P}=L(Y_1, i_2)$$

となり，貨幣市場の均衡点は図3-3の点2，自国の利子率は i_2 へと下落する。このとき，為替市場の均衡点は点2′，為替レートは S_2 へと減価する。

③ **外国におけるマネーサプライの増加**：外国のマネーサプライが M_2^* に増加すると，(3-5)は，

$$\frac{M_2^*}{P^*}=L^*(Y_1^*, i_2^*)$$

となり，外国の利子率は i_1^* から i_2^* へと下落する。このとき，図3-3の上半分に描かれているドル建て預金の予想収益率を表す右下がりの曲線は，左下にシフトし，為替市場の均衡点は点3，為替レートは S_3 へと増価する。

3.4　為替レートのオーバーシューティング

3.3で検討したマネーサプライの増加は，今期限りで来期には元の水準に戻るような一時的なショック（temporary shock）であり，経済主体の将来に対する予想に影響を及ぼさない。これに対して，マネーサプライの水準がある時点でジャンプして，その後はこの増加した水準が恒久的に続くというような恒久的なショック（permanent shock）は，経済主体の将来に対する予想に影響を及ぼす[4]。

本章で検討している為替レート・モデルは，価格が硬直的な短期分析なので，名目マネーサプライの水準が M_1 から M_2 へ1回限りジャンプした場合，実質マネーサプライも，M_1/P から M_2/P へと増加する。しかし，この増加した水準が恒久的に続く場合，長期的には物価水準も P_1 から P_2 へと比例的に上昇するはずであり，長期的には，実質マネーサプライも $M_1/P_1=M_2/P_2$ となって変化しないだろう。したがって，マネーサプライの恒久的な増加を考える場合には，為替レートや予想を含めた各変数が，時間の経過を通じて，どのような

---

[4] 本章で考察するのは，マネーサプライの水準の変化であって，マネーサプライの増加率の変化ではないことにも注意しよう。後者については第4章で検討する。

動学的経路を辿って変化するかという視点が必要となる。

貨幣の長期中立性

短期分析において貨幣市場の均衡条件は,

$$\frac{M}{P}=L(Y,\ i) \tag{3-4}$$

として表現され,マネーサプライ M が一時的に変化した場合の所得 Y や利子率 i の変化を分析する。これに対して,長期分析において貨幣市場の均衡条件は,

$$P=\frac{M}{L(Y,\ i)} \tag{3-6}$$

として表現され,マネーサプライ M が恒久的に変化したときの物価水準 P の変化を分析する。もちろん,(3-4)と(3-6)は,式としては同値であるが,短期と長期では分析対象や分析目的が違うのである。

ここでいう長期とは,利子率 i と生産量 Y が完全雇用水準で一定であることを意味し,このとき,(3-6)の分母は一定であるので,物価水準 P はマネーサプライ M と比例的な関係にあるであろう。例えば,マネーサプライが2倍になったとき,全ての財の名目価格や物価水準(貨幣単位で測られた**名目変数**)は2倍になるが,相対価格(実物単位で測られた**実質変数**)には変化がない。このように,長期的には,マネーサプライの変化が実質変数と無関係であることを**貨幣の長期中立性**(long-run monetary neutrality)という[5]。

為替レートのオーバーシューティング

さて,マネーサプライの恒久的な増加は,為替レートにどのような影響を与

---

[5] 物価水準がマネーサプライと比例的な関係にあるという考え方は,**貨幣数量説**(quantity theory of money)と同じ考え方である。また貨幣の長期中立性は,貨幣供給の変化が,物価水準・名目価格などの名目変数には影響を及ぼすが,生産・雇用・相対価格・実質賃金・実質利子率などの実質変数には影響を及ぼさないという**古典派の二分法**(classical dichotomy)の考え方である。つまり,長期の完全雇用産出水準は,資本や労働などの賦存量によって決定され,マネーサプライには依存しないと考えるのである。

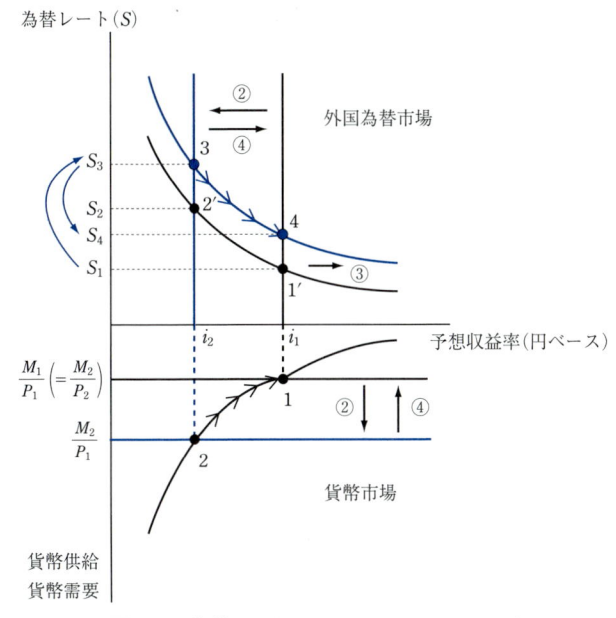

図3-4 為替レートのオーバーシューティング

えるのだろうか。一時的なショックならば市場参加者の将来に対する予想に影響を及ぼさないが、恒久的なマネーサプライの増加は、市場参加者の予想為替レートを減価させる。予想為替レートが減価した場合の短期的な為替レートの減価は、それが変化しない場合の為替レートの減価よりも大きい。それは、短期的には物価は硬直的で、経済が均衡から乖離した場合に、価格の調整メカニズムは作用せず、価格以外の経済変数(為替レート)の調整によって、均衡しなければならないからである。しかし、長期的には物価は伸縮的であるので、価格の調整メカニズムが作用して、価格およびその他の経済変数は、長期の均衡点へ向かう。

こうした為替レートの短期的なボラティリティを説明するモデルが、**オーバーシューティング・モデル**(開発者の名前をとって**ドーンブッシュ・モデル**ともいわれる)である[6]。このモデルでは、以下のようなメカニズムが想定さ

---

(6) Dornbusch, R., "Expectations and Exchange Rate Dynamics," *Journal of Political Economy*, Vol. 84, December 1976, pp. 1161-1176.

■第Ⅱ部　為替レート・モデル

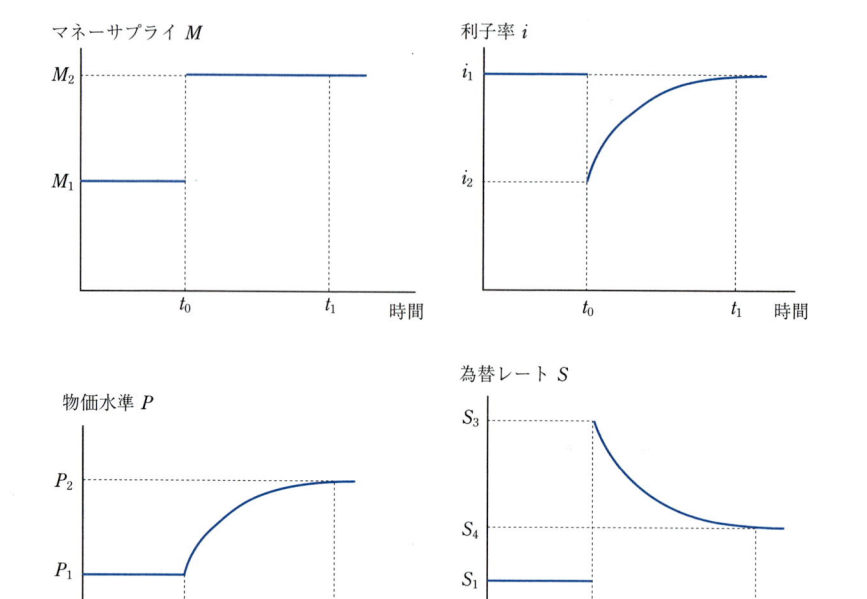

図 3-5　為替レートのオーバーシューティング（各変数の時間経路）

れている。

① 当初，貨幣市場と外国為替市場が，それぞれ点 1 と点 1' で均衡していたとしよう。

② 自国の通貨当局が，名目マネーサプライを M_1 から M_2 へと増加させたとしよう。短期的に物価水準は硬直的なので，実質マネーサプライも，M_1/P_1 から M_2/P_1 へと上昇し，図 3-4 の下半分で表されているように，貨幣市場の均衡点は 1 から 2 へとシフトし，利子率は i_1 から i_2 へと下落する。これに伴って，図 3-4 の上半分で表されているように，外国為替市場の均衡点も，短期的には，1' から 2' へとシフトし，為替レートは S_1 から S_2 へと減価する。ここまでの分析は，**3.3**（図 3-2）の分析と全く同じである。

③ しかし，この増加したマネーサプライの水準が恒久的に続くと投資家が

予想している場合，投資家の予想為替レートは S^{e1} から S^{e2} へと減価する。これに伴い，外国通貨建て資産の予想収益率は，$(S^{e1}-S)/S$ から $(S^{e2}-S)/S$ へと上昇する。この変化は，図3-4の上半分において，外国通貨建て資産の予想収益率を表す右下がりの曲線が，右方シフトすることによって示されている。マネーサプライの増加が恒久的なショックである場合，外国為替市場における短期均衡は点$2'$ではなく，点3となり，為替レートは S_2 ではなく，S_3 へと円安方向に**オーバーシュート**する。

④ 他方，短期的には硬直的な物価水準は，ゆるやかに上昇し，長期的には名目マネーサプライに比例して P_1 から P_2 の水準まで上昇する。これに伴い，実質マネーサプライも，$M_1/P_1=M_2/P_2$ の水準に戻り，図3-4の下半分で表されているように，貨幣市場の均衡は点2から点1へと，利子率も i_2 から i_1 へと戻る。このとき，外国為替市場における長期均衡は点4となり，長期の均衡為替レートは S_4 となる。

図3-5は，マネーサプライ，利子率，物価水準，為替レートの各変数が，時間の経過とともにどのような経路をとるかを示したものである。t_0 時点でマネーサプライが M_1 から M_2 へ恒久的に増加すると，短期的に利子率は i_1 から i_2 へ下落する。この利子率の下落に加えて，為替レートの減価予想が相まって，短期的に為替レートは S_2 から S_3 へ大きく減価（オーバーシュート）する。これに対して，物価の調整速度は遅く，緩やかに物価水準は上昇する。t_0 時点でのマネーサプライの M_1 から M_2 へ増大に比例して，t_1 時点では物価水準が P_1 から P_2 へ上昇すると，実質マネーサプライは $M_2/P_2(=M_1/P_1)$ へと元の水準に戻り，それに伴い利子率も t_1 時点で元の水準 i_1 へと戻る。と同時に，短期的には S_3 まで大きく減価した為替レートも，t_1 時点では S_4 の水準まで増価するのである。

3.5　国際金融のトリレンマ

本章では，UIP に基づく為替レート決定の短期モデルと，中央銀行によるマネーサプライの変更が為替レートに及ぼす影響を検討した。また前章では，

全く異なるモデル設定ではあるが，変動相場制と固定相場制の違いについて考察した。これらから，**国際金融のトリレンマ**（trilemma of international finance），または**実現不可能な三位一体**（impossible trinity）と呼ばれる政策命題を導き出すことができる。この政策トリレンマとは，以下の3つの望ましい政策目標のうち，1つは放棄せざるをえないという命題である。

① **為替レートの固定**：貿易や投資を安定させ，促進させるためには，為替リスクのない固定相場制が望ましい。この条件は，予想減価率がゼロであると表される。

$$\frac{S^e - S}{S} = 0$$

② **自由な資本移動**：資源配分の効率性（資金が過剰な国から不足している国への資金移動）を達成し，リスク分散を促進するためには，自由な資本移動（資本規制を撤廃すること）が望ましい。この条件は，UIPが成立することで表される。

$$i = i^* + \frac{S^e - S}{S}$$

③ **独立した金融政策（金融政策の自律性）**：国内の景気循環を調整するためには，中央銀行がマネーサプライを外国からは独立して（自律的に）決定できることが望ましい。この条件は，自国の利子率を外国の利子率とは異なる水準に維持できると表される。

$$i \neq i^*$$

第1に，①と②の政策目標を採用した場合，③は放棄せざるをえない（$i = i^*$ とならざるをえない）。例えば，**ユーロ圏**では，通貨統合によって為替レートは完全に固定されており（①を採用），域内での資本移動も自由であるが（②を採用），マネーサプライは欧州中央銀行（ECB）に一元化されていて，各国中央銀行には独立した金融政策が発動できない（③を放棄）。

第2に，②と③の政策目標を採用した場合，①は放棄せざるを得ない（$(S^e - S)/S \neq 0$ とならざるをえない）。例えば，日米等の先進国間では，資本

第3章 金利平価とアセット・アプローチ

ⓒ 完全な資本規制

③金融政策の独立性　　　①為替レートの固定

資本移動の自由化

両極の解

ⓐ完全な変動相場制　②自由な資本移動　ⓑ完全な固定相場制
（または通貨同盟）

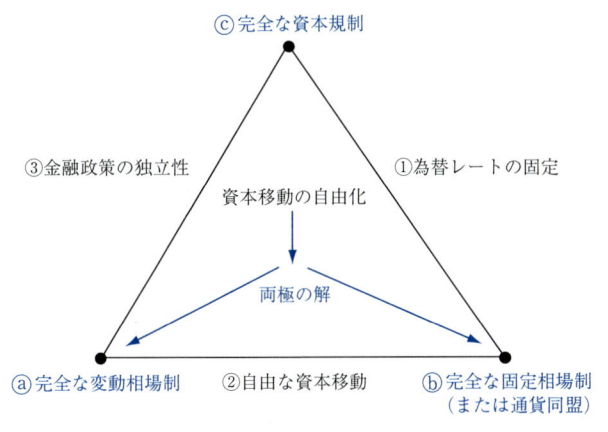

(出所) Frankel, J., "No Single Currency Regime is right for all countries at all times," *Essay in International Finance*, 215, International Finance Section, Princeton University, 1999.

図3-6　国際金融のトリレンマ

移動は自由であり（②を採用），中央銀行が独自の金融政策を発動できるが（③を採用），為替レートの固定を放棄して変動相場制を採用している（①を放棄）。

第3に，①と③の政策目標を採用した場合，②は放棄せざるをえない（UIPが成立しない）。例えば，ブレトンウッズ体制の下では，IMF加盟国は固定相場制を採用し（①を採用），中央銀行が独自の金融政策を発動できるようにしていたが（③を採用），資本移動には大きな制約（資本規制）があった（②を放棄）。現在の中国など多くの新興国も，この第3のケースに相当する。

図3-6は，このトリレンマ命題を示したものである。三角形の3辺は，それぞれ望ましい3つの政策目標（①～③）が，3つの頂点は1つの政策目標を放棄した場合に達成される国際通貨制度（ⓐ～ⓑ）が示されている。例えば，②と③を採用して①を放棄した場合，為替レート制度はⓐの「完全な変動相場制」となる。①と②を採用して③を放棄した場合，為替レート制度はⓑの「完全な固定相場制」（通貨同盟）となる。①と③を採用して②を放棄した場合，国際通貨制度は「完全な資本規制」を採用することになる。

ここで，金融のグローバル化，すなわち資本移動の自由化が進展していくと，

為替レート制度は，ⓐの「完全な変動相場制」，またはⓑの「完全な固定相場制」の**2つのコーナー解**（two corners solutions）のいずれかに行き着かざるをえなくなる[7]。しかし，現実には，**中間的な為替レート制度**（intermediate regime）が存在することも事実である。これらの問題については，後の章でも改めて取り上げる。

補論 3.1　対数関数の利用（1）

指数関数 $x = a^y$ の逆関数を，a を底とする対数関数という。

$$y = \log_a x$$

特に，ネイピア数 e を底とする対数を**自然対数**（natural logarithm）という。

$$y = \log_e x$$

ここで，e とは，以下の無理数であるが，このことの意味は，第 8 章の補論を参照されたい。

$$e = \lim_{n \to \infty}\left(1 + \frac{1}{n}\right)^n = 2.7182818\ldots$$

自然対数の表記方法としては，底の e を省略して，単に $\log x$ と表記されることがあるが，10を底とする常用対数と紛らわしい場合には，$\ln x$ と表記されることも多く，本書もこの表記法に従う。また e を底とする指数 e^x は，しばしば $\exp x$ と表記され，本書もこの表記法に従う。図 3-7 は，互いに逆関数である e を底とする**指数関数** $y = \exp x$ と**対数関数** $y = \ln x$ を示したものである。

自然対数は，「掛け算や割り算」を「足し算や引き算」（線形）の形に変形す

---

[7] Eichengreen, B., *International Monetary Arrangements for the 21st Century*, The Brooking Institution, 1994（藤井良広訳『21世紀の国際通貨制度』岩波書店，1997年）., Fischer, S., "Exchange Rate Regimes: Is the Bipolar View Correct?" *Journal of Economic Perspectives*, 15, 2 (Spring), 2001, 3-24 (Reprinted in Stanley Fischer, *IMF Essays from A Time of Crisis*, MIT Press, 2004.).

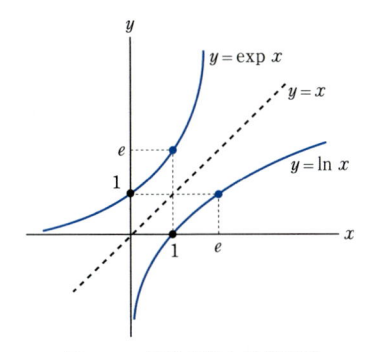

図 3-7 指数関数と対数関数

ることができるという便利な性質を持っているので，経済学でも幅広く使用される。特に変化率（あるいは成長率，増加率）や，変化率の比である弾力性などは，対数関数を用いると非常に扱いやすくなる。

対数の法則

① $\ln 1 = 0$
② $\ln (xy) = \ln x + \ln y$ （掛け算の対数は，対数の足し算に変形）
③ $\ln \dfrac{x}{y} = \ln x - \ln y$ （割り算の対数は，対数の引き算に変形）
④ $\ln x^\alpha = \alpha \ln x$ （ある数の α 乗の対数は，その数の対数の α 倍に変形）

これら対数の法則は，以下の指数の法則，

$$e^0 = 1, \quad e^x e^y = e^{x+y}, \quad \frac{e^x}{e^y} = e^{x-y}, \quad (e^x)^y = e^{xy}$$

から，容易に導き出される。

対数線形近似

⑤ 変数 x の値が十分に小さいとき，以下の近似式が求められる。
$$\ln(x+1) \approx x$$

証明はテイラーの定理を用いるが省略。

対数関数の微分

⑥ 自然対数の導関数
$$\frac{d}{dx}\ln x = \frac{1}{x}$$

⑦ 合成関数（特に変数 x が時間 t の関数）の微分
$$\frac{d}{dt}\ln x(t) = \frac{d\ln x}{dx} \times \frac{dx}{dt} = \frac{1}{x} \times \frac{dx}{dt} = \frac{\dot{x}}{x} = \hat{x}$$

ここで，「・」はドットと読み，$\dot{x} = dx/dt$ と定義され，「^」はキャレット（またはハット）と読み，$\hat{x} = \dot{x}/x$ と定義される。

変化率（成長率）

⑧ 変数 x の変化率（成長率）は，その変数の対数の差に近似できる。
$$\frac{\Delta x}{x} = \frac{x_{t+1} - x_t}{x_t} \approx \ln x_{t+1} - \ln x_t$$

証明　$\ln x_{t+1} - \ln x_t = \ln\left(\frac{x_{t+1}}{x_t}\right) = \ln\left(1 + \frac{x_{t+1} - x_t}{x_t}\right) \approx \frac{x_{t+1} - x_t}{x_t}$　（∵⑤より）

離散時間分析と連続時間分析

離散時間（discrete time）とは，年・月・日・分・秒……など「具体的な単位で区切られた期間」として認識されるデジタル的な時間のことであり，連続時間（continuous time）とは，具体的な単位で区切ることができず「一連の時の流れ」として認識されるアナログ的な時間のことである。経済学では，扱う対象（あるいは対象の扱いやすさ）に応じて，離散時間分析と連続時間分析が使い分けられる。

本書で頻出する為替レートの変化率を離散的に表現すると，増分は差分（difference）として「Δ（デルタ）」という記号を使って次のように表現され，変化率は，公式⑧のように対数の差として表すことができる（しばしば，大文字は自然数表示，小文字は対数表示される）。

$$\frac{S_{t+1} - S_t}{S_t} = \frac{\Delta S_t}{S_t} \approx \ln S_{t+1} - \ln S_t = s_{t+1} - s_t$$

第3章 金利平価とアセット・アプローチ

他方，為替レートは時々刻々，連続的に変化する時間の関数 ($S=S(t)$) として考えることもできる。この場合，増分は微分 (differentiation) として，公式⑦の対数微分の公式を参照すると，変化率は次のように連続的に表現される。

$$\frac{1}{S}\frac{dS}{dt}=\frac{\dot{S}}{S}=\hat{S}\left(=\frac{d}{dt}\ln S(t)\right)$$

弾力性

> ⑨ ある変数 y の，別の変数 x に対する弾力性 η は，以下のように表すことができる。
> $$\eta=\frac{d\ln y}{d\ln x}$$

証明　y の変化率 ($\Delta y/y \to dy/y$) の，x の変化率 ($\Delta y/y \to dy/y$) に対する比，

$$\eta=\frac{dy/y}{dx/x}$$

を，y（例えば需要）の x（例えば価格）に対する弾力性（需要の価格弾力性）という。
対数関数の導関数 $(\ln x)'=\frac{1}{x}$ を用いると，

$$\frac{d\log x}{dx}=\frac{1}{x} \quad \therefore \frac{dx}{x}=d\log x, \quad \frac{d\log y}{dy}=\frac{1}{y} \quad \therefore \frac{dy}{y}=d\log y$$

これを上記の弾力性の定義式に代入すると，

$$\eta=\frac{dy/y}{dx/x}=\frac{d\log y}{d\log x}$$

金利平価

上記の対数関数の性質を利用することによって，本文中で展開した算術式を，もう少し簡便に扱うことが可能となる。脚注(1)を参照しながら，カバーなし金利平価 (UIP) の条件(3-2)を導出してみよう。

$\mu+1=\dfrac{1+i}{1+i^*}$ の両辺の自然対数をとると，

$$\ln(\mu+1)=\ln(1+i)-\ln(1+i^*)$$

となる。ここで，公式⑤の $\ln(x+1)\approx x$ という近似式を使えば，上式は，本文中の

$$\mu=i-i^* \quad \therefore \frac{S^e-S}{S}=i-i^* \tag{3-2}$$

というように変形できる。

あるいは，(3-1)を変形した $\frac{S^e}{S}=\frac{1+i}{1+i^*}$ の自然対数をとると，

$$\ln S^e - \ln S = \ln(1+i) - \ln(1+i^*)$$

ここでも，公式⑤の $\ln(x+1)\approx x$ という近似式を使い，大文字の S^e，S の対数表示を，それぞれ小文字の s^e，s と表記すると，上式は，

$$s^e-s=i-i^* \tag{3-2}'$$

という簡潔明瞭な線形の形で表すことができる。(3-2) と (3-2)′ が全く同じことを意味していることは，変化率を離散的に近似した公式⑧から分かるだろう。

補論 3.2　カバー付き金利平価(CIP)とカバーなし金利平価(UIP)の違い

補論 2.1 の(2-2)で示されるカバー付き金利平価（CIP）と，(3-2)で示されるカバーなし金利平価（UIP）がともに成立するためには，「先物ディスカウント＝予想減価率」，つまり

$$\frac{F-S}{S}=\frac{S^e-S}{S} \Rightarrow F=S^e$$

が成立しなければならない。

　左辺の先物ディスカウントは観察可能で，図2-9で示されたようにCIPが成立するかどうかは実証可能である。しかし，右辺の予想減価率は，投資家の予想が観察不可能なので，UIPが成立するかどうかの実証研究は，期待に関する特定の仮説に基づいて行われるしかない。

UIP が成立するための前提は，投資家が**リスク中立的**（投資家にとって自国通貨建て資産と外国通貨建て資産のリスクが同じであり），**内外資産が完全代替的**であるということである。投資家が**リスク回避的**ならば（投資家にとって自国通貨建て資産と外国通貨建て資産のリスクが異なり），**内外資産が不完全代替**となる（補論 **5.1**「期待効用仮説とリスクプレミアム」を参照）。

したがって，投資家がリスク中立的ならば，将来の予想直物レート S^e と現在の先物レート F が異なっていても，リスクプレミアム RP を要求することはない。例えば，$F=120$，$S^e=100$ ($F>S^e$) としよう。つまり，直物市場での予想為替レート S^e が100円であるにもかかわらず，先物レート F が120円の場合，円高が予想されても円が大きく減価することを嫌う，リスク回避的な投資家ならば，先物レートで円売り・ドル買いを行うであろう。あるいは，直物市場で投資を行う場合には，「$F(120円)-S^e(100円)=RP(20円)$」だけのリスクプレミアムを要求するであろう。つまり，

$$F>S^e \Rightarrow F=S^e+RP \Rightarrow RP>0$$

である。

このように UIP が成立するためには，CIP が成立する**資本の完全移動性**（perfect capital mobility）という仮定に加えて，異なった通貨建ての**資産の完全代替性**（perfect asset substitutability）を仮定しなければならない。このとき，$F=S^e$ となり，リスクプレミアムはゼロ（$RP=0$）となる。直物市場における短期の名目為替レートを決定するアセット・アプローチは，この UIP を外国為替市場の均衡条件（無裁定条件）と考える。リスク・プレミアムがゼロではなく，内外通貨建ての**資産が不完全代替**であるケースは，第 5 章で検討する。

練習問題

3.1 カバー付き金利平価とカバーなし金利平価の違いについて説明しなさい。

3.2　カバーなし金利平価（為替レートの予想減価率＝自国の金利－外国の金利）の関係式を導出しなさい。

3.3　為替レートのアセット・アプローチを使って，次の問いに答えなさい。

① 自国および外国の金利が年率でそれぞれ4％と6％で，1年後の為替レートが1ドル＝100円と予想されているとき，現在の為替レートはいくらになるか。

② 自国の金利が3％に下落した場合，現在の為替レートはいくらになるか。

③ 外国の金利が5％に下落した場合，現在の為替レートはいくらになるか。

④ 予想為替レートが1ドル＝95円に変化した場合，現在の為替レートはいくらになるか。

3.4　自国の通貨当局によるマネーサプライの増加が，為替レートに及ぼす影響について，次の問いに答えなさい。

① マネーサプライの増加が一時的なショックである場合，短期的に為替レートはどのように変動するか。

② マネーサプライの増加が恒久的なショックである場合，時間の経過にともなって為替レートはどのような経路を辿って変動するか。

3.5　国際金融のトリレンマについて理論的に説明し，かつ歴史的な具体例を挙げなさい。

第4章 購買力平価とマネタリー・アプローチ

　第3章では，為替レートの短期モデルとしてのアセット・アプローチを考察した。ここでいう「短期」とは，価格が硬直的で，財市場は均衡していないが，資産市場が均衡している場合を意味していた。アセット・アプローチにおける外国為替市場の均衡条件は，自国と外国の間での金利裁定に基づく金利平価であった。

　本章では，為替レートの長期モデルとしてのマネタリー・アプローチを考察する。ここでいう「長期」とは，価格が伸縮的で，財市場も均衡している場合を意味する。マネタリー・アプローチにおける外国為替市場の均衡条件は，自国と外国の間での商品裁定に基づく購買力平価である。

4.1　購買力平価

商品裁定と一物一価

　例えば，質・量ともに全く同じハンバーガー1個の価格が，アメリカでは3ドル，日本では300円で，為替レートが1ドル＝100円であったとしよう。このとき，日米間のハンバーガーの価格には，「300円＝100（円／ドル）×3ドル」という一物一価が成立している。このように，自国と外国の財市場において**一物一価**が成立しているときの為替レートを**購買力平価**（purchasing power parity: **PPP**）という。

　いうまでもなく，現実の為替レートが購買力平価に等しくなるとは限らない。例えば表4-1で示されているように，現実の為替レートが1ドル＝80円であったとすると，日米間で一物一価が成立するためには，日本のハンバーガー価格は，「240円＝80（円／ドル）×3ドル」でなければならない。しかし，現実には300円で売られている場合，その差額である「60円＝300円−240円」は，

第Ⅱ部　為替レート・モデル

表 4‑1　購買力平価と一物一価

	ハンバーガー価格 (P, P^*)	名目為替レート (S)	購買力平価 (PPP)	実質為替レート (Q)
日本	300円（↘288円）	1ドル＝80円 （↗90円）	1ドル＝100円 （↘90円）	0.8（↗1）
アメリカ	3ドル（↗3.2ドル）			

内外価格差と呼ばれる。日本のハンバーガー価格が，アメリカのハンバーガー価格に対して，20％（[300円－240円]／300円）だけ割高になっていることと，円が購買力平価に対して，20％（[100円－80円]／100円）だけ過大評価されていることは，同じことを意味する。

　日米間で一物一価が成立して，円ドル間に購買力平価が成立する背景には，次のような**商品裁定**が想定されている。すなわち，価格の安いアメリカにおいて，ハンバーガーを3ドルで買い，それを価格の高い日本において300円で売り，さらにこの300円を為替市場で1ドル＝80円で売却すれば，3.75ドルとなって儲かる。この結果，アメリカでは日本へのハンバーガー輸出のため需要が増加し，価格が3ドルから3.2ドルへと上昇し，逆に日本ではアメリカからのハンバーガー輸入のため供給が増加し，価格が300円から288円へと下落したとしよう。さらに，外国為替市場における円売りによって，為替レートが1ドル＝80円から1ドル＝90円へと円安になったとしよう。その結果，日米間では「3.2ドル＝288円」という一物一価，すなわち円ドル間で「1ドル＝90円」という購買力平価が成立する。

　このような商品裁定によって，一物一価および購買力平価が成立するためには，**価格が伸縮的**で，日米の財市場において需要と供給が均衡する長期を考えなければならない。その意味で，購買力平価は為替レート決定の長期理論なのである。

絶対的購買力平価と相対的購買力平価

　上記の数値例を一般化するために，自国および外国の物価水準を P および P^*，為替レートを S で表わすと，自国と外国で一物一価が成立するための条件は，

第 4 章　購買力平価とマネタリー・アプローチ

$$P = S \times P^*$$

である。このとき，S は購買力平価であり，

$$S = \frac{P}{P^*} \qquad (4\text{-}1)$$

と表わされる[1]。このように**為替レートと物価水準の関係**で定義された購買力平価を，**絶対的購買力平価**（absolute PPP）と言う。

　これに対して，**為替レートの変化率と物価水準の変化率（インフレ率）**の関係で定義される購買力平価を，**相対的購買力平価**（relative PPP）と言う。t 期および $t+1$ 期の為替レート，物価水準，インフレ率を，S_t および S_{t+1}，P_t および P_{t+1}，$\pi\,[\times 100\%]$（外国の物価水準およびインフレ率には $*$ を付ける）とし，各期において絶対的購買力平価が成立しているとすると[2]，

$$S_{t+1} = \frac{P_{t+1}}{P^*_{t+1}} = \frac{(1+\pi)P_t}{(1+\pi^*)P^*_t} = \frac{1+\pi}{1+\pi^*} S_t \qquad \therefore \frac{S_{t+1}}{S_t} = \frac{1+\pi}{1+\pi^*}$$

と表わされる。これを変形すると，以下の(4-2)に近似できる[3]。

---

(1) 購買力は，物価水準の逆数によって定義される。本文の例で言えば，1 ドルの購買力はハンバーガー 1/3 個，1 円の購買力はハンバーガー 1/300 個である。購買力平価を，外国通貨の購買力と自国通貨の購買力の比率であると定義すると，

$$S = \frac{1/P^*}{1/P} = \frac{P}{P^*}$$

と表わすことができる。例えば，ドルの購買力が上がると（$1/P^*\nearrow$），ドル高になる（$S\nearrow$）。

(2) 正確に言えば，各期において絶対的 PPP が成立していなくても，相対的 PPP は成立する。詳しくは，**4.2** を参照。

(3) この変形は，第 3 章の脚注(1)と全く同じである。すなわち $\mu = (S_{t+1} - S_t)/S_t$ とおき，$\mu\pi^*$ は小さい値だからこれを無視すると，以下のように(4-2)が導出できる。

$$\mu = \frac{S_{t+1}}{S_t} - 1 \Rightarrow \frac{S_{t+1}}{S_t} = \mu + 1 \Rightarrow 1 + \mu = \frac{1+\pi}{1+\pi^*} \Rightarrow (1+\mu)(1+\pi^*) = 1+\pi$$

$$\Rightarrow 1 + \mu + \pi^* + \pi^*\mu \Rightarrow \mu = \pi - \pi^* \Rightarrow \frac{S_{t+1} - S_t}{S_t} = \pi - \pi^*$$

第 3 章の脚注(1)と同様に，対数の扱いに慣れている読者は，次のように計算するすると応用範囲が広くなる。$\dfrac{S_{t+1}}{S_t} = \dfrac{1+\pi}{1+\pi^*}$ を変形し，両辺の自然対数をとり，x が小さい値のとき，$\ln(1+x) \approx x$ に近似できるから，以下のように(4-2)が導出できる。　↗

■第Ⅱ部　為替レート・モデル

$$\frac{S_{t+1}-S_t}{S_t}=\pi-\pi^*\qquad(4\text{-}2)$$

すなわち，

為替レートの変化率＝自国のインフレ率－外国のインフレ率

となる。つまり，インフレ率の高い国の通貨は減価し，インフレ率の低い国の通貨は増価する，ということである。この相対的 PPP の結論は，直感的にも理解しやすい命題である。

なお，この(4-2)は，第3章の(3-2)や(3-4)と，形式的にはよく似ているが，これについては4.4で検討する。

4.2　貿易財と非貿易財

購買力平価の限界

実証研究によると，ほとんどの国において，名目為替レートと購買力平価は一致していない（補論4.2を参照）。また，絶対的購買力平価のみならず，ハイパーインフレーションなどインフレ率の効果が顕在化する場合を除いて，相対的購買力平価も成立していないことも知られている。

購買力平価が成立しない重要な要因として，非貿易財の存在がある。工業製品・原材料・農産物など国際的に取引される貿易財（traded goods）に対して，非貿易財（non-traded goods）とは，輸送費が極めて高く，国際的に取引が不可能な財・サービスのことである。例えば，レストランというサービスが非貿易財であるのは，有名フランス人シェフの料理を食べたい日本人は，彼の経営するフランスのレストランに行くか，彼を日本に輸送せざるを得ないが，この輸送費は購入されるサービス価格よりはるかに高いからである。その他，理髪，

↘　$\dfrac{S_{t+1}}{S_t}=\dfrac{1+\pi}{1+\pi^*}\Rightarrow 1+\dfrac{S_{t+1}-S_t}{S_t}=\dfrac{1+\pi}{1+\pi^*}$

　　$\Rightarrow \ln\left(1+\dfrac{S_{t+1}-S_t}{S_t}\right)=\ln(1+\pi)-\ln(1+\pi^*)$

　　$\Rightarrow \dfrac{S_{t+1}-S_t}{S_t}=\pi-\pi^*$

政府サービス，医療や教育サービス，建設産業の生産物（住宅）などは，非貿易財と考えられる。こうした非貿易財には，裁定取引の結果一物一価が成立するというメカニズムが働かない。また，関税の存在も，国際的な一物一価のメカニズムを妨げ，購買力平価が成立しない要因となる。

購買力平価と実質為替レート

ここで，第2章で定義した実質為替レートの意味を，もう一度考えておこう。名目為替レートを S，自国および外国の物価水準を P, P^* とすると，実質為替レート Q は，自国財で測った外国財の相対価格と定義されるから，

$$Q = \frac{S \times P^*}{P} = \frac{S}{P/P^*} = \frac{名目為替レート(S)}{絶対的購買力平価(PPP)}$$

と表すことができる。再び表4-1の数値例に戻ると，

$$Q = \frac{S \times P^*}{P} = \frac{80 \times 3}{300} = \frac{240}{300} = 0.8 \Rightarrow Q = \frac{S \times P^*}{P} = \frac{90 \times 3.2}{288} = \frac{288}{288} = 1$$

というように，当初実質為替レートは0.8であったが，日米の財市場で一物一価が成立すると，実質為替レートは1となる。言い換えれば，名目為替レートが絶対的PPPに等しければ，実質為替レートは1となる。$S<PPP(Q<1)$ の場合は，名目為替レートが購買力平価に比べて過大評価されており，$S>PPP(Q>1)$ の場合は，名目為替レートが購買力平価に比べて過小評価されていることを意味する。このように，実質為替レートは，名目為替レートと購買力平価の乖離の指標という意味もある。

これに対して，相対的PPPが成り立っているとき，実質為替レートは一定となる。例えば，先に述べたように，輸送費や関税などの取引コストがあれば，2国間で一物一価は成立しない（絶対的PPPは成立しない）。しかし，こうした取引コストは頻繁に改訂されるものではなく，短期的には一定と考えても差し支えない。いま，t 期と $t+1$ 期で，一定の取引コストが存在するため，外国財の価格が自国財の価格の λ 倍であったとすると，

■第Ⅱ部　為替レート・モデル

$$\frac{S_t \times P_t^*}{P_t} = \frac{S_{t+1} \times P_{t+1}^*}{P_{t+1}} = \lambda$$

となる。つまり，λ は実質為替レート Q であり，t 期と $t+1$ 期で取引コストが一定ということは，実質為替レートが一定ということと同じである。したがって，各期において絶対的 PPP が成立していなくても，

$$S_t = \frac{\lambda P_t}{P_t^*} \qquad S_{t+1} = \frac{\lambda P_{t+1}}{P_{t+1}^*}$$

が成立していれば，(4-2)の相対的 PPP は成立する[4]。つまり，相対的 PPP の方が，絶対的 PPP よりも緩やかな条件で成立するのである。

バラッサ＝サミュエルソン効果

　絶対的 PPP が成立するとき，実質為替レートは1であり，相対的 PPP は実質為替レートが一定という，より緩やかな条件で成立する。しかし，実証研究によると，どちらも成立するとは言い難い。為替レートを購買力平価から乖離させ，実質為替レートを変動させる要因としては，貿易財と非貿易財の生産性格差にあるとするバラッサ＝サミュエルソン効果（Balassa-Samuelson effect）がよく知られている[5]。

---

[4]　この2つの式から λ は消去されるので，$\dfrac{S_{t+1}}{S_t} = \dfrac{P_{t+1}/P_{t+1}^*}{P_t/P_t^*}$ となり，(4-2)が導出される。

[5]　Balassa, B., "The Purchasing Power Parity Doctrine: A Reappraisal," *Journal of Political Economy*, Vol. 72, December, 1964, pp. 584-596., Samuelson, P., "Theoretical Notes on Trade Problems," *Review of Economics and Statistics*, Vol. 23, May, 1964, pp. 145-154. バラッサ＝サミュエルソン効果は，国際貿易論でいえば，自国と外国の比較優位（相対価格の差）を生産性の違いに求めたリカード・モデルとパラレルな命題である。
　これに対して，バグワッティおよびクラヴィス＝リプシーは，同じ経験則を，豊かな国と貧しい国の資本および労働の要素賦存の違いに求め，製造業などの貿易財が資本集約財，サービス業などの非貿易財が労働集約財であることから説明したが，これは国際貿易論でいえば，ヘクシャー＝オリーン・モデルとパラレルである。Bhagwati, J., "Why Services are Cheaper in Poor Countries," *Economic Journal*, 94, 1984, p. 27-86., Kravis I. & Lipsey R., "Towards an explanation of national price levels," *Princeton Studies in International Finance*, No. 52, Princeton University, 1983, International Finance Section, November.

第4章 購買力平価とマネタリー・アプローチ

```
自国＝先進国（⇒物価水準高い）              外国＝途上国（⇒物価水準低い）

┌─────────────────────┐         ┌─────────────────────┐
│    ╱‾‾‾‾‾╲           │  PPP成立 │   ╱‾‾‾‾‾╲            │
│   │  貿易財 │←────────┼─(一物一価)┼→│  貿易財 │           │
│   │（製造業など）│     │         │  │（製造業など）│     │
│   │ 生産性高い │      │         │  │ 生産性低い │      │
│    ╲_____╱           │         │   ╲_____╱           │
│       ↕              │         │      ↕              │
│   労働力の自由移動     │         │   労働力の自由移動    │
│   （賃金[w]の均等化）  │         │   （賃金[w*]の均等化）│
│       ↕              │         │      ↕              │
│    ╱‾‾‾‾‾╲           │ PPP非成立 │   ╱‾‾‾‾‾╲            │
│   │ 非貿易財 │←-------┼---------┼→│ 非貿易財 │          │
│   │（サービス業など）│  │         │  │（サービス業など）│  │
│   │ 生産性に格差なし │ │         │  │ 生産性に格差なし │ │
│    ╲_____╱           │         │   ╲_____╱           │
└─────────────────────┘         └─────────────────────┘
  名目為替レートは過大評価                 名目為替レートは過小評価
  （実質為替レートは増価）                 （実質為替レートは減価）
```

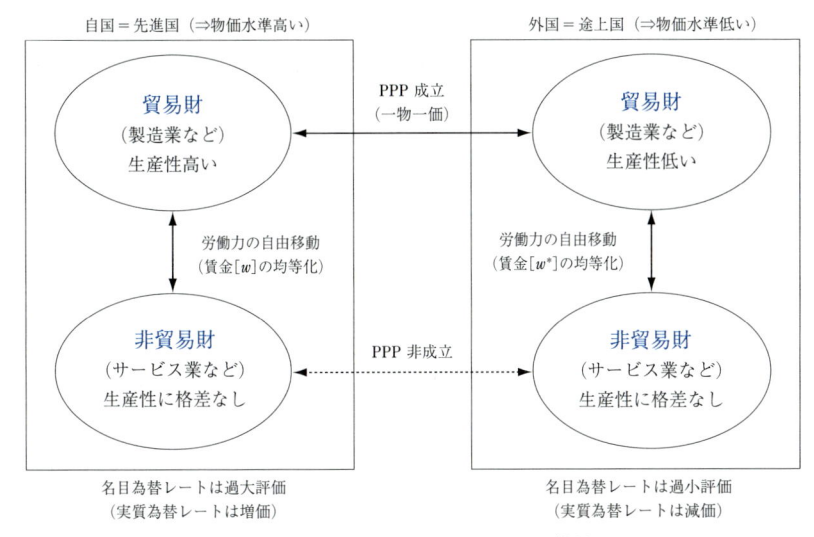

図 4-1　バラッサ＝サミュエルソン効果

　こうした購買力平価からの乖離は，先進国と途上国の間で顕著に表れる。一般に，消費者物価水準は，先進国の方が，途上国よりも，高い傾向がある（消費者物価水準と1人当たり所得水準には，正の相関関係がある）。したがって，先進国では，名目為替レートは購買力平価に比べて過大評価（途上国では，名目為替レートは過小評価）される傾向があり，先進国の実質為替レートは増価（途上国の実質為替レートは減価）する傾向がある。

　こうした現象を，バラッサ＝サミュエルソンは，貿易財の生産性上昇による実質為替レートの増価という視点から説明した。すなわち，①自国（先進国）と外国（途上国）の間で，貿易財部門では一物一価（購買力平価）が成立するが，非貿易財部門では成立しない。②他方，貿易財（製造業）部門の生産性は，先進国の方が高く，非貿易財（サービス業）部門では，両国の生産性に格差はない。③なお，両部門で労働が自由に移動できるならば，各国で単一の賃金が成立する。したがって，貿易財部門の生産性の高い先進国の賃金および消費者物価水準は高くなり，それが低い途上国の賃金および消費者物価水準は低くなる。したがって実質為替レートは，前者では増価し，後者では減価する（厳密な証明は，**補論4.3**を参照）。

■第Ⅱ部　為替レート・モデル

　バラッサ＝サミュエルソン効果は，例えば高度成長期の日本など，急速に経済成長している国において，しばしば発生する現象である．近年では，高成長を続ける中国においてこの効果が観察されるかどうか，また日本で続いているデフレ現象をこの効果で説明できるかどうかなど，応用範囲の広い経済理論の1つである．

4.3　マネタリー・アプローチの基本方程式

　マネタリー・アプローチでは，以下の(4-1)，(4-3)，(4-4)の3本の連立方程式から，自国および外国の物価水準 P, P^*，為替レート S の3つの変数を解くことができる．

$$\begin{cases} S = \dfrac{P}{P^*} & (4\text{-}1) \\[2mm] P = \dfrac{M}{L(Y, i)} & (4\text{-}3) \\[2mm] P^* = \dfrac{M^*}{L^*(Y^*, i^*)} & (4\text{-}4) \end{cases}$$

　(4-1)は絶対的PPPが成立する条件，(4-3)，(4-4)は，第3章の(3-4)，(3-5)と同じ貨幣市場の均衡条件であるが，第3章では価格が硬直的（物価水準 P が一定）な短期モデルを考えたが，ここでは，価格が伸縮的な長期モデルを考えているので，物価水準の決定式となっている．つまり，貨幣の価値（貨幣の購買力）は，貨幣市場における需給関係で決まるので，貨幣供給が増えれば貨幣価値は下がり（物価水準は上がり），貨幣需要が増えれば貨幣価値は上がる（物価水準は下がる）．このように(4-3)，(4-4)で決まる物価水準を，(4-1)に代入すると，以下の(4-5)が導かれる．

$$S = \frac{P}{P^*} = \frac{M/L(Y, i)}{M^*/L^*(Y^*, i^*)} = \frac{M}{M^*} \times \frac{L^*(Y^*, i^*)}{L(Y, i)} \quad (4\text{-}5)$$

　この(4-5)が**マネタリー・アプローチの基本方程式**である．ここから，両国のマネーサプライ，実質所得，利子率の変化が，為替レートの変化に対して，次のような影響を及ぼすことがわかる．

① **マネーサプライの変化** (4-5)より，自国のマネーサプライ M が増加すると，自国通貨は減価する。それは，(4-3)より，M が増加すれば，自国の物価水準 P が上昇し，(4-1)より，為替レート S が減価するからである。逆に，外国のマネーサプライ M^* が増加すると，自国通貨は増価する。

② **実質所得の変化** (4-5)より，自国の実質所得 Y が上昇すると，実質貨幣需要 L が増加し，自国通貨は増価する。それは，(4-3)より，実質貨幣需要 L が増加すると，自国の物価水準 P が下落し，(4-1)より，為替レート S が増価するからである。逆に，外国の所得 Y^* が増加すると，自国通貨は減価する。

③ **利子率の変化** (4-5)より，自国の利子率 i が上昇すると，貨幣需要 L が減少し，自国通貨は減価する。それは，(4-3)より，貨幣需要 L が減少すると，自国の物価水準 P が上昇し，(4-1)より，為替レート S が減価するからである。逆に，外国の利子率 i^* が増加すると，自国通貨は増価する。

これらマネタリー・アプローチから得られる命題のうち，利子率の変化が為替レートに及ぼす効果は，アセット・アプローチから得られた命題と，一見整合的ではない。すなわち，アセット・アプローチでは，「マネーサプライの増加⇒金利の低下⇒自国通貨の減価（UIP 条件）」というメカニズムであったのに対し，マネタリー・アプローチでは，「マネーサプライの増加⇒物価の上昇⇒自国通貨の減価（PPP 条件）」と，「金利の上昇⇒貨幣需要の減少⇒物価の上昇⇒自国通貨の減価（PPP 条件）」というメカニズムが働いている。すなわち，金利の変化が為替レートの変化に及ぼす効果が，長期（金利の上昇⇒自国通貨の減価）と，短期（金利の上昇⇒自国通貨の増価）では，逆になっている。

このことを整合的に理解するためには，利子率の変化の要因を特定する必要がある。結論から先にいうと，物価が硬直的な短期では，マネーサプライの水準の変化が，直接的に利子率を変化させたのに対し，物価が伸縮的な長期では，マネーサプライの変化率（マネーサプライ成長率）の変化が，物価水準の変化率（インフレ率）を変化させ，インフレ率の変化が利子率を変化させたのである。したがって，マネーサプライの水準，物価水準，絶対的 PPP で定義されたマネタリー・アプローチの基本方程式(4-5)を，マネーサプライ成長率，イ

■第Ⅱ部　為替レート・モデル

シフレ率，相対的 PPP という変化率で定義し直さなければならない[6]。このことの意味を掘り下げて考えてみよう。

4.4　フィッシャー効果と実質金利平価

フィッシャー効果

これまで考えてきた利子率は，全て**名目利子率**（nominal interest rate）であったが，ここで新たに**実質利子率**（real interest rate）の概念を導入しよう。

名目利子率とは，貸し手（例えば預金者）が借り手（例えば銀行）から受け取る（借り手が貸し手に支払う）利子率を意味する。これに対して，実質利子率とは，資金の貸借による購買力の変化率（例えば，預金をすることによる購買力の増加率）を意味する。

1単位の円を名目利子率 $i(\times 100\%)$ の円建て預金で運用すれば，1年後に得られる元利合計の「名目価値」は $1+i$ 円である。しかし，運用期間中にインフレが発生すれば，1年後に受け取る元利合計の実質価値，すなわち預金者の購買力は異なる。すなわち，預金者が予想するインフレ率（予想インフレ率）を $\pi^e(\times 100\%)$ とすると，元利合計の「実質価値」は，$(1+i)/(1+\pi^e)$ 円となる。ここで，実質利子率を $r(\times 100\%)$，すなわち預金によって1年後に元利合計の実質価値（預金の購買力）が $r(\times 100\%)$ 増加したとすると，

$$\frac{1+i}{1+\pi^e} = 1+r \tag{4-6}$$

が成り立っていなければならない。これを変形すると，(4-7)のような簡潔な関係式に近似できる[7]。

---

[6] 対数の扱いに慣れている読者は，ここから直ちに補論 **4.3** の「マネタリー・アプローチの対数表現」に進んでも構わない。そこでは，絶対的な水準で定義された (4-5) を，相対的な変化率で表示し，絶対的な水準で表現されたマネタリー・アプローチの命題①～③を，相対的な変化率で表現している。

[7] この変形も，これまでと全く同じである。$r\pi^e$ は小さな値なので，これを無視すると，

$$\frac{1+i}{1+\pi^e} = 1+r \Rightarrow 1+i = (1+\pi^e)(1+r) \Rightarrow 1+i = 1+r+\pi^e+r\pi^e \Rightarrow i = r+\pi^e$$

またこれも，対数の知識を利用すれば，もっと簡単である。　↗

第4章　購買力平価とマネタリー・アプローチ

$$i = r + \pi^e \tag{4-7}$$

(4-7)を**フィッシャー方程式**（Fisher equation）という。すなわち，**名目利子率＝実質利子率＋予想インフレ率**である。このように，**予想インフレ率の変化が，名目利子率を同じ率だけ変化させる**という関係を**フィッシャー効果**（Fisher effect）という。

マネタリー・アプローチの命題③は，〈マネーサプライ成長率の上昇⇒予想インフレ率の上昇⇒名目利子率の上昇（フィッシャー効果）⇒予想物価水準の上昇 $(P + \pi^e)$ ⇒自国通貨の減価〉というメカニズムが働いていたのである。これは，価格が硬直的な短期のアセット・アプローチで考えていたメカニズム，すなわち〈マネーサプライの増加⇒名目利子率の下落⇒自国通貨の減価〉とは異なるメカニズムである。

実質金利平価

物価が伸縮的な長期を考えると，購買力平価（PPP）と金利平価（UIP）も同時に成立する条件を考えることができる。まず，相対的 PPP を表す(4-2)は，次のような予想相対的 PPP（expected relative PPP）に書き直すことができる。

$$\frac{S^e - S}{S} = \pi^e - \pi^{e*} \tag{4-8}$$

また，物価が硬直的な短期で成り立つ UIP は，物価が伸縮的な長期でも成り立つ。

$$\frac{S^e - S}{S} = i - i^* \tag{4-9}$$

これら2つの関係から，

$$i - i^* = \pi^e - \pi^{e*} \tag{4-10}$$

が成り立つ。(4-10)は，(4-7)のフィッシャー方程式の開放経済版（**開放版**

↘　　$\dfrac{1+i}{1+\pi^e} = 1 + r \Rightarrow \ln(1+i) - \ln(1+\pi^e) = \ln(1+r) \Rightarrow i - \pi^e = r \Rightarrow i = r + \pi^e$

■第Ⅱ部　為替レート・モデル

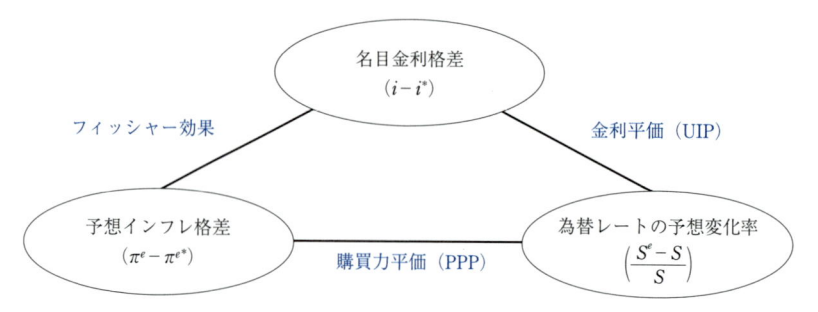

```
              名目金利格差
              ( i - i* )
   フィッシャー効果          金利平価（UIP）

予想インフレ格差                    為替レートの予想変化率
 ( π^e - π^{e*} )   購買力平価（PPP）   ( (S^e - S)/S )
```

（出所）Levi, M., *International Finance*, 5th Edition, Routledge, 2009, Fig. 8.5, p. 171.

図 4-2　為替レート・利子率・インフレ率の相互関係

フィッシャー方程式）であり，内外の金利差が，内外の予想インフレ率の差に等しいことを意味している。(4-8)，(4-9)，(4-10)から，(4-11)のように表すことができる。

$$\frac{S^e - S}{S} = i - i^* = \pi^e - \pi^{e*} \quad (4\text{-}11)$$

このように，物価が伸縮的な長期においては，**金利平価**と**購買力平価**は，**フィッシャー効果**を通じて，密接に結びついていると考えることができる（図4-2を参照）。

さらに，実質為替レート，

$$Q = \frac{S \times P^*}{P}$$

の変化率をとると，

$$\frac{Q_{t+1} - Q_t}{Q_t} = \frac{S_{t+1} - S_t}{S_t} - (\pi - \pi^*) \quad (4\text{-}12)$$

と定義される[8]。この式の意味は，相対的購買力平価が成り立っていれば（右辺がゼロならば），実質為替レートは一定（左辺の実質為替レートの変化率はゼロ）となるということである。

---

[8] これは離散型で変化率を表示したものである（補論3.1の公式⑧）。連続型で変化率を表示すれば，実質為替レートの定義式を対数微分して，以下のように求められる（補論3.1の公式⑦）。

$$\frac{\dot{Q}}{Q} = \frac{\dot{S}}{S} - \left(\frac{\dot{P}}{P} - \frac{\dot{P^*}}{P^*}\right) \quad \text{または} \quad \hat{Q} = \hat{S} - (\hat{P} - \hat{P^*})$$

ここで，金利平価条件が成り立っている場合，

$$\frac{S_{t+1}-S_t}{S_t}=i-i^*$$

これを(4-12)に代入すると，

$$\frac{Q_{t+1}-Q_t}{Q_t}=(i-i^*)-(\pi-\pi^*)=(i-\pi)-(i^*-\pi^*)$$

と表される。さらに，自国と外国でフィッシャー方程式 ($r=i-\pi$, $r^*=i^*-\pi^*$) が成り立っている場合，

$$\frac{Q_{t+1}-Q_t}{Q_t}=r-r^* \qquad (4\text{-}13)$$

となる。すなわち，

実質為替レートの変化率＝自国の実質金利－外国の実質金利

となる。これを**実質金利平価**（real interest parity）という。

さらに，相対的 PPP が成立している場合，実質為替レートの変化率はゼロだから，

$$r=r^* \qquad (4\text{-}14)$$

となり，両国での実質利子率が均等化する。これは，資産市場において金利平価条件と，かつ財市場で購買力平価条件が，同時に成り立つ場合に満たされる条件である。

4.5 マネーサプライの成長率と為替レートの変化率

第3章では，マネーサプライの水準が一時的に変化した場合の，為替レートの短期的な変動（**3.3**），およびマネーサプライの水準が恒久的に変化した場合の，物価水準や為替レートの時間を通じての動学的経路（**3.4**）を検討した。しかし，マネタリー・アプローチを相対的 PPP に関連づけて考察する場合，物価上昇率（インフレ率）が変数となるので，マネーサプライ成長率を考察しなければならない。したがって，マネーサプライ成長率の変化と為替レートの

■第Ⅱ部　為替レート・モデル

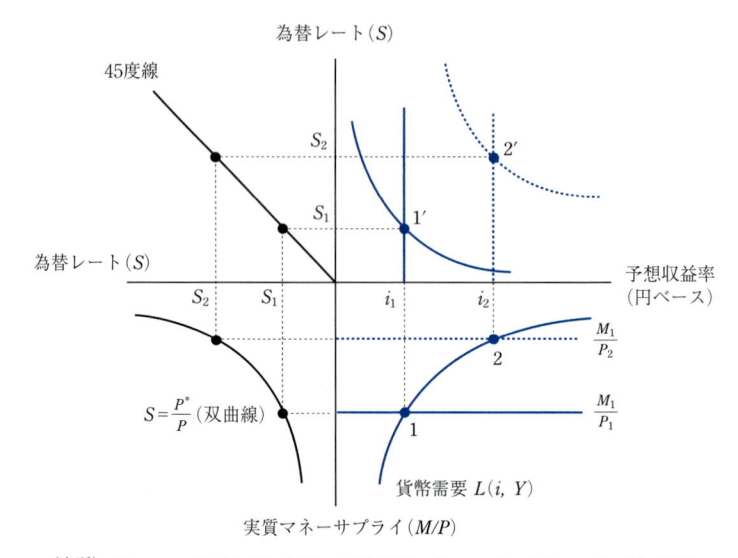

図中のラベル：
- 45度線
- 為替レート(S)
- S_2, S_1
- 為替レート(S)
- S_2, S_1
- $S = \dfrac{P^*}{P}$（双曲線）
- 予想収益率（円ベース）
- i_1, i_2
- $\dfrac{M_1}{P_2}$, $\dfrac{M_1}{P_1}$
- 貨幣需要 $L(i, Y)$
- 実質マネーサプライ(M/P)
- 点 $1'$, $2'$, 1, 2

（出所）　Krugman, P., M. Obstfeld and M. Melitz, *International Economics*, 9th. Edition, Pearson, 2011, Figure 16A-1, p. 449.

図 4-3　マネタリー・アプローチ

変動の関係を検討しておこう。

　自国の通貨当局が将来のマネーサプライ成長率を π から $\pi'(\pi+\Delta\pi)$ まで上昇させたと考えよう（簡単化のため外国のマネーサプライ成長率やインフレ率はゼロとする）。このとき，図4-3に示されるように，以下のようなメカニズムが働く。

① 　人々の予想インフレ率が π から $\pi'(\pi+\Delta\pi)$ まで上昇することにより，フィッシャー効果に従い，名目利子率が i_1 から $i_2(i_1+\Delta\pi)$ まで上昇する。名目利子率の上昇によって，人々の貨幣需要は低下する。

② 　物価水準も P_1 から $P_2(P_1+\Delta\pi)$ まで上昇することにより，実質マネーサプライが M_1/P_1 から M_1/P_2 まで下落する（名目マネーサプライ M_1 は変化しない。なぜならば，将来のマネーサプライ成長率だけが変化したからである）。こうして，第4象限に示されているように，貨幣市場の均衡点は，点1から点2へシフトする。

③ 　物価水準が P_1 から $P_2(P_1+\Delta\pi)$ まで上昇することにより，第3象限に

ⓐ マネーサプライ(m)　　　　　　ⓑ 利子率(i)

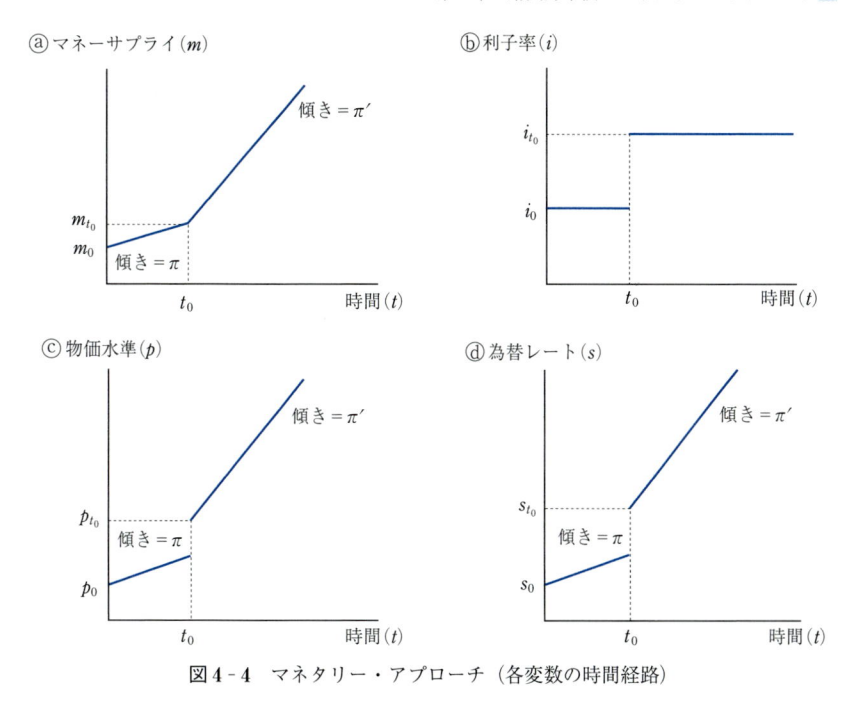

（グラフ：m_0からt_0まで傾き$=\pi$、t_0でm_{t_0}、以降傾き$=\pi'$）

（グラフ：i_0からt_0まで一定、t_0でi_{t_0}にジャンプし以降一定）

ⓒ 物価水準(p)　　　　　　　　　ⓓ 為替レート(s)

（グラフ：p_0からt_0まで傾き$=\pi$、t_0でp_{t_0}、以降傾き$=\pi'$）

（グラフ：s_0からt_0まで傾き$=\pi$、t_0でs_{t_0}、以降傾き$=\pi'$）

図 4-4　マネタリー・アプローチ（各変数の時間経路）

示されているように，購買力平価に従い，為替レートは S_1 から S_2 へ減価する。

④　最後に，第1象限は，外国為替市場の均衡条件，すなわち，金利平価条件（円建て預金の収益率＝ドル建て預金の収益率）を示している。名目利子率（円建て預金の収益率）が i_1 から $i_2(i_1+\varDelta\pi)$ まで上昇すると，為替レートは増価する（円高になる）はずである。しかし，ドル建て預金の収益率を表す右下がりの曲線は，「将来のマネーサプライ成長率の上昇→予想インフレ率の上昇→予想為替レートの円安シフト」というメカニズムによって，右上方にシフトする。したがって，外為市場の均衡点は点 1′ から点 2′ にシフトし，為替レートは S_1 から S_2 へ減価する（円安になる）。

同じことを，図4-4で確認しておこう。この図は，マネーサプライ，利子率，物価水準，為替レートの各変数（利子率以外の変数は対数値）が，時間の経過とともにどのような経路をとるかを示したものである（ここで使われてい

る対数値の意味については，**補論 4.3**「対数関数の利用(2)」を参照)。

図 4-4 のパネルⓐで示されているように，t_0 時点で，通貨当局がマネーサプライ M の増加率（貨幣成長率）を π から $\pi'(\pi+\Delta\pi)$ まで上昇させたとしよう。貨幣成長率の上昇に伴って，パネルⓒで示されているように，インフレ率も，π から $\pi'(\pi+\Delta\pi)$ まで上昇することを人々は予想する。こうした予想インフレ率の上昇は，パネルⓑに示されているように，フィッシャー効果（$i=r+\pi^e$）より，名目利子率 i を上昇させる。名目利子率の上昇は，貨幣需要を減少させ，貨幣市場は貨幣の超過供給になる。したがって，物価水準 P は(4-3)を満たすように，上昇しなければならない。PPP から，物価水準の上昇は，自国通貨を減価させる（パネルⓓ）。

以上を要約すると，物価が硬直的な短期モデルでは，

　　　マネーサプライ水準の増加⇒貨幣市場での超過供給⇒名目利子率の下落
　　　（貨幣需要の増加による貨幣市場での均衡回復）⇒UIP より自国通貨の
　　　減価

というメカニズムが働いた。物価が伸縮的な長期モデルでは，

　　　マネーサプライ成長率の上昇⇒物価上昇率（予想インフレ率）の上昇⇒
　　　名目利子率の上昇⇒貨幣需要の減少⇒貨幣市場での超過供給⇒物価水準
　　　の上昇（による貨幣市場での均衡回復）⇒PPP より自国通貨の減価

というメカニズムが働くのである。

アセット・アプローチとマネタリー・アプローチの統合

前章で検討した短期のアセット・アプローチは，以下の 3 つの方程式と 3 つの未知数（自国および外国の利子率および為替レート）から構成されている。ここで，自国および外国のマネーサプライ，実質所得，および予想為替レートは所与としよう。

$$\text{アセット・アプローチ} \begin{cases} \dfrac{M}{P}=L(Y, i) \\[4pt] \dfrac{M^*}{P^*}=L^*(Y^*, i^*) \\[4pt] i=i^*+\dfrac{S^e-S}{S} \end{cases}$$

第4章 購買力平価とマネタリー・アプローチ

	モデル	自　国	外　国

現在

アセット・アプローチ
t期における現在の為替レート水準を決定する短期モデル
短期の貨幣市場の均衡
$M/P = L(Y, i)$
$M^*/P^* = L(Y^*, i^*)$

カバーなし金利平価
$i = i^* + \dfrac{S^e - S}{S}$

自国: マネーサプライ M、実質所得 Y → 名目利子率 i
外国: マネーサプライ M^*、実質所得 Y^* → 名目利子率 i^*
→ 為替レート S
← 予想為替レート S^e（マネタリー・アプローチからの予測）

将来

マネタリー・アプローチ
$t+1$期における現在の為替レート水準を決定する長期モデル
長期の貨幣市場の均衡
$P = M/L(Y, i)$
$P^* = M^*/L(Y^*, i^*)$

購買力平価
$S = \dfrac{P}{P^*}$

自国: マネーサプライ M、実質所得 Y → 物価水準 P
外国: マネーサプライ M^*、実質所得 Y^* → 物価水準 P^*
→ 為替レート S

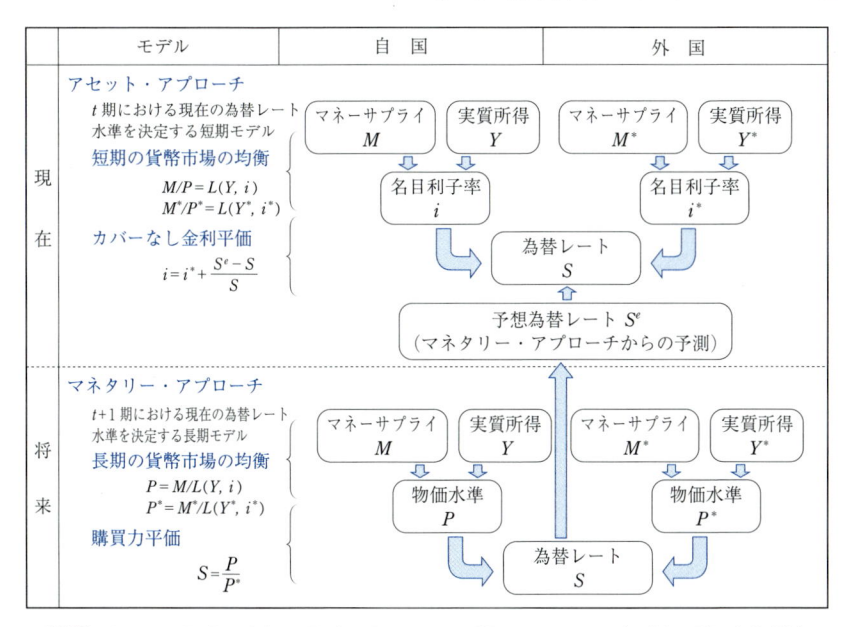

（出所）Feenstra, R. C. and A. M. Taylor, *International Macroeconomics*, 2nd. edition, Worth Publishers, 2011, Figure 4-11, p. 133.

図4-5　アセット・アプローチとマネタリー・アプローチの統合

　また本章で検討した長期のマネタリー・アプローチは，以下の3つの方程式と3つの未知数（自国および外国の物価水準および為替レート）から構成されている。ここで，全ての変数には将来の予想を表す右肩添字 e が付いている。ここで，自国および外国の将来のマネーサプライ，実質所得，および利子率は所与としよう。

$$\text{マネタリー・アプローチ} \begin{cases} P^e = \dfrac{M^e}{L(Y^e, i^e)} \\ P^{e*} = \dfrac{M^{e*}}{L^*(Y^{e*}, i^{e*})} \\ S^e = \dfrac{P^e}{P^{e*}} \end{cases}$$

　図4-5は，この2つの為替レート・モデルを統合したものである。この統合されたモデルは，6つの方程式と6つの未知数から構成されている。ここでは，長期のマネタリー・アプローチから将来の為替レート S^e が予想され，そ

れを与件として，短期のアセット・アプローチから現在の為替レート S が求められるという構造が示されている。

補論4.1　対数関数の利用(2)

購買力平価

相対的 PPP も，補論3.1「対数関数の利用(1)」で説明したように，自然対数を使えば UIP と同じく簡単に導出できる（脚注(3)を参照）。

$\mu+1=\dfrac{1+\pi}{1+\pi^*}$ の両辺の自然対数をとると，

$$\ln(\mu+1)=\ln(1+\pi)-\ln(1+\pi^*)$$

と表される。ここで，補論3.1の公式⑤の $\ln(x+1)\approx x$ という近似式を使えば，上式は，

$$\mu=\pi-\pi^* \quad \therefore \dfrac{S_{t+1}-S_t}{S_t}=\pi-\pi^* \qquad (4\text{-}2)$$

というように近似できる。

あるいは，$\dfrac{S_{t+1}}{S_t}=\dfrac{1+\pi}{1+\pi^*}$ の自然対数をとると，

$$\ln S_{t+1}-\ln S_t=\ln(1+\pi)-\ln(1+\pi^*)$$

と表される。ここでも，公式⑤の $\ln(x+1)\approx x$ という近似式を使えば，大文字 S_{t+1}，S_t の対数表示を，それぞれ小文字 s_{t+1}，s_t と表記すると，上式は，

$$s_{t+1}-s_t=\pi-\pi^* \qquad (4\text{-}2)'$$

というように，対数表示の金利平価条件と同様に，簡潔明瞭な線形の形で表すことができる。(4-2)と(4-2)′は全く同じことを意味していることは，変化率を離散的に近似した公式⑧から分かるだろう。

さらに，対数微分に関する公式⑦を利用すると，相対的 PPP を連続的に表

現できる。

$$S=\frac{P}{P^*} \tag{4-1}$$

の両辺の対数をとって、時間 t に関して微分すると、

$$\frac{\dot{S}}{S}=\frac{\dot{P}}{P}-\frac{\dot{P}^*}{P^*} \quad \text{または} \quad \hat{S}=\hat{P}-\hat{P}^*$$

となる。絶対的 PPP から相対的 PPP への変形は、この方法が最も簡便である。

フィッシャー方程式

フィッシャー方程式も同じように変形できる（脚注(6)参照）。(4-6)の両辺の自然対数をとると、

$$\ln(1-i)-\ln(1+\pi^e)=\ln(1+r)$$

となる。ここでも、公式⑤の $\ln(x+1)\approx x$ という近似式を使えば、上式は、(4-7)に近似できる。

$$i-\pi^e=r \quad \therefore i=r+\pi^e \tag{4-7}$$

マネタリー・アプローチのグラフ表示

名目貨幣成長率を π とすると、

$$M_1=(1+\pi)M_0,\ M_2=(1+\pi)M_1=(1+\pi)^2M_0,\ M_3=(1+\pi)M_2=(1+\pi)^3M_0...$$

というように表されるので、t 期の貨幣供給量 M_t は、

$$M_t=(1+\pi)^tM_0 \tag{4-15}$$

と表される。両辺の自然対数をとると、

$$\ln M_t=t\ln(1+\pi)+\ln M_0$$

となり、自然数表示の大文字 M を、対数表示の小文字 m で表記し、公式⑤

■第Ⅱ部　為替レート・モデル

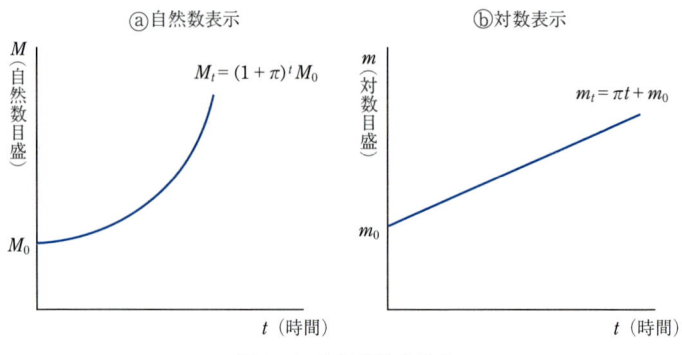

ⓐ自然数表示　　　　　　　ⓑ対数表示

図 4-6　名目貨幣成長率

の $\ln(x+1) \approx x$ という近似式を使って整理すれば(4-15)は，

$$m_t = \pi t + m_0 \tag{4-16}$$

という簡単な 1 次関数として表現できる。(4-15)は，図 4-6 のⓐに示したような指数関数として表されるが，(4-16)はⓑに示したような傾きが π の 1 次関数として表される。この右図が図 4-4 のパネルⓐに表されているものである。

　同様に，t 期の物価水準 P_t も，自然数表示では左の式，対数表示では右の式で表される。

$$P_t = (1+\pi)^t P_0 \Rightarrow p_t = \pi t + p_0 \tag{4-17}$$

この 1 次関数をグラフで示すと，図 4-4 のパネルⓒに表されているものになる。

　為替レートに関しては，相対的 PPP が成立しているとすると，

$$S_1 = \frac{P_1}{P_1^*} = \frac{(1+\pi)P_0}{(1+\pi^*)P_0^*} = \frac{1+\pi}{1+\pi^*} S_0 \qquad \therefore \frac{S_1}{S_0} = \frac{1+\pi}{1+\pi^*}$$

が成り立つ。ここで簡単化のために，外国のインフレ率がゼロ ($\pi^* = 0$) のままであるとすると，

$$\frac{S_1}{S_0} = 1+\pi \qquad \therefore S_1 = (1+\pi)S_0$$

第4章 購買力平価とマネタリー・アプローチ

したがって，t 期の為替レート S_t も，自然数表示では左の式，対数表示では右の式で表される。

$$S_t = (1+\pi)^t S_0 \Rightarrow s_t = \pi t + s_0 \tag{4-18}$$

この右の1次関数をグラフで示すと，図4-4のパネル@に表されているものになる。

マネタリー・アプローチの対数表現

貨幣需要関数を，所得の増加関数で，利子率の減少関数として，次のように特定する。

$$L(Y, i) = Y^\phi e^{-\eta i}$$

ここで，ϕ は貨幣需要の所得弾力性を表す。なぜならば，

$$貨幣需要の所得弾力性 = \frac{貨幣需要の変化率}{所得の変化率}$$

$$= \frac{dL/L}{dY/Y} = \frac{dL}{dY}\frac{Y}{L} = (\phi Y^{\phi-1} e^{-\eta i})\frac{Y}{Y^\phi e^{-\eta i}} = (\phi Y^{\phi-1} e^{-\eta i})\frac{1}{Y^{\phi-1} e^{-\eta i}} = \phi$$

だからである。また，η は貨幣需要の利子半弾力性（semi-elasticity）である。利子半弾力性というのは，利子率とは，そもそも百分率で示されており，利子率のその変化は，利子率の変化量で示される（例えば5％から3％へと下落したことを2％下落したという）からである。すなわち，

$$貨幣需要の利子半弾力性 = \frac{貨幣需要の変化率}{利子率の変化量}$$

$$= \frac{dL/L}{di} = \frac{dL}{di}\frac{1}{L} = (-\eta Y^\phi e^{-\eta i})\frac{1}{Y^\phi e^{-\eta i}} = -\eta$$

簡単化のために，これらの弾力性の値が自国と外国で等しいものとすると，本文中の(4-1)，(4-3)，(4-4)を対数表示すると，

$$s = p - p^* \qquad (\hat{s} = \hat{p} - \hat{p}^*)$$

■第Ⅱ部　為替レート・モデル

$$m-p=\phi y-\eta i \qquad (\hat{m}-\hat{p}=\phi\hat{y}-\eta\hat{i})$$
$$m^*-p^*=\phi y^*-\eta i^* \qquad (\hat{m}^*-\hat{p}^*=\phi\hat{y}^*-\eta\hat{i}^*)$$

一番上の式に下の2つの式を代入すると，本文中の(4-5)を対数表示したものになる。

$$s=(m-m^*)-\phi(y-y^*)+\eta(i-i^*) \quad (\hat{s}=(\hat{m}-\hat{m}^*)-\phi(\hat{y}-\hat{y}^*)+\eta(\hat{i}-\hat{i}^*))$$

したがって，

① **貨幣供給成長率の変化**：自国の貨幣供給成長率が上昇すると，同率倍だけ自国通貨は減価する。逆に，外国の貨幣供給成長率が上昇すると，同率だけ自国通貨は増価する。

② **所得成長率の変化**：自国の所得成長率が上昇すると，ϕ 倍だけ自国通貨は増価する。逆に，外国の所得成長率が上昇すると，ϕ 倍だけ自国通貨は減価する。

③ **利子率の変化**：自国の利子率が上昇すると，η 倍だけ自国通貨は減価する。逆に，外国の利子率が上昇すると，η 倍だけ自国通貨は増価する。

自然数表示した場合と対数表示した場合でインプリケーションが異なるのは，前者が「水準」（貨幣供給の水準の変化）について述べているのに対して，後者は「変化率」（貨幣供給成長率の変化）について述べていることである。

補論 4.2　ビッグマック指数と購買力平価の推移

『エコノミスト』誌（*The Economist*）が発表している「ビッグマック指数」（BMI：Big Mac Index）は，世界中にチェーン店を持つハンバーガー・ショップでの現地通貨建て価格を調べ，購買力平価と物価水準の国際比較に直感的理解を与えている（表4-2）。

この表によると，2020年7月時点でのハンバーガー価格は，日本では390円，アメリカでは5.71ドルだから，購買力平価を

1ドル＝68.30円　（390円／5.71ドル）

第 4 章　購買力平価とマネタリー・アプローチ

表 4-2　ビッグマック指数（2020年 7 月）

	ビッグマック価格		③購買力平価（対ドル）	④現実の為替レート（対ドル）	⑤BMI［ドルに対する過大(＋)・過小評価(－)％］
	①現地通貨建て価格	②ドル建て価格			
アメリカ	$5.71	5.71			
スイス	SFr 6.5	6.91	0.78	0.94	＋20.94
スウェーデン	SKr 52.6	5.76	9.07	9.14	＋0.80
ユーロ圏	€ 4.21	4.79	0.74	0.88	－16.18
イギリス	£ 2.39	4.84	0.42	0.56	－25.09
タイ	burt 138	4.08	24.17	32.47	－25.57
韓国	₩ 4500	3.75	788.09	1200.99	－34.38
日本	¥ 390	3.64	68.30	107.27	－36.33
中国	yuan 21.7	3.11	3.80	7.00	－45.74
ロシア	rouble 135	1.91	23.64	70.58	－66.50

（出所）　*The Economist*, July 17 2020 より作成。

（出所）　OECD, Statistics Directorate, 4. PPPs and exchange rates (https://stats.oecd.org/Index.aspx?datasetcode=SNA_TABLE4).

図 4-7　現実の為替レートと購買力平価（1970〜2019年）

と推計している。さらに，当時の現実の為替レートは107.27円だから，

$$\frac{68.30円 - 107.27円}{107.27円} \approx -0.36 \qquad \left(⑤ = \frac{③ - ④}{④} \right)$$

という計算により，当時の日本円は米ドルに対して約36％過小評価されていたことがわかる。この値がBMIである。もちろんBMIは，ハンバーガー価格のドル建て価格（②）を比較しても求められる。すなわち，

109

$$\frac{3.64 \text{ドル} - 5.71 \text{ドル}}{5.71 \text{ドル}} \approx -0.36 \quad \left(\text{ただし，②} = \frac{①}{④}\right)$$

となる。

図4-7は，現実の為替レートと購買力平価の推移を時系列（1970～2019年）で比較したグラフである。最初の1970年の現実の為替レートは，1ドル＝360円の固定相場制の時代であり，当時の日本の購買力平価から見ると，かなり円は過小評価されていたことが分かる。この過小評価された円によって，日本の輸出振興は促進され，貿易黒字を稼ぎ出した。

逆に，1985年のプラザ合意（第9章参照）によるドル高是正策は，急激な円高をもたらし，これ以降日本の円は過大評価が続くこととなる（円の史上最高値は，2011年10月31日に記録した1ドル＝75円である）。

また，この図は，購買力平価と現実の為替レートとは短期的には乖離し，購買力平価はあくまで長期的な傾向として考えるべきことを示している。「現実の為替レート＞購買力平価」なら円は過小評価，「現実の為替レート＜購買力平価」なら円は過大評価されていると言えるが，長期的にみると，現実の為替レートは購買力平価に近づいてきていると言えそうだ。

補論4.3　バラッサ＝サミュエルソン効果の数学的証明

バラッサ＝サミュエルソン効果は，以下のように証明される。対数表示については，**補論3.1**および**補論4.1**を参照されたい。

① 自国（先進国）と外国（途上国）の産業は，製造業などの貿易財部門 T と，サービス業などの非貿易財部門 N からなり，消費財バスケットに占める貿易財のウェイト α と非貿易財のウェイト $1-\alpha$ は，両国で同じものとしよう。消費財物価水準 p は，貿易財物価水準 p_T と非貿易財物価水準 p_N の加重平均で決定されるとすると，以下のように表される（小文字は全て対数表示で，右肩添え字 * は外国を表す）[9]。

---

[9] P を自国の消費者物価水準，P_T を貿易財物価水準，P_N を非貿易財物価水準（自然数表示）とし，消費財物価水準を，貿易財物価水準と非貿易財物価水準の幾何加重↗

$$p = \alpha p_T + (1-\alpha)p_N, \quad p^* = \alpha p_T^* + (1-\alpha)p_N^*$$
$$\therefore p - p^* = \alpha(p_T - p_T^*) + (1-\alpha)(p_N - p_N^*) \tag{4-19}$$

② 両財ともに労働のみで生産され,両部門の産出額は全て労働者に分配され尽くすとすると,両財の価格は,労働生産性 y に対する賃金 w の比率に等しくなるので,次のように表される。

$$p_T = w - y_T \qquad p_N = w - y_N \qquad \therefore p_N = p_T + (y_T - y_N)$$
$$p_T^* = w^* - y_T^* \qquad p_N^* = w^* - y_N^* \qquad \therefore p_N^* = p_T^* + (y_T^* - y_N^*)$$
$$\therefore p_N - p_N^* = (p_T - p_T^*) + (y_T - y_T^*) - (y_N - y_N^*) \tag{4-20}$$

③ ここで,以下の3つの仮定を考慮に入れよう。第1に,貿易財価格は両国で一物一価が成立し,絶対的 PPP が成り立つ。この仮定は,s を名目為替レートとすると,「$p_T - p_T^* = s$」と表される[10]。第2に,非貿易財部門の生産性には,両国に格差はない。この仮定は,「$y_N = y_N^*$」と表される。この2つの仮定を(4-20)に代入すると,

$$p_N - p_N^* = s + (y_T - y_T^*)$$

と表され,これと「$p_T - p^* = s$」を(4-19)に代入すると,

$$p - p^* = s + (1-\alpha)(y_T - y_{st}^*) \tag{4-21}$$

と表される。さらに,実質為替レートを q とすると[11],

↘平均とすると,

$$P = P_T^{\alpha} \times P_N^{1-\alpha}$$

と表され,両辺の対数をとると,

$$\ln P = \alpha \times \ln P_t + (1-\alpha) \times \ln P_N \Rightarrow p = \alpha p_T + (1-\alpha)p_N$$

と表される。

(10) 貿易財部門で成立する絶対的 PPP を S_T(自然数表示)とすると,
$$S_T = \frac{P_T}{P_T^*} \Rightarrow \ln S_T = \ln P_T - \ln P_T^* \Rightarrow s_t = p_t - p_t^*$$

(11) 実質為替レートを Q(自然数表示)とすると,
$$Q = \frac{S \times P_T^*}{P_T} \Rightarrow \ln Q = \ln S + \ln P_T^* - \ln P_T \Rightarrow q = s + p_t^* - p_t$$

$$q = s + (1-\alpha)(y_T^* - y_T) \tag{4-22}$$

と表される。最後に第3の仮定は，貿易財部門の生産性は，自国の方が外国よりも高いことである。この仮定は，「$y_T > y_T^*$」と表されるので，(4-21)，(4-22)より，

$$y_T > y_T^* \quad および \quad y_N = y_N^* \quad \Leftrightarrow \quad p > p^* \quad および \quad q < 0 \tag{4-23}$$

となる。つまり，貿易財部門の生産性（上昇率）が，自国が外国よりも高ければ（$y_T > y_T^*$），物価水準（上昇率）は，自国が外国よりも高くなり（$p > p^*$），実質為替レートは増価する（$q < 0$）。

練習問題

4.1 補論4.2を参照して，『エコノミスト』誌からビッグマック指数の最新版，およびOECDの統計データから円の名目為替レートと購買力平価の最新の値を入手して，円の名目為替レートは購買力平価と比べて，どれだけ過大評価または過小評価されているかを調べなさい。

4.2 相対的購買力平価（為替レートの変化率＝自国のインフレ率－外国のインフレ率）の関係式を導出しなさい。

4.3 貿易財および非貿易財の生産性格差という概念を使って，バラッサ＝サミュエルソン効果を説明しなさい。

4.4 フィッシャー方程式（名目利子率＝実質利子率＋予想インフレ率）を導出しなさい。

4.5 実質金利平価（実質為替レートの変化率＝自国の実質金利－外国の実質金利）の関係式を導出しなさい。

4.6 短期のアセット・アプローチでは，利子率の上昇は自国通貨を増価させるのに対して長期のマネタリー・アプローチでは，利子率の上昇は自国通貨を減価させる。この違いを整合的に説明しなさい。

第5章 ポートフォリオ・バランス・アプローチ

　これまで明示的には記述してこなかったが，前の2つの章で検討してきた為替レート・モデルでは，投資家がリスクに対して中立的で，内外資産が完全に代替的であるという仮定がおかれていた。例えば，アセット・アプローチの基礎になっているカバーなし金利平価（UIP）では，投資家は内外資産の収益率格差だけで意思決定を行い，内外資産のリスクに対しては中立的（投資家にとって内外資産は完全に代替的）である。

　しかし，投資家が例えば外国通貨建て資産を保有することにリスクを感じており，外国通貨建て資産の収益率にリスクプレミアムが上乗せされない限り，それを保有しないならば，この投資家はリスクに対して回避的であり，内外資産は完全には代替的なものではない。本章では，内外資産が完全代替であるという仮定を緩めて，内外資産が不完全代替であり，投資家がリスク回避的な場合の為替レート・モデルを検討する。

5.1　資産の不完全代替性とリスクプレミアム

　アセット・アプローチでは，**資本の完全移動**（perfect capital mobility）が仮定されており，2国間で資本移動が完全ならば，必ず**金利平価**が成立する。さらに，アセット・アプローチでは，**資産の完全代替**（perfect asset substitutability）も仮定されており，異なる通貨建ての資産が完全に代替的であるならば，為替レートの予想減価率は2国間の金利差に等しくなる。

　ここで，資産の代替性について，立ち入って考えてみよう。投資家にとって内外資産が完全に代替的であるとき，外国為替市場の均衡条件は，

$$i = i^* + \frac{S^e - S}{S}$$

という金利平価条件で表される。つまり，左辺＞右辺ならば，投資家は自国通貨建て債券を保有し，左辺＜右辺ならば，外国通貨建て債券を保有する。このように，内外資産の予想収益率の水準だけで投資を決める場合，投資家は**リスク中立的**（risk neutral）である。リスク中立的な投資家にとって，予想収益率が同じ水準であるならば，内外資産は無差別であり，これが**資産の完全代替**（perfect asset substitutability）の意味である。

これに対し，予想収益率が同じであるならば，よりリスクの小さい資産を保有しようとする場合，投資家は**リスク回避的**（risk averse）であるという。言い換えれば，リスク回避的な投資家は，リスクの高い資産を保有する場合，それに見合った**リスクプレミアム**（risk premium）を要求する。このとき，予想収益率が同じ水準であっても，投資家にとって内外資産は無差別ではなく，これが**資産の不完全代替**（imperfect asset substitutability）の意味である。この場合，RP をリスクプレミアムとすると，UIP は成立せず，外国為替市場の均衡条件は，

$$i = i^* + \frac{S^e - S}{S} + RP \qquad (5\text{-}1)$$

という式で表される（詳細は，**補論 5.1** 期待効用仮説とリスクプレミアムを参照）。

リスクプレミアムが存在し，内外資産の不完全代替を仮定することによって，投資家がどのように資産構成（ポートフォリオ）を決めるか，ということに注目する為替レート・モデルを，**ポートフォリオ・バランス・アプローチ**（portfolio balance approach）という。

5.2　リスクプレミアムを含む為替レート・モデル

リスクプレミアムの特定化

ここで，リスクプレミアムを次のように考えよう。まず，自国債券に対する需要 B^d は，自国債券と外国債券の予想収益率格差（＝リスクプレミアム RP）の増加関数である。つまり，自国債券の需要関数は，次のように表され

る。

$$B^d = B^d\left(i - i^* - \frac{S^e - S}{S}\right) = B^d(RP) \qquad (5\text{-}2)$$

投資家は，自国債券に対するリスクプレミアム RP が上昇すると，自国債券への需要を増やす。

次に，自国債券の供給 B^s を，簡単化のため国債について考えてみよう。政府による国債発行残高 B から，中央銀行が保有している国債 A を引いた，$B-A$ が市場に供給される国債とすると，自国債券の供給関数は，次のように表される。

$$B^s = B - A \qquad (5\text{-}3)$$

図5-1は，横軸に自国債券（国債）の需要 B^d と供給 B^s，縦軸にリスクプレミアム RP をとって，(5-2)と(5-3)を図示したものである。債券需要 B^d は，リスクプレミアム RP の増加関数として右上がりに描かれ，債券供給 B^s は，外生的に与えられるものとして垂直線として表される。均衡点 $(B^d = B^s)$ においては，

$$B^d(RP) = B - A$$

が成り立っていなければならない。ここで，国債の供給 $B-A$ が増加すれば，国債の需要 B^d を増加させて均衡させるためには，リスクプレミアム RP を上昇させなければならない。すなわち，リスクプレミアム RP は，国債の供給 $B-A$ の増加関数として，次のように表される。

$$RP = RP(B - A) \qquad (5\text{-}4)$$

(5-4)は，自国債券を保有することに対して投資家が要求するリスクプレミアム RP は，民間部門に供給される国債 $B-A$ が増加するほど上昇することを意味している。

例えば，図5-1で示されているように，中央銀行が保有する国債が A_1 のとき，点1で債券市場は均衡し，そのときのリスクプレミアムは RP_1 で示さ

■第Ⅱ部　為替レート・モデル

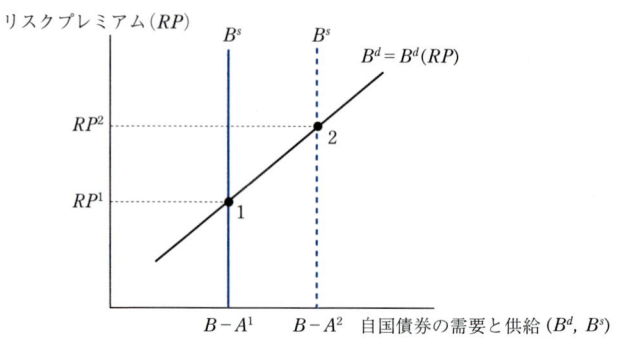

図 5-1　自国債券の需給均衡とリスクプレミアム

れる。公開市場操作（売りオペ）や市場介入（外貨買い）を通じて，中央銀行が保有する国内資産を A_2 に減少させると，債券市場の均衡点は点2に移り，リスクプレミアムは RP_2 に上昇する。すなわち，民間部門が市場で消化しなければならない国債残高が増えると，投資家は高いリスクプレミアムを要求するのである。

金融政策と為替政策の独立性

　(5-4)で示されるリスクプレミアムを前提にして，内外資産が不完全代替である場合の外国為替市場の均衡条件は(5-1)で示され，貨幣市場の均衡条件は(5-5)で示されている。

$$\begin{cases} i = i^* + \dfrac{S^e - S}{S} + RP & (5\text{-}1) \\[6pt] RP = RP(B - A) & (5\text{-}4) \\[6pt] \dfrac{M}{P} = L(i, Y) & (5\text{-}5) \end{cases}$$

　図5-2の上半分は，(5-1)の関係を示し，下半分は(5-5)の関係を表している。当初，貨幣市場は点1で均衡しており，自国債券の予想収益率は利子率 i_1，外国為替市場は点1′で均衡し，為替レートは S_1，リスクプレミアムは RP_1 となる。

　ここで，中央銀行がマネーサプライを M_1 から M_2 に増加させると，貨幣市

第5章　ポートフォリオ・バランス・アプローチ

為替レート(S)

S_2　2′

S_1　3′　　1′

リスクプレミアムの低下($RP_1 > RP_2$)

$i + \dfrac{S^e - S}{S} + RP_1$

$i + \dfrac{S^e - S}{S} + RP_2$

予想収益率

i_2　i_1

$\dfrac{M_1}{P}$　　　　　　　1

マネーサプライの増加($M_1 < M_2$)

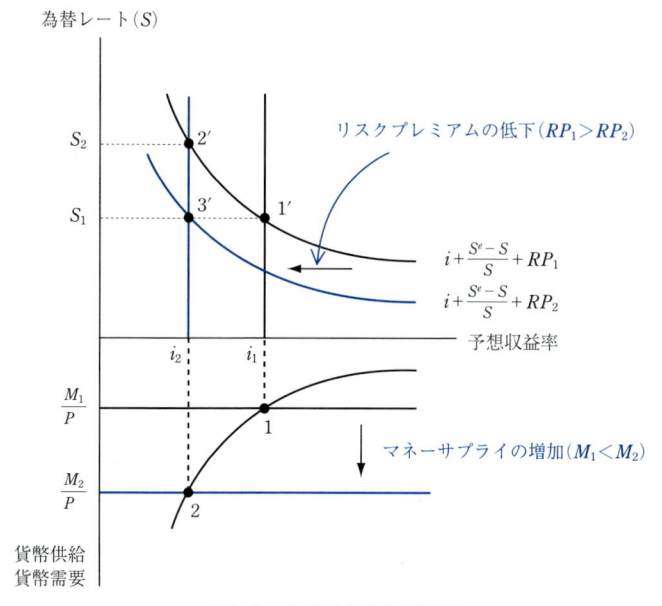

$\dfrac{M_2}{P}$　　2

貨幣供給
貨幣需要

図5-2　金融政策と為替政策

場の均衡点は点 1′ から点 2′ に移り，自国通貨建て債券の収益率は利子率 i_1 から i_2 へと下落する。しかし，マネーサプライの増加は，国債の買いオペを伴うので，中央銀行が保有する国債は $A_2(>A_1)$ に増加する一方で，民間部門が市中消化しなければならない国債は $B - A_2 (< B - A_1)$ に減少する。その結果，(5-4) より，投資家が国債を保有することに対して要求するリスクプレミアムは，$RP_2 (< RP_1)$ へと下落する。このとき，予想収益率を表す右下がりの曲線は，左方シフトし，外国為替市場の均衡点は点 3′ となり，為替レートは S_1 のまま固定される[1]。

これは，内外資産の完全代替を仮定するアセット・アプローチでは得られなかった結論である。すなわち，アセット・アプローチでは，マネーサプライの増加によって外国為替市場の均衡点は点 2 となり，投資家は予想収益率が i_2 へ下落した自国債券を手放し，完全に代替的な外国債券を購入することによっ

---

[1] どこまで左方シフトするかは，このモデルでは正確には分からないが，ここでは元の為替レートの水準 S_1 まで左方シフトすると仮定している。

て，外国為替市場の均衡点は点 $2'$ へ移り，自国通貨は S_2 へ減価する。つまり，為替政策から独立した金融政策は，不可能であった。しかし，内外資産の不完全代替を仮定すると，為替政策の制約を受けずに（為替レートを固定したまま），金融政策を独立に運用することが可能となり，実現不可能であったトリレンマ（為替の安定・資本の自由化・金融政策の独立性）が実現される。

不胎化介入の効果

上記では，中央銀行が為替レートを固定したまま（為替政策の制約を受けずに），マネーサプライを増加する（金融政策を独立に運用する）ことが可能かどうかを検討したが，次に，マネーサプライを一定に保ったまま（金融政策の制約を受けずに），為替レートを切り下げる（為替政策を独立に運用する）ことが可能かどうかを検討しよう。

一般に，中央銀行による外国為替市場への介入が，貨幣市場に及ぼす影響を相殺するため，外国資産の売り（買い）と国内資産の買い（売り）という反対取引を同時に行う政策を**不胎化介入**（sterilized intervention）という（詳細は補論 5.2 を参照）。ここでは，自国通貨の切下げを狙った中央銀行による「自国通貨売り」の市場介入によって，増加したマネーサプライを相殺するため，「自国債券売り」のオペレーションを行うケースを考えよう。

図 5-3 は，図 5-2 のケースと同様に，当初，貨幣市場は点 1 で均衡しており，自国債券の予想収益率は利子率 i_1，外国為替市場は点 $1'$ で均衡し，為替レートは S_1，リスクプレミアムは RP_1 となる。

ここで，中央銀行が自国通貨の切下げを狙った「自国通貨売り」の市場介入を行うと，マネーサプライは M_1 から M_2 に増加し，貨幣市場の均衡点は点 1 から点 2 に移り，自国通貨建て債券の収益率は i_1 から i_2 へと下落する。外国為替市場の均衡点は $1'$ から $2'$ へ移り，為替レートは S_1 から S_2 へと切り下げられる。さらに，増加したマネーサプライを相殺するため，国債の売りオペレーションを行えば，マネーサプライは M_2 から M_1 にシフト・バックし，貨幣市場の均衡点は点 2 から点 1 に戻り，自国通貨建て債券の収益率も i_2 から i_1 へと上昇する。

第5章 ポートフォリオ・バランス・アプローチ

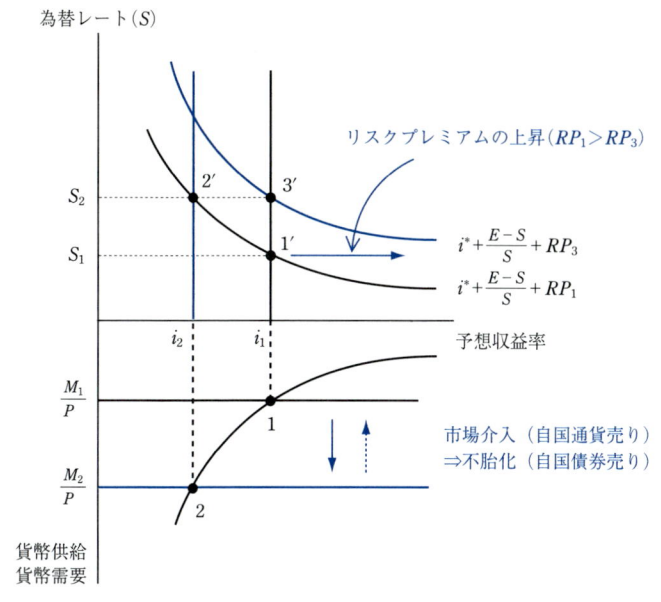

図5-3 不胎化介入

しかし，売りオペによって，中央銀行が保有する国債は $A_3(<A_1)$ に減少し，民間部門が市中消化しなければならない国債は $B-A_3(>B-A_1)$ に増加しているので，投資家が国債を保有することに対して要求するリスクプレミアムは $RP_3(>RP_1)$ へと上昇する。このとき，予想収益率を表す右下がりの曲線は，右方シフトする。その結果，外国為替市場の均衡点は点 3′ となり，為替レートは S_2 に切り下げられたままになっている[2]。

これも，内外資産の完全代替を仮定するマネタリー・アプローチでは得られなかった結論である。すなわち，マネタリー・アプローチでは，不胎化介入によってマネーサプライが一定に保たれれば（金融政策を独立に運営すれば），為替レートを変化させることはできない（為替政策は発動できない）。しかし，内外資産の不完全代替を仮定すると，金融政策の制約を受けずに（マネーサプライを一定に保ったまま），為替政策を独立に運用することが可能となる。

---

[2] ここでも，どこまで右方シフトするかは，このモデルでは正確には分からないが，ここでは為替レートが当初切り下げられた水準 S_2 まで右方シフトすると仮定している。

119

5.3 ポートフォリオ・バランス・アプローチ

自国債券と外国債券が不完全代替である場合には，貨幣市場の均衡条件に加えて，自国債券および外国債券の均衡条件もそれぞれ考える必要がある。5.2では，このことを，アセット・アプローチの枠組みに，自国債券の均衡条件から導出したリスクプレミアムの関数を考慮に入れて考察した。ここでは，自国債券と外国債券が不完全代替を仮定するポートフォリオ・バランス・アプローチを，より一般的な枠組みで分析しよう[3]。

モデルの設定

投資家は，保有する金融資産の総額 W を，自国通貨 M，国内債券 B（自国通貨建て），外国債券 F（外国通貨建て）の形で，分散して保有するものとする。このとき，

$$W = M + B + SF \tag{5-6}$$

を予算制約として，貨幣市場，国内債券，外国債券の3つの資産市場の均衡条件は，

$$M = M^d(\underset{-}{i},\ \underset{-}{i^*+\mu},\ \underset{+}{W}) \tag{5-7}$$

$$B = B^d(\underset{+}{i},\ \underset{-}{i^*+\mu},\ \underset{+}{W}) \tag{5-8}$$

$$F = F^d(\underset{-}{i},\ \underset{+}{i^*+\mu},\ \underset{+}{W}) \tag{5-9}$$

で表される（ただし $\mu = (S^e - S)/S$ で予想減価率を表す）。各変数の符号条件は，第1に，貨幣需要は，内外の債券に対する予想収益率が上昇すると減少す

---

[3] Branson, W. H., "Asset Markets and Relative Prices in Exchange Rate Determination," *Sozialwissenschaftliche Annalen*, Band 1, 1977, reprinted as Princeton University, International Finance Section, *Reprints in International Finance*, No. 20, June 1980.

第5章 ポートフォリオ・バランス・アプローチ

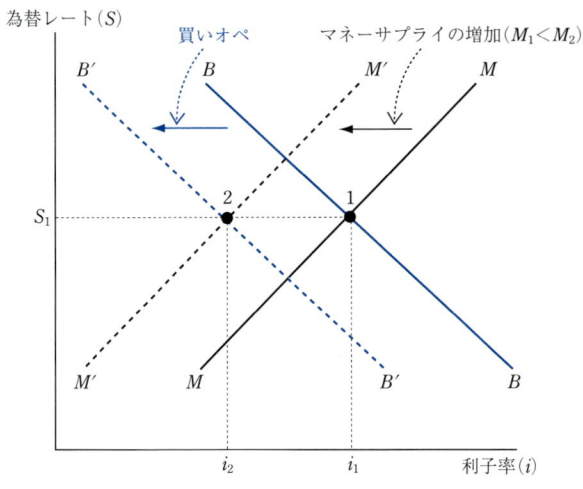

図5-4 ポートフォリオ・バランス・アプローチ

る。第2に，内外の債券需要は，当該国債券に対する予想収益率が上昇すると上昇し，相手国債券に対する予想収益率が上昇すると下落する。第3に，3つの資産とも総資産額が上昇すると，上昇する（資産効果）。

アセット・アプローチでは，国内債券と外国債券が完全に代替的であり，iと$i^*+\mu$が少しでも乖離すれば，有利な債券の方に需要が完全にシフトするので，iと$i^*+\mu$が等しくなければならないという金利平価条件が想定されていた。これに対して，ポートフォリオ・バランス・アプローチでは，国内債券と外国債券の代替性は不完全であり，投資家は，(5-6)の予算制約の下で，iと$i^*+\mu$の変化に応じて国内債券と外国債券の資産構成を変化させることが想定されている。

(5-6)は恒等的に成り立つので，(5-7)，(5-8)，(5-9)のうちの2つが成立すれば，残りの1つは自動的に成立する（ワルラス法則）。したがって，外国利子率i^*と期待為替レートS^eが与えられると，独立した2つの式から，自国利子率iと為替レートSが決定される。

図5-4は，(5-7)の貨幣市場と，(5-6)の国内債券市場を均衡させる自国利子率iと為替レートSの組み合わせを表すMM曲線とBB曲線を描いたものである。MM曲線が右上がりで，BB曲線が右下がりなのは，次の理由からで

ある。
① 為替レート S が上昇（減価）すると，自国民の保有する外国債券の自国通貨建て価値 SF が増加し，(5-6) より総資産額 W が増加する。
② 総資産額 W が増加すると，(5-7)，(5-8) の符号条件より，貨幣需要 M^d と国内債券需要 B^d は，ともに増加する（資産効果）。
③ これによって発生した貨幣市場の超過需要は，(5-7) の符号条件より，利子率 i の上昇によって，均衡が回復されなければならない（MM 曲線は右上がり）。
④ 他方，自国債券市場の超過需要は，(5-8) の符号条件より，利子率 i の下落によって，均衡が回復されなければならない（BB 曲線は右下がり）。

ポートフォリオ・バランス・アプローチでは，この MM 曲線と BB 曲線の交点1で，為替レートが決定される。

金融政策と為替政策の独立性および不胎化介入の効果

このモデルからも，**5.2** で示されたのと同様に，中央銀行が，為替レートを固定したままで，マネーサプライをコントロールできること（固定相場制での金融政策の有効性）や，マネーサプライを一定に保ったままで，為替レートを操作できること（不胎化介入の有効性）を示すことができる。

まず，固定相場制下での金融政策の効果を考えよう。図5-4で示されるように，買いオペによってマネーサプライを増加させると，MM 曲線は左方にシフトするが[4]，買いオペによって市場における自国債券の供給が減少するので[5]，BB 曲線も左方にシフトする[6]。その結果，均衡点は点1から点2にシフ

---

[4] なぜならば，金融緩和政策による貨幣の超過供給は，為替レート S が不変ならば，利子率 i が下落して貨幣需要を増加させることによって，均衡を回復させなければならないからである。

[5] なぜならば，自国債券の供給減による超過需要は，為替レート S が不変ならば，利子率 i が下落して債券需要を減少させることによって，均衡を回復させなければならないからである。

[6] なぜならば，買いオペによって発生した国内債券の超過需要は，為替レート S が不変ならば，利子率 i が下落して国内債券需要を減少させ，均衡を回復させなければならないからである。

第5章 ポートフォリオ・バランス・アプローチ

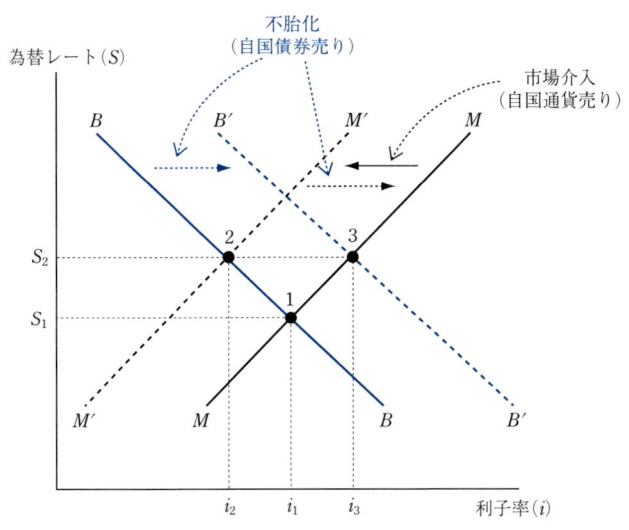

図5-5 ポートフォリオ・バランス・アプローチでの不胎化介入

トし，為替レートは S_1 で固定されたまま，金利を i_1 から i_2 へ下げることができる。すなわち，為替政策から独立に金融政策を運営することができる。

次に，不胎化介入（「自国通貨売り介入」を「売りオペレーション」によって相殺）の効果を考えよう。図5-5で示されるように，中央銀行による自国通貨売り介入によって，マネーサプライは増加するので，MM 曲線は左方シフトする。この結果，新しい均衡点は点2に移り，利子率は i_2 へ下落，為替レートは S_2 へ上昇（切り下げ）する。しかし，これによって増加したマネーサプライを，中央銀行は売りオペレーションによって相殺するので，MM 曲線はもとの位置まで右方へシフト・バックする。他方，売りオペレーションによって自国債券の供給は増加し，BB 曲線は右方シフトする。この結果，新しい均衡点は点3へ移り，為替レートを S_2 に切り下げたまま，利子率は i_3 へ上昇する。

このように，内外資産の不完全代替を仮定したポートフォリオ・バランス・アプローチでは，中央銀行の金融政策によって内外資産の構成比が変化することに着目することで，中央銀行が金融政策と為替政策を独立に行えること（為替レートを固定してマネーサプライを変化させたり，マネーサプライを一定に

ポートフォリオ・バランス・アプローチの意義

内外資産が不完全代替を前提とするポートフォリオ・バランス・アプローチでは，金融政策と為替政策を独立に運営されることが示され，固定相場制の下での不胎化介入や金融政策の有効性が結論づけられる。例えば，通貨当局によるマネーサプライの拡大は，投資家が自国通貨建て資産を保有することのリスクプレミアムを下げることによって，「資本流出→為替レートの減価」を引き起こすことなく，金利を引き下げることができる。

確かに，理論的に資産の代替性と資本の移動性とは異なる概念であるが，多くの実証研究では，資本規制が撤廃され，資本移動が自由になるほど，内外資産の代替性も高まることを示している。これが事実なら，分析手段としてのポートフォリオ・バランスは必要なく，より単純なアセット・アプローチで十分なことになる。他方，多くの実証研究では，アセット・アプローチが依拠するUIP仮説は必ずしも支持されず，それを棄却している。もしも，UIP仮説が棄却されるべきであるという推論が，リスクプレミアムの存在を反映しているなら，資産の不完全代替に依拠するポートフォリオ・バランス・モデルは支持されることになる[7]。

要するに，「資本の移動性」と「資産の代替性」の区別や，両者を区別した上で金融政策と為替政策の独立性は維持できるかという問題は，理論的にも実証的にも解決がついていない問題といえよう。

補論5.1　期待効用関数とリスクプレミアム

将来起こることが事前には分からないという**不確実性**に直面している個人の効用関数は，リスクに対する個人の態度（risk attitude）に関係している。一般に，ある状態 i （$i=1, ..., n$）の起きる**確率** α^i が与えられている場合，それぞれの状態から得られる所得 x_i や効用 u_i は**確率変数**となる。そして，確率

---

[7] 高木信二『入門国際金融』（第4版）日本評論社，2011年，161～165頁。

第 5 章　ポートフォリオ・バランス・アプローチ

でウェイト付けられた確率変数の実現値の和（確率と確率変数の実現値の積の和）が**期待値**となる。不確実性下にある個人は，効用の期待値を最大化するように行動するという仮説を**期待効用仮説**（expected utility hypothesis）といい，フォン＝ノイマンとモルゲンシュテルンによって理論化された。

簡単化のため，状態 1（不況）と状態 2（好況）の 2 つの状態を考え，状態 1 では α_1 の確率で所得 x_1，状態 2 では α_2 の確率で所得 x_2 が得られるとしよう（ただし，$\alpha_1+\alpha_2=1$, $x_1<x_2$）。確率 α_1 で効用 $u(x_1)$ が実現するので，状態 1 および状態 2 から得られる効用の期待値 $Eu(x)$ は，

$$Eu(x)=\alpha_1 u(x_1)+\alpha_2 u(x_2)$$

と表される。他方，状態 1 および状態 2 から得られる所得の期待値 Ex は，

$$Ex=\alpha_1 x_1+\alpha_2 x_2$$

と表され，この所得の期待値から得られる効用を $u(Ex)$ と表そう。

この効用の期待値 $Eu(x)$ と，期待値の効用 $u(Ex)$ の大小関係から，個人のリスクに対する態度は，以下の 3 つに分類される[8]。

リスク回避的な個人

図 5-6 のパネルⓐに示されているように，効用関数が上に凸な曲線（凹関数）で表され，限界効用が逓減している場合，点 1 で示されている $u(x_1)$ と点 2 で示されている $u(x_2)$ の期待値を表す点 3（効用の期待値）よりも，期待所得 Ex から得られる効用を表す点 4（期待値の効用）の方が高い $[Eu(x)<u(Ex)]$。

つまり，効用の期待値 $Eu(x)$ とは，得られるかどうかが不確実な所得 (x_1, x_2) から得られる効用，すなわち不確実な効用 $(u(x_1), u(x_2))$ の期待値である。これに対して，期待所得 Ex が確実に得られるとしたときの効用が $u(Ex)$ である。つまりこの個人は，たとえ同じ期待所得が得られても，その

---

[8] この大小関係は，以下で述べられる効用関数の凸性，凹性に対応しており，**ジェンセンの不等式**と呼ばれる。

所得に不確実性がない方を好んでいる。このように，不確実性よりも確実性を好む態度を**リスク回避的**（risk averse）という。

ところで，効用の期待値を表す点3で水平な直線と効用曲線との交点0を求めると，$Eu(x)$ と等しい効用をもたらす所得水準 x_0 が求められる。$RP=Ex-x_0$ を**リスクプレミアム**（risk premium）という。すなわち，リスク回避的な個人は，不確実な効用をもたらす所得 x_0 に RP だけのリスクプレミアムがつけられれば，確実な期待所得 Ex から得られる効用と同じ満足度が得られるのである。

このようなリスク回避的な投資家にとって，内外資産は完全には代替的なものではなく，不確実な効用をもたらす収益に対しては，（例えば為替リスクに対して）リスクプレミアムが要求されることになる。つまり，リスク回避的な投資家を仮定すれば，異なった通貨建ての**資産の不完全代替性**（imperfect asset substitutability）を仮定しなければならない。このように内外資産が不完全代替であり，リスク回避的な投資家を仮定する為替レート・モデルが第5章で検討された。また，第8章において検討される一国の代表的個人も，リスク回避的な消費者が仮定されている。

リスク中立的な個人

これに対して，パネルⓑに示されているように，効用関数が右上がりの直線で表され，限界効用が一定の場合，点1で示されている $u(x_1)$ と点2で示されている $u(x_2)$ の効用の期待値も，期待所得 Ex から得られる効用も，ともに点3で示されて等しい $[Eu(x)=u(Ex)]$。このように，同じ期待所得が得られるならば，リスクは問わない態度を**リスク中立的**（risk neutral）という。リスク中立的な個人のリスクプレミアムはゼロである。

第3章における UIP で用いられた将来の予想為替レートは直物レートであり，当初の予想為替レートと，満期日に判明する実際の直物レートは，乖離する可能性がある。こうした為替リスクにもかかわらず，UIP が成立しているということは，投資家が為替リスクを気にせず，異なる通貨建て資産の予想収益率が等しければ，投資家にとって内外資産は無差別で，完全に代替的なもの

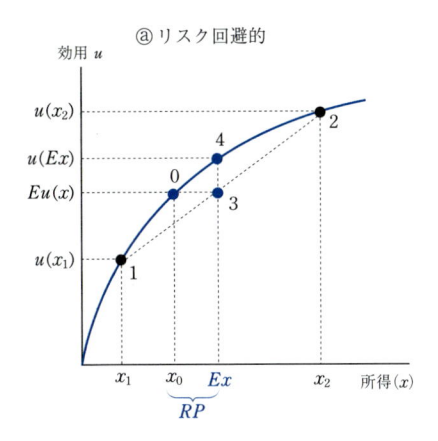

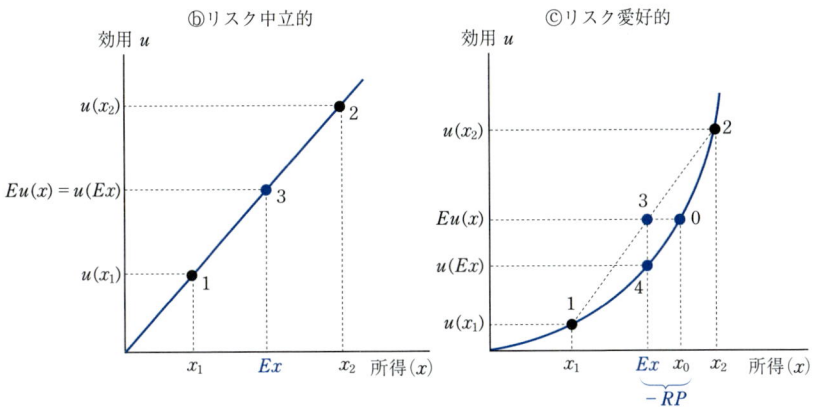

第5章 ポートフォリオ・バランス・アプローチ

図5-6 期待効用関数

@ リスク回避的
ⓑ リスク中立的
ⓒ リスク愛好的

であるということを意味する。つまり、リスク中立的な投資家を仮定することは、異なった通貨建ての**資産の完全代替性**（perfect asset substitutability）を仮定していることと同じである。

リスク愛好的な個人

最後に、パネルⓒで示されているように、効用関数が下に凸な曲線（凸関数）で表され、限界効用が逓増している場合、点3で示される効用の期待値の方が、点4で示される期待所得 Ex から得られる効用よりも高い $[Eu(x) > u(Ex)]$。

127

このように，確実な所得よりも不確実な所得を好む態度を**リスク愛好的**（risk loving）という。リスク愛好的な個人のリスクプレミアム $RP=Ex-x_0$ はマイナスの値をとる。つまり，RP だけの参加料を支払ってでも，勝ち（x_2）負け（x_1）のギャンブルに参加し，そのギャンブルから得られる効用に賭けるのである。

補論 5.2　一国の資金循環

　図5-7は，一国の資金循環の概念図である。中央銀行は，米国債などからなる外貨準備としての対外資産 F と国債や手形などの国内資産 A を裏付けとして，現金通貨 C を発行する。民間銀行は，受け入れた預金 D の一部を支払準備 R として残し，その他を貸出しに充てる。非銀行部門は，中央銀行の現金通貨 C と民間銀行の預金通貨 D を貨幣資産として保有し，これがマネーサプライ M を構成する。他方，中央銀行が直接コントロールできるのは，現金通貨 C と預金準備 R で構成されるハイパワード・マネー H である。

　ここで，ハイパワード・マネー $H(=C+R)$ とマネー・サプライ $M(=C+D)$ の関係は，預金準備率を $\alpha(=R/D)$，現金・預金比率を $\beta(=C/D)$ とすると，以下のように表される。

$$\frac{M}{H}=\frac{C+D}{C+R}=\frac{C/D+1}{C/D+R/D}=\frac{\beta+1}{\beta+\alpha} \quad \therefore M=\frac{\beta+1}{\alpha+\beta}H=\mu H$$

この $\mu=(\beta+1)/(\alpha+\beta)$ が**貨幣乗数**である。

　中央銀行がマネー・サプライを増減させるのは，預金準備率操作の他に，公開市場操作による国債の買いオペ（マネー・サプライの増加）・売りオペ（マネー・サプライの減少）と，市場介入と呼ばれる為替平衡操作によるドル買い円売り介入（マネー・サプライの増加）・ドル売り円買い介入（マネー・サプライの減少）がある。また，市場介入によるマネー・サプライの増減を相殺し，マネー・サプライを一定に保つ政策を不胎化介入という。例えば，外国資産買い（ドル買い）によるマネー・サプライの増加を，自国資産売り（売りオペ）によって相殺し，マネー・サプライを一定に保つ政策である。

第5章 ポートフォリオ・バランス・アプローチ

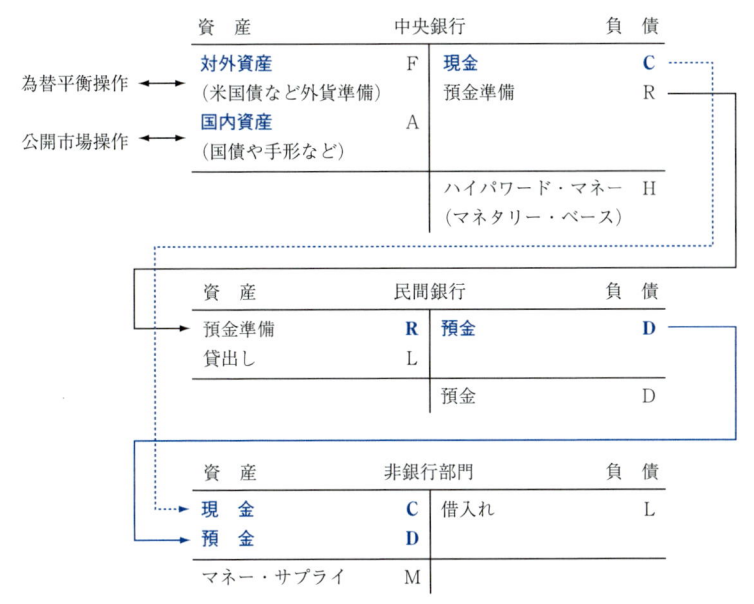

	資　産	中央銀行	負　債	
為替平衡操作 ⟷	**対外資産** （米国債など外貨準備）	F	**現金** 預金準備	**C** R
公開市場操作 ⟷	**国内資産** （国債や手形など）	A		
			ハイパワード・マネー （マネタリー・ベース）	H

	資　産	民間銀行	負　債	
	預金準備 貸出し	**R** L	**預金**	**D**
			預金	D

	資　産	非銀行部門	負　債	
	現　金 **預　金**	**C** **D**	借入れ	L
	マネー・サプライ	M		

図5-7　資金循環（マネー・フロー）の概念図

練習問題

5.1　投資家にとって，自国通貨建て資産と外国通貨建て資産が，完全に代替的であることと，不完全代替であることの違いを，投資家のリスクに対する態度という視点から説明しなさい。

5.2　内外資産を保有することにリスクプレミアムが存在する場合，為替レートを固定したまま金融緩和政策ができることを説明しなさい。

5.3　ポートフォリオ・バランス・アプローチを使って，不胎化介入が有効であることを説明しなさい。

第Ⅲ部

国際収支モデル

第6章 経常収支不均衡の調整

　第Ⅲ部では，国際収支の理論モデルを検討する。第6章では，経常収支の不均衡が，どのようなメカニズムで調整されるかに関する伝統的な2つの考え方，すなわち弾力性アプローチ（価格調整メカニズム）とアブソープション・アプローチ（所得調整メカニズム）とを考察する。特に，経常収支の不均衡（黒字または赤字）が為替レートの変動によって調整されるために必要な条件（マーシャル＝ラーナーの条件）や，為替レート調整が有効に作用しない価格の硬直性の問題（特にパススルーの問題）を理解することが重要である。

　第7章では，開放経済下におけるマクロ経済政策（金融政策と財政政策）の有効性に関する古典的なマンデル＝フレミング・モデルを考察する。特に，為替相場制度の違い（変動相場制と固定相場制）や，資本移動の程度の違い（資本移動が完全に自由であるか，資本規制が存在するか）によって，マクロ経済政策の有効性に違いがあることを理解することが大切である。

　第8章では，一期間の経常収支だけではなく，異時点間の経常収支に関する動学モデルを考察する。特に，ある期間の経常収支の不均衡が，資本移動（国際貸借）によってファイナンスされる限り，一国の経済厚生を高め投資を効率化することを，ミクロ的な基礎付けによって理解することが重要である。

　本章ではまず，主に経常収支の不均衡を意味する対外インバランスについて，いくつかの注意点を述べることから始めよう。

6.1　対外インバランスとは何か

　かつては，国際収支の調整（balance-of-payments adjustment）という意味に限定されることが多かった対外不均衡（external imbalance）とその調整（external adjustment）という概念については，以下の点に注意が必要である。

第1に，国際収支は複式簿記の原理によって作成されるので，受取項目と支払項目を全て合計すると，必ず収支は均衡する。しかし，経常収支という項目では，黒字または赤字という不均衡が発生しているし，その反対側では，金融収支という項目に，黒字または赤字という不均衡が発生している。いわゆるグローバルインバランスも，一般的には，世界的な経常収支の不均衡という意味で使用される。つまり，対外的な均衡／不均衡は，黒字／赤字（surplus/deficit），ないしは収支（残高）がゼロかゼロではないか（balance/imbalance）であって，必ずしも需要と供給の均衡／不均衡（equilibrium/disequilibrium）を意味するわけではない。

　第2に，この対外的な黒字／赤字という概念には，しばしば改善／悪化（improvement/deterioration）という言葉が付随するが，必ずしも規範的な意味を持つものではない。国際収支の調整メカニズムを論じた最も古典的な理論は，D・ヒュームの物価・正貨流出入機構（補論6.2参照）であるが，それはA・スミスの『国富論』と同様に，「貿易収支の黒字による富の蓄積が望ましい」とする重商主義（mercantilism）に対する批判であった。今日においても，保護主義による貿易赤字の改善といった発想が多く見られるが，それらは一見すると分かりやすい重商主義的な残滓が，いかに拭いがたいものであるか（それと比べてD・リカードの比較優位の原理は，はるかに分かりにくく，いかに定着しがたいか）を物語っている。

　特に，第8章で考察される経常収支の動学的アプローチ（異時点間貿易）の視点からいえば，ある一期間の経常収支不均衡を問題にすること自体が無意味ということになる。現在の経常収支赤字が，将来の経常収支黒字によって返済され，異時点間の消費が平準化されること，言い換えれば，異時点間の予算制約の下で効用を最大化する均衡点が，最適な経常収支黒字と赤字の組み合わせになる。したがって，一期間の経常収支の不均衡は，異時点間の均衡にとっては，何ら問題にはならない。

　第3に，国際収支というフローの調整ではなく，国際投資ポジションというストックの調整も重要である。伝統的には，為替レートが経常収支に及ぼす影響が重視されてきたが，為替レートが対外資産や対外債務に与える効果も無視

できない。**1.3**で説明したように，金融のグローバル化によって，一国の対外バランスシートが肥大化（対外資産と対外債務が双方で拡大）し，その資産構成や建値通貨の違いによって，為替レートが国際投資ポジションやその収益率に及ぼす影響は，大きく異なるからである。

したがって，対外不均衡がどのようなメカニズムで調整され，また調整されるためにはどのような条件や政策が必要か，という問題を総合的に考えることは，国際マクロ経済学の中心的なテーマであるといってよいだろう。例えば，グローバルインバランスの拡大と，金融危機後のリバランスのメカニズムを考えることは，世界中のエコノミストが挑戦している課題である。

しかし，本章では，対外不均衡を，ある一定期間の経常収支（の不均衡）に限定し，それが為替レートや所得によってどのような影響を受けるか（どのように決定され調整されるか）という問題を考察する。つまり，本章では，静学的な経常収支モデルに問題領域を限定し，伝統的な**弾力性アプローチ**（elasticity approach to the balance of trade）と，**アブソープション・アプローチ**（absorption approach to the balance of trade）について考察する。前者は，経常収支を為替レートないしは価格の関係によって捉え，後者は，経常収支をマクロの総需要と総供給の関係によって捉えるアプローチである[1]。

6.2 弾力性アプローチ

マーシャル＝ラーナーの条件

図 6-1 は，第 2 章の図 2-3 で表されたメカニズムを，もう少し詳しく示したものである。ここで示されているような「自国通貨の減価（増価）⇒輸出の

---

[1] 国際収支の調整には，本章で考察される弾力性アプローチ，アブソープション・アプローチの他に，マネタリー・アプローチがある。これは，国際収支を「経常収支－民間部門の金融収支＝外貨準備増減」と捉え，外貨準備増を「貨幣市場の不均衡」とみなす考え方である。この**国際収支のマネタリー・アプローチ**（monetary approach to the balance of payments）は，固定相場制の下では有効なモデルであるが，変動相場制のケースでは，第 4 章で議論した**為替レートのマネタリー・アプローチ**（monetary approach to the exchange rate）となる（補論 **6.2** を参照）。

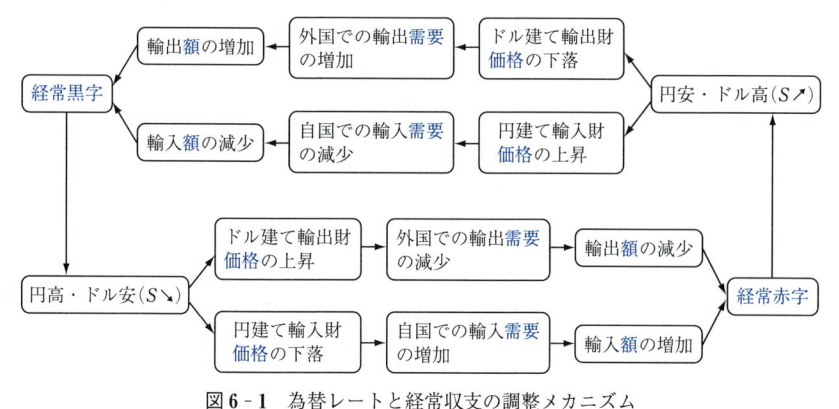

第 6 章　経常収支不均衡の調整

```
                  ┌→ 輸出額の増加 ← 外国での輸出需要 ← ドル建て輸出財 ┐
経常黒字 ─┤                           の増加          価格の下落     ├ 円安・ドル高(S↗)
                  └→ 輸入額の減少 ← 自国での輸入需要 ← 円建て輸入財 ┘
                                           の減少          価格の上昇

                  ┌→ ドル建て輸出財 → 外国での輸出需要 → 輸出額の減少 ┐
円高・ドル安(S↘) ─┤    価格の上昇         の減少                          ├ 経常赤字
                  └→ 円建て輸入財  → 自国での輸入需要 → 輸入額の増加 ┘
                       価格の下落         の増加
```

図 6 - 1　為替レートと経常収支の調整メカニズム

増加（減少）⇒輸入の減少（増加）⇒経常収支の改善（悪化）」という調整メカニズムが，本当に働くかどうかを考えてみよう。

名目為替レート（自国通貨建て）を S, 自国の輸出財価格（自国通貨建て）を P, 外国からの輸入財価格（外国通貨建て）を P^*, 自国の輸出量および輸入量をそれぞれ X^Q, M^Q とすると，自国通貨建ての経常収支 $CA(=X-M)$ は，次の式で表される。

$$CA = X - M = P \cdot X^Q - S \cdot P^* \cdot M^Q$$

為替レートが減価することによって，経常収支が改善されるかどうかを，以下の数値例で考えてみよう。表 6 - 1 のように，自国の輸出財価格を3000円（$P=3000$），外国からの輸入財価格を15ドル（$P^*=15$）で，名目為替レートが1ドル＝100円から120円に減価した場合，経常収支 CA が改善されるかどうかを，輸出額 X および輸入額 M に分けて考えよう。

まず輸入額については，1ドル＝100円から120円に減価したとき，外国からの輸入財価格（15ドル）の国内価格は，1500円から1800円に上昇する。国内価格の上昇により，輸入需要が200単位から190単位に減少したとしよう。このとき輸入額は，42000円増加する（1800円×190－1500円×200＝42000円）。国内価格が上昇し，輸入需要が減少したにもかかわらず，輸入額が増加したのは，為替レートが20％減価（国内価格が20％上昇）したにもかかわらず，輸入需要

135

■第Ⅲ部　国際収支モデル

表 6-1　マーシャル＝ラーナー条件の数値例

	為替レート	国内価格	現地価格	輸入量	輸出入の金額（円建て）	輸出入の金額（ドル建て）	弾力性
輸入	1ドル＝100円 1ドル＝120円	3,000円	30ドル（3,000円÷100） 25ドル（3,000円÷120）	100 110	①300,000円（3,000円×100） ②330,000円（3,000円×110）	⑤3,000ドル（30ドル×100） ⑥2,750ドル（25ドル×110）	η_x＝0.5
輸出	1ドル＝100円 1ドル＝120円	15ドル	1,500円（100円×15） 1,800円（120円×15）	200 190	③300,000円（1,500円×200） ④342,000円（1,800円×190）	⑦3,000ドル（15ドル×200） ⑧2,850ドル（15ドル×190）	η_m＝0.25
経常収支	1ドル＝100円 1ドル＝120円				0円（①－③） －12,000円（②－④）	0ドル（⑤－⑦） －100ドル（⑥－⑧）	$\eta_x+\eta_m$＝0.75

は 5 ％しか減少しなかったからである。

　ここで，**輸入需要の弾力性** η_m を，為替レートが 1 ％変化したとき，外国財の輸入量が何％変化するかを表す指標と定義すると，

$$\eta_m = \frac{輸入需要の変化率}{為替レートの変化率} = -\frac{\Delta M^Q/M^Q}{\Delta S/S} \Rightarrow -\frac{dM^Q/M^Q}{dS/S} = -\frac{S}{M^Q}\frac{dM^Q}{dS} > 1 \quad (6\text{-}1)$$

という条件が満たされている場合に，為替レートが減価すれば，輸入額が減少する。数値例では，η_m＝0.25（ 5 ％／20％）であり，(6-1)の条件が満たされていない。

　次に輸出額については，1ドル＝100円から120円に減価したとき，自国の輸出財価格（3000円）の現地価格は，30ドルから25ドルに下落する。現地価格の下落によって，輸出需要が100単位から110単位に増加したとしよう。このとき輸出額は，30000円増加する（3000円×110－3000円×100＝30000円）。現地価格が下落し，輸出需要が増加する（需要曲線が右下がりである）限り，自国通貨建ての輸出額は必ず増加する。

　ここで，**輸出需要の弾力性** η_x を，為替レートが 1 ％変化したとき，自国財の輸出量が何％変化するかを表す指標と定義すると，

$$\eta_x = \frac{輸出需要の変化率}{為替レートの変化率} = \frac{\Delta X^Q/X^Q}{\Delta S/S} \Rightarrow \frac{dX^Q/X^Q}{dS/S} = \frac{S}{X^Q}\frac{dX^Q}{dS} > 0 \quad (6\text{-}2)$$

という条件が満たされている場合に，為替レートが減価すれば，輸出額は増加する。数値例では，η_x＝0.5（10％／20％）であり，(6-2)の条件が満たされている。

一般に，自国通貨の増価（減価）によって，経常収支が悪化（改善）されるためには，(6-1)と(6-2)の条件を合わせて，

$$\eta_x + \eta_m > 1 \tag{6-3}$$

という条件が満たされている必要がある。この(6-3)を**マーシャル＝ラーナーの条件**（Marshall-Lerner condition）という。上記の数値例では，

$$CA_{S=100} = X_{S=100} - M_{S=100} = 3000円 \times 100 - 1500円 \times 200 = 0円$$
$$CA_{S=120} = X_{S=120} - M_{S=120} = 3000円 \times 110 - 1800円 \times 190 = -12000円$$

というように，自国通貨の減価によって経常収支が悪化したのは，

$$\eta_x + \eta_m = 0.5 + 0.25 = 0.75 < 1$$

であり，マーシャル=ラーナーの条件が満たされていなかったからである。このように，経常収支の不均衡が，為替レートの変化を通じた価格の変化によって調整されるためには，自国および外国の輸出入需要が，価格に対して弾力的でなければならない。

Jカーブ効果

実際にマーシャル＝ラーナーの条件（以下，ML条件と略）が満たされているかどうかについては，多くの実証研究が行われている。ML条件が満たされているという考え方を**弾力性楽観主義**（elasticity optimism），満たされていないという考え方を**弾力性悲観主義**（elasticity pessimism）と呼ぶ。直感的に考えられることは，価格弾力性の小さい1次産品の輸出に依存している途上国では，ML条件は満たされておらず（弾力性悲観主義），価格弾力性の大きい工業製品の輸出に依存している先進国では，ML条件は満たされている（弾力性楽観主義）はずだというものである。

表6-2は，1969年から1981年の間の先進国15カ国および途上国9カ国のデータから，ML条件が満たされているかどうかを実証した研究の一部である[2]。

---

[2] Gylfason, T., "Does Exchange Rate Policy Matter?," *European Economic Review*, vol. 31, Issues 1-2, February/March 1987, pp. 375-381.

表6-2 マーシャル=ラーナー条件の実証研究

	輸出需要の弾力性(η_x)	輸入需要の弾力性(η_m)	合計($\eta_x+\eta_m$)
先進国			
オーストラリア	1.02	1.23	2.25
カナダ	0.68	1.28	1.96
デンマーク	1.04	0.91	1.95
フランス	1.28	0.93	2.21
ドイツ	1.02	0.79	1.81
日本	1.40	0.95	2.35
イギリス	0.86	0.65	1.51
アメリカ	1.19	1.24	2.43
先進国15カ国平均	1.11	0.99	2.10
途上国			
アルゼンチン	0.6	0.9	1.5
ブラジル	0.4	1.7	2.1
インド	0.5	2.2	2.7
ケニア	1	0.8	1.8
韓国	2.5	0.8	3.3
フィリピン	0.9	2.7	3.6
途上国9カ国平均	1.1	1.5	2.6

(出所) Gylfson, T., "Does Exchange Rate Policy Matter?," *European Economic Review*, vol. 31, Issues 1-2, February/March 1987, pp. 375-381.

　この結果によると，先進国においても途上国においても，ML条件は満たされており，しかも$\eta_x+\eta_m$の値は，先進国よりも途上国の方が大きい。注意すべきことは，この実証研究による輸出入に関する需要の価格弾力性は，2～3年以上のタイムスパンをおいて測定されていることである。つまり，この実証研究が示していることは，為替レートが変化してから2～3年以上のタイムラグを伴って，経常収支の不均衡が調整されていることである。

　1950年代半ばから1996年末までの先進7カ国について，短期の価格弾力性と長期の価格弾力性を比較した実証研究によると[3]，(短期の$\eta_x+\eta_m$，長期の$\eta_x+\eta_m$)は，カナダ(0.6, 1.8)，フランス(0.2, 0.6)，ドイツ(0.3, 0.36)，イタリア(0.3, 1.3)，日本(0.6, 1.3)，イギリス(0.2, 2.2)，アメリカ(0.6,

---

[3] Hooper, P., K. Johnson, and J. Marquez, *Trade Elasticities for the G-7 Countries*, Princeton Studies in International Economics No. 87, International Economics Section, Department of Economics, Princeton University, August 2000.

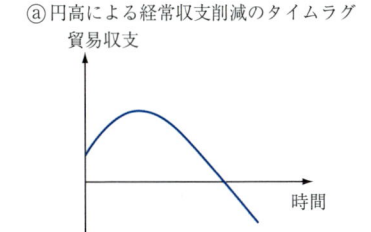

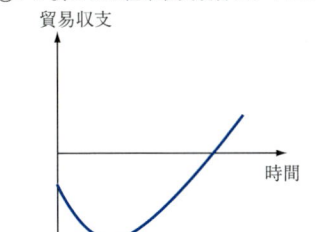

第6章 経常収支不均衡の調整

ⓐ円高による経常収支削減のタイムラグ　　ⓑドル安による経常収支改善のタイムラグ

図 6-2　Ｊカーブ効果

1.8）という値になっている。すなわち，短期の価格弾力性は，長期の価格弾力性よりも小さく，しかも，たとえ長期的には ML 条件が満たされている場合でも，短期的には ML 条件は満たされていない。すなわち，経常収支の不均衡が「為替レート⇒価格」によって調整されるメカニズムは，短期的には働かないのである。

ML 条件が短期的には満たされず，長期的には満たされるということは，為替レートの変化によって経常収支の不均衡は一時的に拡大し，一定の時間が経過してから縮小することを意味する。この現象は，**Ｊカーブ効果**（J-curve effect）として知られている。最初Ｊカーブ効果は，1971年のドルの切り下げにもかかわらず，1972年にアメリカの貿易収支が悪化したことによって注目された。さらに，図 6-2 に示されているように，1985年のプラザ合意によって，急激な円高・ドル安が進んだにもかかわらず，それによって日本の経常黒字が縮小し（図 6-2ⓐ），アメリカの経常赤字が縮小し始めた（図 6-2ⓑ）のは，2年後の1987年からであったことも，よく知られている[4]。

Ｊカーブ効果が発生する理由としては，為替レートが変化した時点と輸出入契約が行われた時点のタイムラグが考えられる。輸出入契約は，為替レートが

---

(4) Magee, S., "Currency Contracts, Pass-through and Devaluation," *Brookings Papers On Economic Activity*, Number 1, 1973, pp. 303-323., Bahmani-Oskooee, M. and A. Ratha, "The J-Curve: A Literature Review," *Applied Economics* 36-13, July 2004, 1377-1398.

表6-3　Jカーブ効果の数値例

	為替レート	国内価格	現地価格	輸出入量	輸出入の金額(円建て)	輸出入の金額(ドル建て)	弾力性
輸入	1ドル=100円 1ドル=120円	3,000円	30ドル(3,000円÷100) 25ドル(3,000円÷120)	100 100	①300,000円(3,000円×100) ②300,000円(3,000円×100)	⑤3,000ドル(30ドル×100) ⑥2,500ドル(25ドル×100)	$\eta_x=0$
輸出	1ドル=100円 1ドル=120円	15ドル	1,500円(100円×15) 1,800円(120円×15)	200 200	③300,000円(1,500円×200) ④360,000円(1,800円×200)	⑦3,000ドル(15ドル×200) ⑧3,000ドル(15ドル×200)	$\eta_m=0$
経常収支	1ドル=100円 1ドル=120円				0円(①-③) -60,000円(②-④)	0ドル(⑤-⑦) -5,000ドル(⑥-⑧)	$\eta_x+\eta_m=0$

変化する前に行われるのが普通であるから，為替レートが変化しても，直ちに過去の契約数量を変更できるわけではない．表6-3は，自国通貨が1ドル=100円から120円に減価しても，輸出入の需要量（契約数量）が全く変化しないケースで（$\eta_x=0$, $\eta_m=0 \Rightarrow \eta_x+\eta_m=0$），輸出受取額，輸入支払額および経常収支を，円建てとドル建てで比較したものである．この数値例から分かるように，自国通貨が減価しても，短期的には過去の契約数量に変化がなければ，ドル建ての輸出受取額が減少する，あるいは円建て輸入支払額が増加することによって，経常収支は短期的に悪化する．その後，経常収支が改善し始めるのは，円安に変化した後，輸出入契約が変更されてからであり，その間のタイムラグがJカーブ効果という現象を生じさせると考えられる[5]．

為替レートのパススルーと企業の PTM 行動

これまで，為替レートの変化は，輸出財と輸入財の現地価格に，100％転嫁されることを前提としてきた．表6-1および表6-3の数値例においても，為替レートが1ドル=100円から1ドル=120円へと減価した場合，日本で3000円の輸出財価格は，アメリカでは30ドルから25ドルへと下落し，アメリカで15ドルの輸入財価格は，1500円から1800円に上昇することを前提として議論してきた．すなわち，自国と外国で一物一価が成立するという前提である．

しかし，現地価格の決定（為替レートの変化をどの程度現地価格に転嫁する

---

[5] このケースでは，「輸出は自国通貨建て・輸入は外国通貨建て」という多くの先進国で観察される「グラスマンの法則」を前提としている．

か）は，企業の意思決定に関わる問題である。例えば，仮に円高になったからといって，それを100％現地価格の引き上げに転嫁し，価格競争力を失うような意思決定をする企業を仮定することは，現実的ではないだろう。「円高⇒輸出品価格の引き上げ⇒需要の減少⇒輸出額の減少」という価格メカニズムに甘んじる企業よりも，「円高⇒輸出品価格の据え置き⇒需要の維持⇒価格競争力の維持」を目指す企業の方が現実に近いかもしれない。企業が現地でのマーケット・シェアを維持すべく，円高になっても現地価格を据え置くという**価格の硬直性**を前提とした場合，経常収支の不均衡が為替レートで調整されるメカニズムは，大きく修正される。

　企業が為替レートの変化を現地での販売価格に転嫁する程度を，為替レートの**パススルー**（exchange rate pass-through）という。企業が為替レートの変化を現地での販売価格にどの程度転嫁するかは，その企業が，どのような商品を，どのような市場で販売するかという**市場別価格設定**（pricing-to-market: **PTM**）に依存する。PTMとは，企業が同じ製品であっても市場ごとに価格差別を行い，為替レートの変動を輸出価格にそのまま転嫁せず，マークアップ率を変化させることによって，為替レートの変動を一部吸収する価格設定行動のことである[6]。

　表6-4の数値例は，為替レートが1ドル＝100円から1ドル＝80円へと円高になった場合，日本国内で3000円の輸出財価格のパススルー率が異なることによって，輸出額（企業の受取額）がどう変化するかを例示したものである。①為替レートが1ドル＝100円のとき，100単位あった輸出需要が，②1ドル＝80円への円高を完全に現地価格の上昇にパススルーした場合，輸出需要は70単位に減少するが，③この円高を現地価格に全く転嫁しない場合（パススルーがゼ

---

[6] Krugman, P. R., "Pricing to Market When the Exchange Rate Changes," in Arndt, S. W. and J. D. Richardson (eds.), *Real-Financial Linkages Among Open Economies*, MIT Press, Cambridge, 1987. 大谷聡「『新しい開放マクロ経済学』について——PTM（Pricing-to-Market）の観点からのサーベイ」『金融研究』日本銀行金融研究所，2001年12月。なお，上記クルーグマンの研究のモチベーションは，「為替レートが大幅に変動するのは，企業のPTM行動によって，為替変動が実体経済にあまり影響を及ぼさなくなったため，実体経済にある程度の影響を及ぼすためには，為替レートが大きく変動する必要があったためではないか」という推測にあった。

■第Ⅲ部　国際収支モデル

表 6-4　数値例 3 （為替レートのパススルー）

	為替レート	国内価格	現地価格	輸出需要	輸出額(円建て)	輸出額(ドル建て)	弾力性
ベンチマーク	1ドル=100円	3,000円	30ドル (3,000円÷100円)	100	①300,000円 (3,000円×100)	3,000ドル (30ドル×100)	
ケース 1	1ドル=80円	3,000円	37.5ドル (3,000円÷80円)	70	②210,000円 (3,000円×70)	2,625ドル (37.5ドル×70)	$\eta_x=1.5$
ケース 2	1ドル=80円	3,000円	30ドル (パススルー0)	100	③240,000円 (2,400円×100)	3,000ドル (30ドル×100)	$\eta_x=0$

ロの場合），輸出需要は100単位に維持される。このとき，円建ての輸出額は，①＞③＞②となり，円建ての受取額は，為替レートを現地価格に転嫁しない方が大きい。もちろん，この場合，円建て単価は3000円から2400円に下落する（PTMに基づいた価格差別を行っている）ので，単価あたりの利潤マージンは減少するが，販売額の著しい減少は抑えられ，現地でのマーケット・シェアも維持される。

　1990年代における日本の主要4産業（工作機械，輸送機器，電子機械，精密機器）からのアメリカの輸入価格を調査した実証研究によると[7]，10％の円高・ドル安に対して，日本企業はアメリカでの販売価格を6％しか上昇させておらず，4％は単価あたりの利潤マージン（マークアップ率）の減少によって吸収している。

6.3　アブソープション・アプローチ

総需要・総供給と貯蓄投資バランス再考

　第1章で考察したように，GDPを Y，C を民間消費，I を民間投資，G を政府支出，X を輸出，M を輸入とすると，一国の「総供給＝総需要」は，

$$Y=C+I+G+(X-M)$$

と表されるので，純輸出（貿易・サービス収支）$X-M$ は，

---

[7] Yang, J., "Exchange Rate Pass-Through in U.S. Manufacturing Industries," *The Review of Economics and Statistics*, Vol. 79, no, 1, pp. 95-104, February 1997.

第6章　経常収支不均衡の調整

$$X-M=Y-(C+I+G)$$

と表される。

ここで，$C+I+G$ は内需を意味し，国内アブソープション（domestic absorption）A と呼ばれる。また $X-M$ は外需を意味し，**6.1** と同様に，経常収支 CA に対応するものと考えよう。そうすると，上の式から，以下の関係式を導くことができる[8]。

$$CA=Y-A \quad \therefore CA \lessgtr 0 \Leftrightarrow Y \lessgtr A \qquad (6\text{-}4)$$

このことは，次のことを意味する。すなわち，経常収支が黒字であることは，国内で生産されたもの以下しか支出を行っていないことを意味し，内需を拡大することによって，経常収支黒字は削減される。逆に，経常収支が赤字であることは，国内で生産されたもの以上の支出を行っていることを意味し，内需を引き締めることによって，経常収支赤字は削減される。

さらに，これも第1章で考察したように，税金を T とすると民間貯蓄 S^P は「$S^P=(Y-T)-C$」と定義されるので，(6-4)から以下の関係式を導くことができる。

$$CA=(S^P-I)+(T-G) \quad \therefore CA \lessgtr 0 \Leftrightarrow (S^P-I)+(T-G) \lessgtr 0 \qquad (6\text{-}5)$$

第1章で示した経済主体ごとの貯蓄投資バランス（表1-2）で確認できるように，日本の場合は，財政収支が赤字（$T-G<0$）であるにもかかわらず，経

---

[8] 正確には，第1章の SNA 統計で説明したように，
　　GDP＝消費＋投資＋政府支出＋純輸出（貿易・サービス収支）
　　GNI＝GDP＋海外からの要素所得の純受取（所得収支）
　　GNDI＝GNI＋海外からの一方的移転の純受取り
　　　　＝消費＋投資＋政府支出＋「貿易・サービス収支＋第1次所得収支＋第2次所得収支」
　　　　＝$C+I+G+CA$
　　という関係があるから，内需（アブソープション）A に，経常収支 CA を外需として加えた Y は，GNDI（国民総可処分所得）でなければならない。しかしここでは，Y は GDP に対応し，$X-M$ は経常収支 CA に対応するものと考える。

常収支が黒字（$CA>0$）であるのは，民間部門が貯蓄超過（$S^P-I>0$）だからである。アメリカの場合は，経常収支が赤字（$CA<0$）で，財政収支も赤字（$T-G<0$），民間部門も貯蓄不足（$S^P-I<0$）という3部門とも赤字である（しばしば「三つ子の赤字」ともいわれる）。

さらに，政府の財政収支を政府貯蓄 S^G と定義し，一国の総貯蓄を $S=S^P+S^G$ と定義すると，(6-5)は，次のように表される。

$$CA=S-I \qquad \therefore CA \lesseqgtr S-I \qquad (6\text{-}6)$$

すなわち，経常収支黒字国は，一国全体で貯蓄超過であり，経常収支赤字国は，一国全体で貯蓄不足である。

貿易乗数と為替レート

弾力性アプローチが，(6-4)の左辺，すなわち経常収支 CA そのものが，為替レートの変化によって，どのように調整されるかを考察するものであるのに対して，アブソープション・アプローチは，(6-4)の右辺（$Y-A$）が，為替レートの変化等によって，どのように調整されるかを考察する。例えば，為替レートが減価すると，ML条件が成り立っているならば，輸出が増加し，経常収支は改善される（弾力性アプローチ）。他方，輸出の増加は，所得 Y を増加させ，所得の増加は，アブソープション A を増加させ，これは経常収支を悪化させる（アブソープション・アプローチ）。これら2つの効果のうち，どちらが大きいかは，直感的には分からない。

そこで，(6-4)と(6-6)より，

$$X-M=S-I(=Y-A) \qquad (6\text{-}7)$$

を考えよう（経常収支 CA と純輸出 $X-M$ とはここでも区別しないで考える）。ここで，消費 C と輸入 M だけを所得 Y に関する増加関数とし，投資 I，政府支出 G，輸出 X は全て所得に依存しない外生変数とする最も単純なケインズ型マクロ・モデルを考えると，

第6章 経常収支不均衡の調整

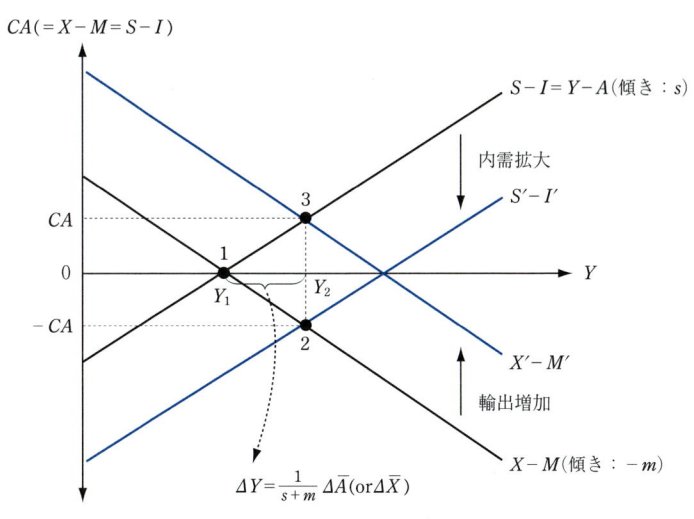

図6-3 経常収支と貯蓄投資バランス

$$C=cY+\bar{C} \quad I=\bar{I}, \quad G=\bar{G}, \quad \bar{A}=\bar{C}+\bar{I}+\bar{G}$$
$$X=\bar{X}, \quad M=mY+\bar{M}$$

と表され、経常収支（(6-7)の左辺）と貯蓄投資バランス（(6-7)の右辺）は、

$$X-M=\bar{X}-(mY+\bar{M})=-mY+(\bar{X}-\bar{M}) \tag{6-8}$$
$$S-I=Y-A=Y-(C+I+G)=(1-c)Y-(\bar{C}+\bar{I}+\bar{G})=sY-\bar{A} \tag{6-9}$$

と表される。ここで、c は限界消費性向、s は限界貯蓄性向、m は限界輸入性向である。

図6-3は、経常収支を表す(6-8)を、傾きが $-m$ の右下がりの関数として、貯蓄・投資バランスを示す(6-9)を、傾きが s の右上がりの関数として、図示したものである。当初、点1で(6-7)の均衡が成立し（$S-I=X-M$）、経常収支も均衡している（$CA=0$）としよう。このとき、例えば政府支出の増加による内需拡大があれば（$\Delta \bar{A}=\Delta \bar{G}$）、$S-I$ は下にシフトすることによって、均衡は点2に移り、所得は増加する（$\Delta Y=Y_2-Y_1$）が、経常収支は悪化する（赤字となる）。また、同額の輸出増加による外需拡大 $\Delta \bar{X}$ があれば、$X-M$ が上にシフトすることによって、均衡は点3に移り、所得は増加し（$\Delta Y=Y_2-Y_1$）、

経常収支は改善する（黒字となる）。

　内需または外需の拡大によって，どれだけ所得が増加するかは，**乗数効果**の程度による。

$$Y = C + I + G + (X - M)$$
$$= cY + \bar{C} + \bar{I} + \bar{G} + \bar{X} - mY - \bar{M}$$
$$= (c - m)Y + (\bar{A} + \bar{X} - \bar{M})$$
$$\therefore Y = \frac{1}{1 - c + m}(\bar{A} + \bar{X} - \bar{M}) = \frac{1}{s + m}(\bar{A} + \bar{X} - \bar{M})$$
$$\therefore \Delta Y = \frac{1}{s + m}\Delta \bar{A} \quad \text{or} \quad \Delta Y = \frac{1}{s + m}\Delta \bar{X}$$

ここで，$1/(s+m)$ は，**貿易乗数**で，閉鎖経済における乗数 $1/s$ より小さい。所得の増加の一部が，輸入の増加として漏出するからである。例えば，限界貯蓄性向が25％（$s=0.25$），限界輸入性向が25％（$m=0.25$）ならば，開放経済における乗数は $2(1/(s+m))=1/0.5$ となり，内需または外需の拡大の2倍だけ所得を増加させる。

　このグラフを用いて，アブソープション・アプローチによる経常収支不均衡の調整メカニズムを考えてみよう。図6-4において，当初，点1で(6-7)の均衡が成り立っており，経常収支は $-CA_1$ だけの赤字が発生していたとしよう。このとき，為替レートの減価によって，$-CA_1$ だけの赤字を解消するように（経常収支が均衡する点3を通るように），$X-M$ が $X'-M'$ まで上方シフトする。このとき(6-7)を満たす均衡は点2である。所得が Y_1 から Y_2 へ上昇しているので，それに伴う輸入の増加によって，経常収支の赤字は $-CA_1$ から $-CA_2$ まで部分的に縮小するに過ぎない。したがって，経常収支を均衡させるためには，さらに一層の減価が必要となり，$X'-M'$ から $X''-M''$ まで上方シフトしたとき，(6-8)を満たす均衡は点4となり，経常収支は均衡する。

　ただ，このとき，所得も Y_1 から Y_3 へと増加していることに注意する必要がある。当初の均衡である点1が，不完全雇用均衡であれば「為替レートの減価⇒輸出の拡大」による所得の増加は可能であるが，すでに完全雇用水準にあれば，「為替レートの減価⇒輸出の拡大」は，国内的にはインフレをもたらす

第6章 経常収支不均衡の調整

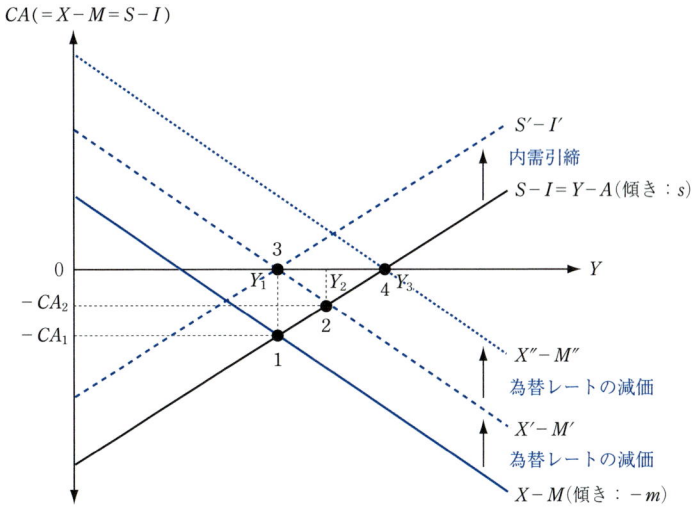

図6-4 アブソープション・アプローチ

ことになる。したがって、点1がすでに完全雇用均衡である場合には、為替レートの減価によって、輸出を拡大し、$X-M$ を $X'-M'$ まで上方シフトさせると同時に、緊縮的な財政・金融政策を用いた内需（アブソープション）を引き締めることよって、$S-I$ を $S'-I'$ まで上方シフトさせ、(6-7)を満たす均衡点を点1から点3へとシフトさせなければならない。このとき、国内均衡（完全雇用均衡）と対外均衡（経常収支均衡）が同時に満たされていることになる。

国内均衡と対外均衡——スワン・ダイヤグラム

アブソープション・アプローチを使った調整メカニズムを、国内均衡と対外均衡の概念を導入して説明する方法として、スワン・ダイヤグラムがある[9]。

$$IB: Y=A+CA=Y(A, S) \tag{6-10}$$

$$EB: CA=X-M=CA(A, S) \tag{6-11}$$

---

[9] Swan, T., "Longer-Run Problems of the Balance of Payments," in H. W. Arndt and Max Coeden (eds.), *The Australian Economy: A Volume of Readings*, Melbourne, Cheshire, 1963., Reprinted in R. E. Caves and H. G. Johnson (eds.), *Readings in International Economics*, London, Allen & Unwin, 1968.

(6-10)で示される IB 線は，国内均衡（internal balance）を満たす為替レート S とアブソープション A の組み合わせを表している（国内均衡は完全雇用均衡を意味するものとする）。為替レートが減価すれば（$S\nearrow$），輸出が促進され総需要が増加するので（$Y\nearrow$），この超過需要を縮小させるためには，アブソープションが減少しなければならない（$A\searrow$）。したがって，図6-5のように，IB 線は右下がりとなる。

IB 線より右上の領域は，国内均衡を満たすアブソープション A より大きいアブソープションと，国内均衡を満たす為替レート S より安い為替レートとが組み合わさった領域なので，国内経済がインフレ（超過需要）の状態にあることを意味する。逆に IB 線より左下の領域は，失業（超過供給）の状態にあることを意味する。

(6-11)で示される EB 線は，対外均衡（external balance）を満たす為替レート S とアブソープション A の組み合わせを表している（簡単化のために経常収支がゼロの状態を対外均衡と定義して議論を進める）。為替レートが減価すれば（$S\nearrow$），輸出が促進され経常収支が増加するので（$CA\nearrow$），経常収支の均衡を維持するためには，輸入が増加するようにアブソープションが増加しなければならない（$A\nearrow$）。したがって，図6-5のように，EB 線は右上がりとなる。

EB 線より左上の領域は，対外均衡を満たすアブソープション A より小さいアブソープションと，対外均衡を満たす為替レート S より安い為替レートが組み合わさった領域なので，経常収支が黒字の状態にあることを意味する。逆に右下の領域は，経常収支が赤字の状態にあることを意味する。

図6-5は，このスワン・ダイヤグラムを示している。グラフは，ⓐインフレ＋経常黒字，ⓑ失業＋経常黒字，ⓒ失業＋経常赤字，ⓓインフレ＋経常赤字という4つの組み合わせを示す領域に分けられ，IB 線と EB 線の交点1で，国内均衡および対外均衡が同時に達成される。

いま経済が領域ⓓの「インフレ＋経常赤字」という組み合わせの点2にあったとしよう。政策当局が為替レートを減価させ（$S\nearrow$），経常収支赤字を削減しようとすれば，点3で対外均衡は達成されるが，インフレは増進し国内均衡か

第 6 章　経常収支不均衡の調整

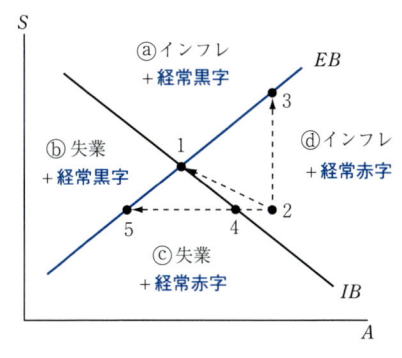

図 6-5　スワン・ダイヤグラム

らはさらに乖離する。政策当局が内需引き締めを行うと（$A \searrow$），点 4 で国内均衡は達成されるが，経常収支赤字はまだ削減が必要なので，さらに内需引き締めを行うと，点 5 で対外均衡は達成されるが，国内は失業状態に陥る。したがって，国内均衡と国際均衡を同時に達成させるためには，為替レートの減価と内需引き締めを組み合わせて，点 2 から点 1 へシフトさせなければならない。

このように独立した複数の政策目標（ここでは国内均衡と国際均衡という 2 つの政策目標）を達成させるためには，それと同数の独立した政策手段（ここでは財政政策と為替政策という 2 つの政策手段）が必要であるという原則は，ティンバーゲンの原則（Tinbergen's rule）として知られている。

補論 6.1　マーシャル＝ラーナーの条件の数学的導出

経常収支 CA は，

$$CA = X - M = P \cdot X^Q - S \cdot P^* \cdot M^Q \quad \text{ただし，} dX^Q/dS > 0, \quad dM^Q/dS < 0$$

と表される。名目為替レートが変化しても自国の輸出財価格および外国からの輸入財価格が変化しない短期を想定すると，$P = P^* = 1$ と考えてよいので，経常収支は簡単に，

$$CA = X - M = X^Q - S \cdot M^Q$$

と表すことができる。両辺を S で微分すると，次式が得られる。

$$\frac{dCA}{dS} = \frac{dX^Q}{dS} - S \cdot \frac{dM^Q}{dS} - M^Q$$

ここで，右辺第1項と第2項は，為替レートの変化による輸出量および輸入量の変化，すなわち数量効果を表し，$dX^Q/dS>0$, $dM^Q/dS<0$ であるから，数量効果 $(dX^Q/dS - S \cdot dM^Q/dS)>0$ と符合は確定できる。右辺第3項は，為替レートの変化による輸入額の変化（$P^*=1$ だから M^Q は輸入額でもある），すなわち価格効果を表し，$M^Q>0$ だから，右辺全体の符合は確定しない。

ここで，当初，輸出入が均衡しているとすると，

$$X^Q = S \cdot M^Q \qquad \therefore \frac{1}{M^Q} = \frac{S}{X^Q}$$

だから，上式はさらに次のように変形できる。

$$\frac{dCA}{dS} = \frac{dX^Q}{dS} - S \cdot \frac{dM^Q}{dS} - M^Q = M^Q \left(\frac{1}{M^Q} \cdot \frac{dX^Q}{dS} - \frac{S}{M^Q} \cdot \frac{dM^Q}{dS} - 1 \right)$$

$$= M^Q \left(\frac{S}{X^Q} \cdot \frac{dX^Q}{dS} - \frac{S}{M^Q} \cdot \frac{dM^Q}{dS} - 1 \right) = M^Q (\eta_x + \eta_m - 1)$$

したがって，

$$\eta_x + \eta_m - 1 > 0 \Leftrightarrow \frac{dCA}{dS} > 0$$

である。すなわち，輸出入需要の弾力性の和が1より大きければ，自国通貨の増価（減価）によって，経常収支が悪化（改善）する。

なお，ここでは経常収支を名目為替レート S の関数と考えたが，輸出財価格および輸入財価格が変化する長期を考えれば，経常収支は実質為替レート $Q(=SP^*/P)$ の関数と考えなければならない。その場合は，経常収支の定義式の両辺を自国の輸出財価格 P で割り，

$$\frac{CA}{P} = CA^Q = X^Q - \frac{SP^*}{P} M^Q = X^Q - QM^Q \quad \text{ただし，} dX^Q/dQ>0, dM^Q/dQ<0$$

となる。簡単化のため $P=1$ とすると，

$$CA = X^Q - Q \cdot M^Q$$

となり，両辺を Q で微分し，当初輸出入が均衡していたとする $(X^Q=QM^Q \Rightarrow M^Q=\frac{X^Q}{Q})$ という条件を入れると，上記と全く同じ変形によって，

$$\frac{dCA^Q}{dQ}=\frac{dX^Q}{dQ}-Q\frac{dM^Q}{dQ}-M^Q=M^Q\Big(\frac{1}{M^Q}\frac{dX^Q}{dQ}-\frac{Q}{M^Q}\frac{dM^Q}{dQ}-1\Big)$$

$$=M^Q\Big(\frac{Q}{X^Q}\frac{dX^Q}{dQ}-\frac{Q}{M^Q}\frac{dM^Q}{dQ}-1\Big)=M^Q(\eta_x^Q+\eta_m^Q-1)>0$$

が求まる。ここで，η_x^Q, η_m^Q は，実質為替レートに対する輸出入需要の弾力性を表す。すなわち，マーシャル＝ラーナーの条件は，$\eta_x^Q+\eta_m^Q>1$ と表される。

補論 6.2　国際収支のマネタリー・アプローチ

　国際収支の調整には，本章で考察される弾力性アプローチ，アブソープション・アプローチの他に，マネタリー・アプローチがある。第4章で議論した**為替レートのマネタリー・アプローチ**（monetary approach to the exchange rate）は，貨幣市場の不均衡が（物価の変化を通じて），外国為替市場の不均衡（為替レートの変動）として現れるのに対し，**国際収支のマネタリー・アプローチ**（monetary approach to the balance of payments）は，貨幣市場の不均衡が（物価の変動を通じて），国際収支の不均衡（外貨準備の増減）として現れると捉える固定相場制の下で有効な考え方である。

　国際収支のマネタリー・アプローチの最も古典的な考え方は，図6-6に示されているような，金本位制における**物価・正貨流出入機構**（price-specie flow mechanism）である。これは，「国際収支赤字⇒金流出⇒マネーサプライ減少⇒物価下落⇒輸出増加・輸入減少⇒国際収支均衡（国際収支黒字⇒金流入⇒マネーサプライ増加⇒物価上昇⇒輸出減少⇒国際収支均衡）」という国際収支不均衡の自動調整メカニズムである。いうまでもなく，この考え方は，産出量が完全雇用水準にあり，マネーサプライと物価水準が比例的な関係にあるとする**貨幣数量説**に基づいている。さらに，このメカニズムを補完したのが，金本位制の**ゲームのルール**であった。これは，物価・正貨流出入機構という調整メカニズムを補完するために，各国中央銀行が国内資産の増減を対外資産の増

```
国際収支の悪化 → 金の流出 → Mの減少 → Pの下落 → 国際収支の改善
                ↘ Pの上昇 ← Mの増加 ← 金の流入 ↙
```

図 6-6 物価・正貨流出入機構

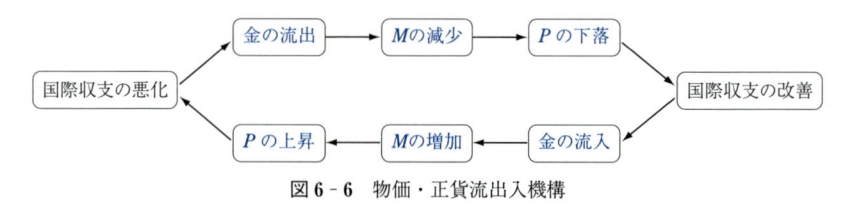

減と同じ方向に変化させる行動をとる（不胎化はしない）暗黙の政策ルールのことである。

一般には，次のように表現される（**補論 5.2**「一国の資金循環」を参照）。中央銀行の保有する外貨準備を F，国内資産（国債）を A とし，貨幣乗数を μ とすると，

$$M = \mu(F+A)$$

と表されるから，

$$F = \frac{1}{\mu}M - A = \frac{1}{\mu}PL - A$$

となる。国際収支の黒字・赤字は外貨準備の増減として示されるから，

$$\Delta F = \frac{1}{\mu}\Delta PL - \Delta A$$

と表される。ここで，ΔF は外貨準備増減，ΔPL は名目貨幣需要の増減，ΔA は国内信用（中央銀行による国債購入や手形割引）の増減を意味する。したがって，国際収支の赤字（外貨準備の減少）は，人々の貨幣需要の増加を上回って，中央銀行が過大な国内信用を供与することを意味し，したがって，国際収支の赤字を是正するには，中央銀行が信用引締を行うことが望ましいということになる。

練習問題

6.1 為替レートと経常収支の関係について，次の問いに答えなさい。

① 円安によって経常収支が改善されるかどうかを，マーシャル＝ラー

ナーの条件を使って説明しなさい。
② Jカーブ効果について，マーシャル＝ラーナーの条件に即して説明しなさい。
③ 為替レートのパス・スルーが低下すると，為替レートによる経常収支の調整メカニズムが低下することを説明しなさい。

6.2 GDPと経常収支の関係について，次の問いに答えなさい。
① 経常収支とアブソープションの関係について説明しなさい。
② 「経常収支＝民間部門の貯蓄投資バランス＋政府の財政収支」となることを説明しなさい。
③ 「貿易乗数＝1／(限界貯蓄性向＋限界輸入性向)」となることを説明しなさい。

6.3 国内均衡と対外均衡を同時に達成させるマクロ経済政策について説明しなさい。

第7章 マンデル=フレミング・モデル

マンデル=フレミング・モデル（Mundell-Fleming Model, 以下 MF モデルと略）は，開放経済下でのマクロ経済政策を分析する，国際マクロ経済学の古典的なモデルであり，1960年代初めの同じ時期にマンデルとフレミングによって開発された[1]。MF モデルは，*IS-LM* 分析と同様に，物価水準が一定のケインズ経済学の枠組みで分析される短期モデルである。そして，為替相場制度や資本移動の程度の違いなどによって，金融政策や財政政策の有効性が異なることを結論づけるモデルである。

7.1　*IS-LM-FX* モデル

IS-LM 分析の拡張

MF モデルは，*IS-LM* 分析を拡張した以下の 3 つの連立方程式で表される（各変数の下は符号条件を示す）。

$$Y = C(\underset{+}{Y}) + I(\underset{-}{i}) + G + CA(\underset{+}{S}, \underset{-}{Y}) \tag{7-1}$$

$$\frac{M}{P} = L(\underset{+}{Y}, \underset{-}{i}) \tag{7-2}$$

$$i = i^* + \frac{S^e - S}{S} \tag{7-3}$$

(7-1) は，財市場の均衡条件（総供給＝総需要）であり，閉鎖経済の *IS* 曲

---

[1] Mundell, R., "Capital Mobility and Stabilization Policy under Fixed and Flexible Exchange Rates," *Canadian Journal of Economics and Political Science*, Vol. 29, 1963, pp. 475-485, in Mundell, R., *International Economics*, Macmillan, 1968（渡辺太郎・箱木真澄・井川一宏訳『新版　国際経済学』ダイヤモンド社，2000年。）., Fleming, J., "Domestic Financial Policies under Fixed and Floating Exchange Rates," *IMF Staff Papers*, Vol. 9, 1962, pp. 369-379.

線に，右辺第4項の経常収支 CA を変数として為替レート S を加えたものである[2]。(7-2)は，貨幣市場の均衡条件（実質貨幣残高＝実質貨幣需要）であり，閉鎖モデルの LM 曲線と全く同じである[3]。(7-3)は，外国為替市場の均衡条件（第3章の(3-3)と同じ）であり，カバーなし金利平価（UIP）条件である。この3本の連立方程式から，3つの変数（所得 Y，金利 i，為替レート S）を解くことができる。

なお，(7-1)の IS 曲線について閉鎖モデルと異なる点を注意しておこう。第1に，左辺の産出量 Y が増加すると，それに見合って所得 Y も増加するが，右辺の消費 C は，限界消費性向が1より小さいので，Y の増加ほどは増加しない。また所得 Y が増加すると，輸入も増加するので，経常収支 CA は減少する。したがって，左辺の総供給 Y が増加した場合，財市場の均衡を成り立たせるためには，右辺の総需要のうち，投資 I が増加しなければならず，そのためには利子率 i が下落しなければならない。したがって，IS 曲線は閉鎖モデルと同じく右下がりである。第2に，為替レートが増価（S が下落）すると，輸出が減少するので，経常収支 CA が減少し，総需要の減少によって，IS 曲線は左にシフトする。逆に，為替レートが減価（S が上昇）すると，輸出が増加するので，経常収支 CA が増加し，総需要の増加によって，IS 曲線は右にシフトする。

以上を念頭において，為替相場制度の違いによって，金融政策や財政政策の有効性が異なることを検討しよう。

---

[2] 正確には，左辺の消費関数は，可処分所得 $Y-T$ の関数 $C=C(Y-T)$ であるが，ここでは簡略化のため，財政政策を財政支出 G の効果だけで分析し，租税 T の効果には立ち入らない。また，正確には，右辺第4項は純輸出 NX ないしは貿易収支 TB であり，それらは実質為替レート $Q(=SP^*/P)$ の関数として，$NX=NX(Q, Y)$ とすべきであるが，MFモデルは物価水準が一定の短期モデルなので，名目と実質の区別をせず，近似的に経常収支を名目為替レートの関数としている。したがって，(7-1)のかわりに，$Y=C(Y-T)+I(i)+G+TB(Q, Y)$ と表記しても，以下の分析と結論に何の変更もない。

[3] ここでも，MFモデルは，物価水準が一定の短期モデルであるから，$P=1$ と考えれば，実質貨幣残高を M と表記しても何ら問題はない。

変動相場制下でのマクロ経済政策

図7-1および7-2の右半分は，(7-1)と(7-2)(開放経済における IS 曲線と LM 曲線)を示し，左半分は(7-3)(第3章における外国為替市場の均衡条件で，ここに示されている外国通貨建て資産の収益率を示す曲線を以下では FX 曲線としている)を示している。

変動相場制下での金融政策　まず，図7-1のパネル@によって，変動相場制下での金融政策の効果を見ておこう。当初，財市場と貨幣市場が IS 曲線と LM 曲線の交点1で均衡しており，このときの産出量が Y_1，金利が i_1 であったとしよう。金利 i_1 は自国通貨建て資産の収益率を表すので，これと外国通貨建て資産の収益率を表す FX 曲線の交点1′において，外国為替市場が均衡する UIP 条件が満たされ，このときの為替レートは S_1 である。

金融緩和政策によって，(7-2)の左辺 M を増加させ，LM 曲線を LM' 曲線へと右方シフトさせると，財市場と貨幣市場の均衡点は点2にシフトする。このとき，金利は i_2 へと低下するが，この金融緩和による金利低下は，MF モデルでは次の2つの経路を通じて産出量を増加させる。第1は，金利の低下によって投資が増加し，産出量が増加する。これは，(7-1)の右辺第2項による経路であり，閉鎖経済の場合と同じである。第2は，金利の低下によって自国通貨が S_1 から S_2 へと減価し，これにより経常収支が増加し，産出量が増加する。これは，(7-1)の右辺第4項による経路であり，開放経済の場合だけの効果である。したがって，金融緩和政策は，閉鎖経済の場合より効果が大きい。

変動相場制下での財政政策　次に，図7-1のパネル⑥によって，変動相場制下での財政政策の効果を見ておこう。当初の均衡点が点1および点1′で示され，そのときの産出量が Y_1，金利が i_1，為替レートが S_1 であるのは，上記と同じである。

財政拡大政策によって，(7-1)の右辺第3項の G を増加させ，IS 曲線を IS' 曲線へと右方シフトさせると，財市場と貨幣市場の均衡点は点2にシフトする。このとき，産出量は Y_2 へ増加しているが，金利も i_2 へ上昇している。もしも財政拡大(G の増加)だけで金利が上昇しなければ，産出量は Y_3 へと

ⓐ 変動相場制下での金融政策

ⓑ 変動相場制下での財政政策

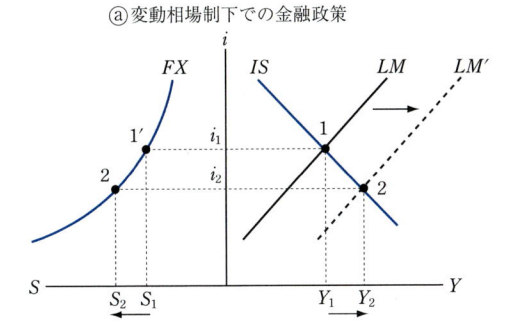

図7-1　変動相場制下でのマクロ経済政策

増加するはずである。この財政拡大による金利上昇は，MFモデルでは次の2つの経路を通じて産出量を低下させる。第1は，金利の上昇によって投資が減少し，産出量が減少する。これは，(7-1)の右辺第2項による経路であり，閉鎖経済の場合と同じ**クラウディング・アウト**の効果である。第2は，金利の上昇によって自国通貨が S_1 から S_2 へと増価し，これにより経常収支が減少し，産出量が減少する。これは，(7-1)の右辺第4項による経路であり，開放経済の場合だけの効果である。したがって，財政拡大政策は，閉鎖経済の場合より効果が小さい。

固定相場制下でのマクロ経済政策

固定相場制下での金融政策　今度は固定相場制でのマクロ経済政策を検討しよう。まず，図7-2のパネルⓐによって，固定相場制下での金融政策の

■ 第Ⅲ部　国際収支モデル

ⓐ 固定相場制下での金融政策

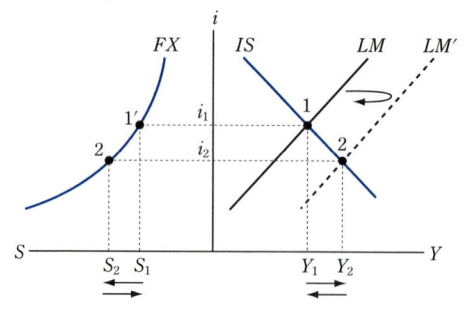

ⓑ 固定相場制下での財政政策

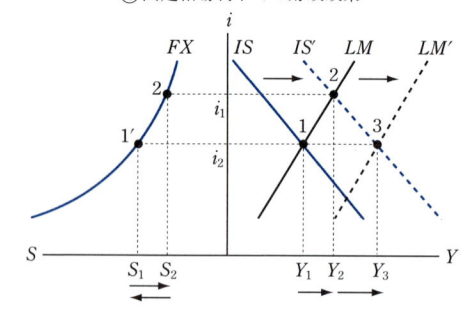

図7-2　固定相場制下でのマクロ経済政策

効果を見ておこう。当初の均衡点が点1および点1′で示され，そのときの産出量が Y_1，金利が i_1，為替レートが S_1 であるのは，これまでと同じである。

　金融緩和政策によって，(7-2)の左辺 M を増加させ，LM 曲線を $LM′$ 曲線へと右方シフトさせると，財市場と貨幣市場の均衡点は点2にシフトする。このとき，金利は i_2 へと低下するが，金利 i_2 は自国通貨建て資産の収益率を表すので，これと外国通貨建て資産の収益率を表す FX 曲線の交点 2′ において，外国為替市場が均衡する UIP 条件が満たされ，変動相場制では為替レートは S_2 へ減価する。固定相場制では，為替レートは S_1 に固定されなければならないので，通貨当局は自国通貨買い・外国通貨売りの市場介入を行う。このことは，マネーサプライの減少を意味し，右方シフトした LM 曲線が左方にシフトバックすることによって，産出量は Y_1 の水準にとどまる。したがって，固定相場制の場合，金融緩和政策の効果は完全に打ち消される。

第7章　マンデル＝フレミング・モデル

固定相場制下での財政政策　最後に，図7-2のパネルⓑによって，固定相場制下での財政策の効果を見ておこう。これまでと同様，当初の均衡点は点1および点1'で示され，そのときの産出量は Y_1，金利は i_1，為替レートは S_1 である。

財政拡大政策によって，(7-1)の右辺第3項の G を増加させ，IS 曲線を IS' 曲線へと右方シフトさせると，財市場と貨幣市場の均衡点は点2にシフトする。このとき，金利は i_2 へと上昇し，FX 曲線の交点 2' において，外国為替市場が均衡する UIP 条件が満たされる。変動相場制では為替レートは S_2 へ増価するが，固定相場制では，為替レートは S_1 に固定されなければならないので，通貨当局は自国通貨売り・外国通貨買いの市場介入を行う。このことは，マネーサプライの増加を意味し，LM 曲線も右方にシフトすることによって，産出量は Y_3 まで増加する。したがって，固定相場制の場合，財政拡大政策は効果が大きい。

7.2　IS–LM–BP モデル

小国開放経済の仮定

MF モデルの本質は，**7.1** でほとんど全て言い尽くされているが，オリジナルのマンデル論文は，上記(7-1)～(7-3)の3本の連立方程式のうち，(7-3)の外国為替市場の均衡条件（UIP 条件）ではなく，国際収支の均衡条件が使われている。それは1960年代初頭には，為替レート・モデルとして，アセット・アプローチではなく，フロー・アプローチが使われていたことに対応している。ここで，(7-3)のかわりにマンデルが用いた国際収支の均衡条件は，一般には BP 曲線として，以下の(7-4)で表される。

$$BP = CA(\underset{+\;-}{S,Y}) + KA(\underset{+}{i-i^*}) = 0 \qquad (7\text{-}4)$$

すなわち，「国際収支 BP ＝経常収支 CA ＋資本収支 KA」という均衡条件である[4]。ここで，資本収支は，内外金利差 $(i-i^*)$ の増加関数であり，自国金利

---
[4]　現行の国際収支マニュアル第6版（BMP6）に依拠した「金融収支」は，資産・↗

が外国金利より高ければ資本流入（逆の場合は逆）となるという意味である。

さらにマンデルは，資本移動に関して<u>小国</u>の仮定を設けている。一般に小国の仮定とは，自国の経済規模が世界市場に対して非常に小さいため，自国の世界市場に対する需要や供給が変化しても，世界価格には全く影響を及ぼさないこと，言い換えれば，自国は世界価格の<u>プライステーカー</u>であることを意味する。したがって，小国の仮定は<u>完全競争</u>の仮定とパラレルである。

資本移動に関して小国開放経済（small open economy）であるということは，自国が国際資本市場に対して資金の貸借を行っても，世界金利に何ら影響を与えないこと，逆にいえば，自国は国際資本市場から世界金利で借りたいだけ借りることができ，貸したいだけ貸すことができることを意味する。自国が国内金利を世界金利に対して僅かでも引き上げ，(7-4)の資本収支の項目が $i>i^*$ になれば，直ちに自国への資本流入が発生し，それは国内金利が $i=i^*$ になるまで続く。逆に，自国が国内金利を世界金利に対して僅かでも引き下げ，(7-4)の資本収支の項目が $i<i^*$ になれば，直ちに自国から資本流出が発生し，それは国内金利が $i=i^*$ になるまで続く。したがって，プライステーカーである自国は，世界金利を所与として受け入れ，国内金利を世界金利と異なる水準に動かす余地はないのである。すなわち，資本収支は，

$$i=i^* \qquad (7\text{-}5)$$

のときのみ，ある一定の $\overline{KA}$ となり，このとき国際収支は $BP=CA+\overline{KA}=0$ で均衡する。以下では，BP 曲線を(7-5)として，(7-1)，(7-2)，および(7-5)

↘負債の増減に注目し，資産・負債の増加を「黒字(+)」，減少を「赤字(−)」と表記し，ネットの金融収支は，「資産−負債」で把握するようになっている。したがって，資本移転や誤差脱漏を無視すれば，「国際収支(BP)＝経常収支(CA)−金融収支(FA)」である（第1章参照）。

これに対し，それまでの第5版（BMP5）では，資本の流出入に注目し，資本の流入を「黒字(+)」，流出を「赤字(−)」と表記し，ネットの資本収支は「流入−流出」で把握してきた。したがって，経常移転や誤差脱漏を無視すれば，「国際収支(BP)＝経常収支(CA)＋資本収支(KA)」であった。以下での説明では，この BPM5 に依拠した資本収支によって資本移動を把握する。なお，BMP6 に依拠した金融収支によって MF モデルを考察しても結論は変わらない。

第7章 マンデル=フレミング・モデル

ⓐ変動相場制下での金融政策　　　　ⓑ変動相場制下での財政政策

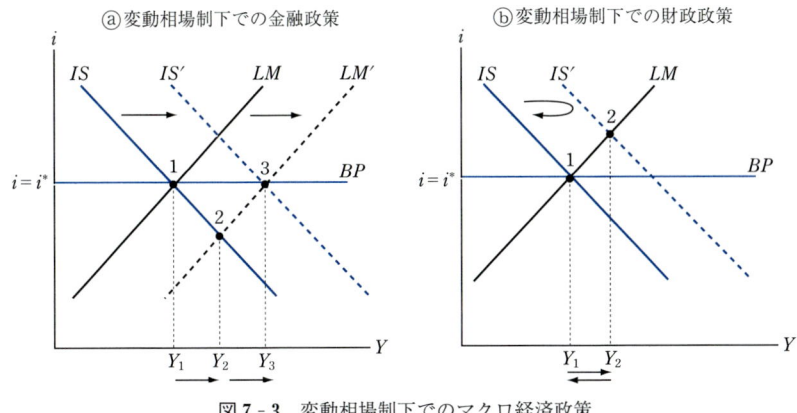

図7-3　変動相場制下でのマクロ経済政策

ⓐ固定相場制下での金融政策　　　　ⓑ固定相場制下での財政政策

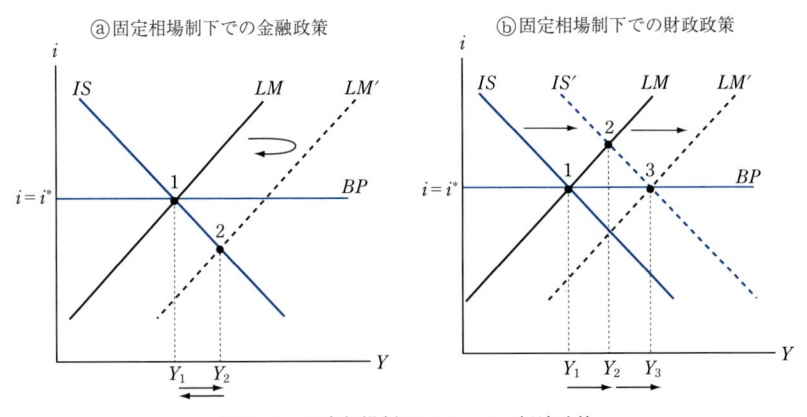

図7-4　固定相場制下でのマクロ経済政策

を連立させた $IS\text{-}LM\text{-}BP$ モデルを使って，再度 MF モデルを確認しておこう。

開放経済におけるマクロ経済政策（再考）

変動相場制下での金融政策　図7-3パネルⓐは，金融緩和によって LM 曲線が右方シフトし，均衡点は点1から点2へシフトするが，点2では自国金利が世界金利を下回っているので，資本流出が生じる。資本流出は，自国通貨売り・外国通貨買いを発生させるので，自国通貨は減価し，円安は経常収支を増加させるので，IS 曲線も金利が $i=i^*$ になるまで右方シフトし，点3で均

161

第Ⅲ部 国際収支モデル

表7-1 マンデル=フレミング・モデルの結論

	変動相場制	固定相場制
金融政策	有　効	無　効
財政政策	無　効	有　効

衡が達成され，産出量は Y_3 まで増加する。

変動相場制下での財政政策　図7-3パネル⑥は，財政拡大によって IS 曲線が右方シフトし，均衡点は点1から点2へシフトするが，点2では自国金利が世界金利を上回っているので，資本流入が生じる。資本流出は，自国通貨買い・外国通貨売りを発生させるので，自国通貨は増価し，円高は経常収支を減少させるので，金利が $i=i^*$ になるまで IS 曲線も左方にシフトバックし，産出量は Y_1 の水準にとどまる。

固定相場制下での金融政策　図7-4パネル⑧は，金融緩和によって LM 曲線が右方シフトし，均衡点は点1から点2へシフトするが，点2では自国金利が世界金利を下回っているので，資本流出が生じる。資本流出は自国通貨売り・外国通貨買いを発生させるので，通貨当局は自国通貨買い・外国通貨売りによって固定相場を維持する。自国通貨買いは，金利が $i=i^*$ になるまで LM 曲線を左方にシフトバックさせ，産出量は Y_1 の水準にとどまる。

固定相場制下での財政政策　図7-4パネル⑥は，財政拡大によって IS 曲線が右方シフトし，均衡点は点1から点2へシフトするが，点2では自国金利が世界金利を上回っているので，資本流入が生じる。資本流入は，自国通貨買い・外国通貨売りを発生させるので，通貨当局は自国通貨売り・外国通貨買いによって固定相場を維持する。自国通貨売りは，金利が $i=i^*$ になるまで LM 曲線も右方シフトさせ，産出量は Y_3 まで増加する。

国際金融のトリレンマ（再考）

以上の結論は，7.1の結論と全く同じであり，それらをまとめると表7-1のようになる。

ところで，3.4で述べた**国際金融のトリレンマ**は，このMFモデルの結論

のうち，「資本移動が自由である場合，固定相場制の下では，金融政策は無効になる」からも導かれる。すなわち，①為替レートの固定，②自由な資本移動，③独立した金融政策，という3つの政策は鼎立せず，どれか1つは放棄しなければならないのである。

　ここで，マンデルの論文の結論を引用しておくことは，MFモデルの性格を考える上でも，ひいては新古典派経済学それ自体の性格を考える上でも，示唆に富むであろう。

　「もちろん，資本の完全移動性という仮定は，文字通りは，有効ではない。すなわち，私の結論は白か黒かなのであって，ダーク・グレイやライト・グレイの領域にあるのではない。巨額の資本流入なしに，カナダがアメリカとは異なった利子率の均衡を維持できる程度に応じて，財政政策は，変動相場制下でも雇用政策に何がしかの役割を果たすと考えられるし，金融政策は，固定相場制下でも雇用および産出量に何がしかの影響をおよぼすことができる。しかし今日，この可能性が存在するとしても，将来それは，弱い程度でしか存在しないと推測してよい。」(Mundel, 1963/1968，邦訳，311頁)

　MFモデルが開発された背景には，1950年10月から62年5月まで変動相場制を採用したカナダが，景気後退に見舞われた1950年代後半に，拡張的な財政政策をとった結果，為替レートの下落予想から巨額の資本流出に直面し，固定相場制に復帰せざるをえなかった歴史的経験がある。すなわち，アメリカとは異なる金利を取りえなかったという「小国開放経済」であるカナダが直面した現実と，「変動相場制の下で財政政策は無効であった」というカナダの特殊歴史的な経験から，普遍的でクリアーな理論を導き出したのがMFモデルだったのである。

7.3　資本規制の効果

　マンデル論文からの引用文にある「結論は白か黒か」というのが，MFモデルの真骨頂なのであるが，自由な資本移動の是非が問われている今日，「資本

第Ⅲ部　国際収支モデル

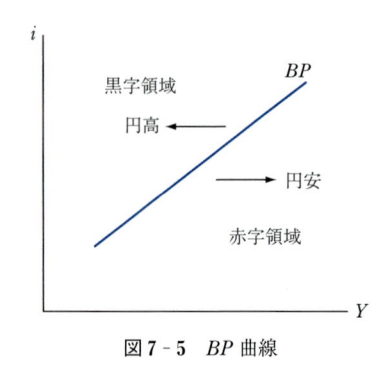

図7-5　BP曲線

の完全移動性という仮定」を外して，グレイ・ゾーンの領域を考察することにも意義があるだろう。そこで，最後に MF モデルを使って**資本規制**（capital control）の効果を検討しておこう。

BP 曲線の形状

MF モデルからクリアーな結論を導き出せたのは，小国の仮定を設けて，BP 曲線が $i=i^*$ という水平線で表されたからである。この仮定を外して資本規制の効果を検討するために，以下の(7-4)を再掲して，一般に BP 曲線がどのような形状で示されるかを考えよう（図7-5参照）。

$$BP = CA(\underset{+}{S},\ \underset{-}{Y}) + KA(\underset{+}{i-i^*}) = 0 \qquad (7\text{-}4)$$

第1に，所得 Y が増加すると，輸入が増加するので経常収支 CA は減少する。国際収支 BP を均衡させるためには，資本収支 KA が増加しなければならないが，そのためには自国の金利 i が上昇しなければならない。したがって，BP 曲線は右上がりである。

第2に，BP 曲線より左上の領域は，BP 曲線上 Y と i の組み合わせより，低い Y（経常収支黒字）と高い i（資本収支黒字）の組み合わせであるので，国際収支の黒字領域である。逆に，BP 曲線より右下の領域は，国際収支の赤字領域である。

第3に，自国通貨が増価（S が下落）すると，経常収支 CA が減少するの

で，国際収支の均衡を成り立たせるためには，Y が減少して CA を増加させるか，i が上昇して KA を増加させなければならない。したがって，円高（S の下落）は BP 曲線を左方にシフトさせる。逆に，円安（S の上昇）は BP 曲線を右方にシフトさせる。

ここで，簡単化のため，IS-LM-BP 曲線を $(Y-i)$ 平面上の 1 次関数として示すため，(7-1)，(7-2)，および(7-3)を次のように表そう[5]。

$$IS\ 曲線 \qquad i = -\frac{s+m}{b}Y + \frac{1}{b}(\bar{C}+\bar{I}+\bar{G}+\bar{X}-\bar{M}) \qquad (7\text{-}5)$$

$$LM\ 曲線 \qquad i = \frac{\phi}{\lambda}Y + \frac{M/P}{\lambda} \qquad (7\text{-}6)$$

$$BP\ 曲線 \qquad i = \frac{m}{k}Y - \frac{\bar{M}-\bar{X}-\overline{KA}}{k} + i^* \qquad (7\text{-}7)$$

ここで，(7-7)の k は，金利（または金利格差）に対する**資本移動の感応度**（sensitivity of capital flows to interest rate）であり，金利の変化によって資本移動がどれだけ変化するかの程度を示す。すなわち，資本収支は内外金利差に関する増加関数なので，

$$KA = k(i-i^*) + \overline{KA}, \qquad k \geq 0$$

とおくと，この式は，自国金利が外国金利を上回って上昇すると自国へ資金が流入し，自国金利が外国金利を下回って下落すると自国から資金が流出することを意味する。

図 7-6 のパネル ⓐ は，資本の感応度 k の程度によって，BP 曲線を 4 つに

---

[5] (7-5)は，(7-1)と **6.2** を参照しながら，以下のような 1 次関数を想定すれば求められる。

$$Y = C+I+G+(X-M) = (cY+\bar{C})+(\bar{I}-bi)+\bar{G}+(\bar{X}-mY-\bar{M})$$
$$= (c-m)Y - bi + (\bar{C}+\bar{I}+\bar{X}-\bar{M})$$

これを i について解くと(7-5)が導出される。ここで，c は限界消費性向，s は限界貯蓄性向，m は限界輸入性向である。為替レート S は，IS 曲線をシフトさせる外生変数とする。同様に，(7-2)で表される LM 曲線も，簡単化のため，$\frac{M}{P} = \phi Y - \lambda i$ とおいて，これを i について解くと(7-6)が導出される。

■第Ⅲ部　国際収支モデル

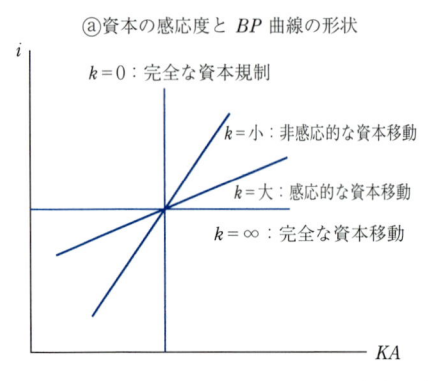

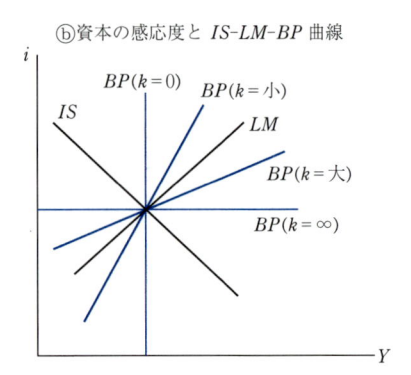

図7-6　資本の感応度と BP 曲線

分類したもので，パネル⑥は，この4つの分類に応じて IS-LM-BP 曲線の関係を図示したものである。

① $k=\infty$ の場合，資本移動が完全に自由（perfect capital mobility）であり，これが **7.2** で検討したケースである。

② $k=$ 大の場合，資本移動の程度が高く（high capital mobility），BP 曲線の傾きは，LM 曲線の傾きよりも緩やかである［$(m/k)<(\phi/\lambda)$］。

③ $k=$ 小の場合，資本移動の程度が低く（low capital mobility），BP 曲線の傾きは，LM 曲線の傾きよりも急である［$(m/k)>(\phi/\lambda)$］。

④ $k=0$ の場合，資本移動がなく（no capital mobility），完全な資本規制（capital control）を行っていて，BP 曲線は垂直となる。

このうち，資本移動が完全な場合の①については **7.2** で検討したので，以下では，資本移動が不完全な場合の②〜③について，マクロ経済政策の効果を検討しておこう。

資本移動が不完全な場合のマクロ経済政策

変動相場制下での金融政策　図7-3パネル⑧で示されたように，変動相場制下での金融政策は，所得を増加させるという意味では有効であったが，図7-7のパネル⑧〜⑥において明らかなように，資本移動の程度が小さくなるにつれて，その効果は小さくなる。

第7章 マンデル゠フレミング・モデル

ⓐ資本移動の程度が大きい場合　ⓑ資本移動の程度が小さい場合　ⓒ資本移動が禁止されている場合

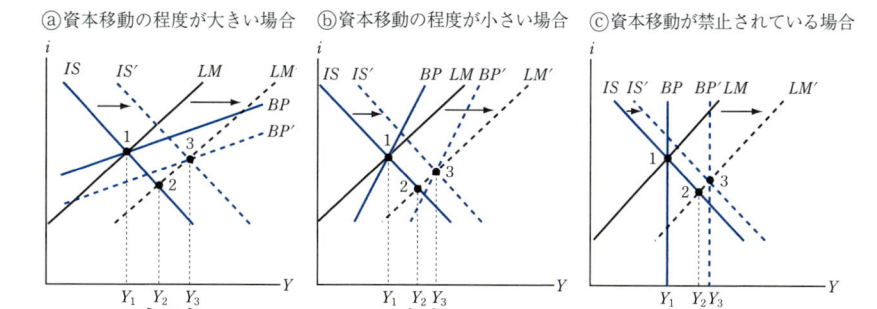

図7-7　変動相場制下での金融政策（資本移動が不完全な場合）

　まず，いずれのケースにおいても，金融緩和による LM 曲線の右方シフトに伴い，IS 曲線との交点2では，所得が上昇し金利が低下している。所得の増加は，経常収支を減少させ，金利の低下は資本流出を生じさせるので，いずれのケースでも，点2は $BP<0$ の領域である。したがって，自国通貨は減価し，BP 曲線は右方にシフトすると同時に，円安による経常収支の改善によって，IS 曲線も右方にシフトする。その結果，IS-LM-BP 曲線の交点である点3が新たな均衡点となる。

　しかし，資本移動の程度が小さくなる（資本規制が強くなる）につれて，点2から点3へのシフトの大きさが小さくなる。金融緩和によって金利が低下しても，資本の流出に対する規制が強くなり，円安が経常収支の改善に与える効果も小さくなるので，IS 曲線の右方シフトも小さくなるからである。

　資本移動の程度が大きいⓐのケースでは，金利低下による資本流出が大きく，資本収支黒字を相殺する経常収支黒字を達成するために，自国通貨は大きく減価し，IS 曲線も大きく右方シフトし，所得増加も大きい。しかし，資本移動の程度が小さいⓑのケースでは，金利低下による資本流出が小さく，資本収支黒字を相殺する経常収支黒字を達成するための自国通貨の減価も小さいので，IS 曲線の右方シフトも小さく，所得増加も僅かである。資本移動が完全に禁止されているⓒのケースでは，金利低下によっても資本流出は発生せず，所得増加に伴う経常収支の悪化のみが生じている。したがって，円安によって経常収支を改善させ，IS 曲線が右方シフトすることによって $BP=0$ を達成させる

■第Ⅲ部 国際収支モデル

ⓐ資本移動の程度が大きい場合　ⓑ資本移動の程度が小さい場合　ⓒ資本移動が禁止されている場合

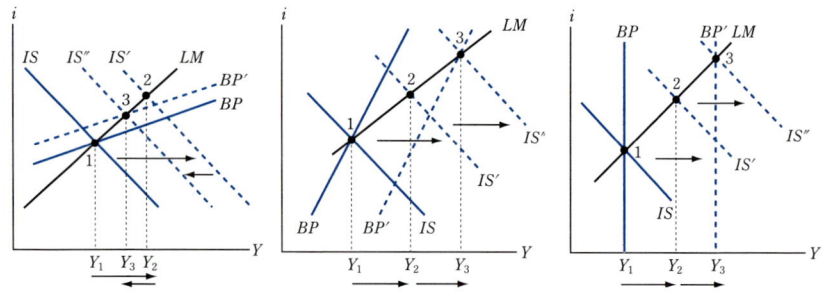

図7-8 変動相場制下での財政政策（資本移動が不完全な場合）

が，これに伴う所得増加はほんの僅かである。

変動相場制下での財政政策　まず，いずれのケースにおいても，財政支出 G の拡大による IS 曲線の右方シフトに伴い，LM 曲線との交点2では，所得増加と金利上昇が発生しており，所得増加による経常収支の悪化を金利上昇による資本流入が相殺する。問題は，資本移動の程度によって，金利上昇による資本流入の大きさが異なるため，所得増加による経常収支の悪化をどの程度相殺するかということである。

資本移動の程度が大きいⓐのケースでは，金利上昇による資本流入が，経常収支の悪化よりも大きく，そのため点2は，$BP>0$ の領域にあるので，自国通貨は増価する。円高によって，IS 曲線と BP 曲線はともに左方にシフトバックし，均衡点3では，財政拡大による所得増加が一定程度打ち消されている。

しかし，資本移動の程度が小さいⓑのケースでは，金利上昇による資本流入が，経常収支の悪化よりも小さく，そのため点2は，$BP<0$ の領域にあるので，自国通貨は減価する。円安によって，IS 曲線と BP 曲線はともに右方にシフトし，均衡点3では，さらなる所得増加が達成されている。

さらに，資本移動が禁止されているⓒのケースでは，金利が上昇しても資本は流入しないので，点2では，経常収支の悪化のみで $BP<0$ となっており，自国通貨は減価する。円安によって，IS 曲線と BP 曲線はともに右方にシフトし，均衡点3では，さらなる所得増加が達成されている。

第7章 マンデル゠フレミング・モデル

ⓐ資本移動の程度が大きい場合　ⓑ資本移動の程度が小さい場合　ⓒ資本移動が禁止されている場合

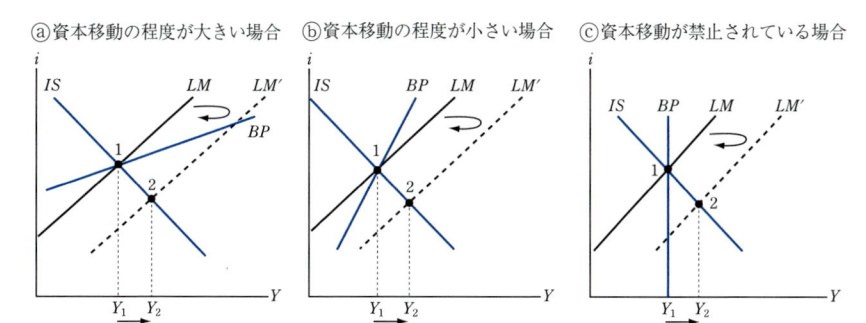

図7-9　固定相場制下での金融政策（資本移動が不完全な場合）

ⓐ資本移動の程度が大きい場合　ⓑ資本移動の程度が小さい場合　ⓒ資本移動が禁止されている場合

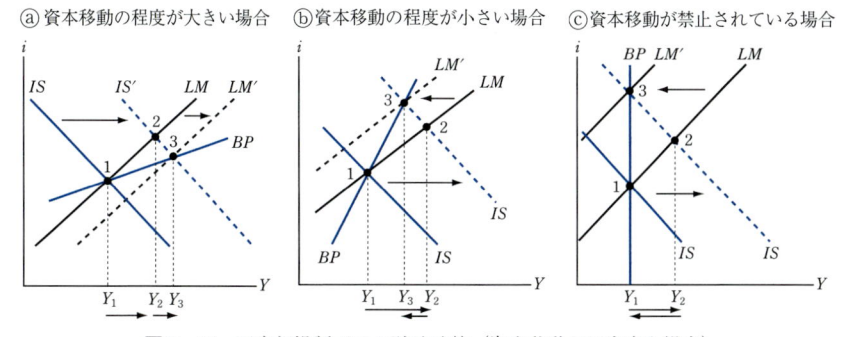

図7-10　固定相場制下での財政政策（資本移動が不完全な場合）

固定相場制下での金融政策　図7-4のパネルⓐ，および図7-9のパネルⓐ～ⓒにおいて明らかなように，資本移動がいかなる程度であっても，固定相場制下での金融政策は，所得を増加させるという意味では無効となる。すなわち，全てのケースにおいて，金融緩和によって LM 曲線が右方シフトした場合の IS 曲線との交点2においては，金利の低下と資本流出が生じ，$BP<0$ となっている。資本流出は自国通貨売り・外国通貨買いを発生させるので，通貨当局は自国通貨買い・外国通貨売りによって固定相場を維持する。自国通貨買いは，$BP=0$ になるまで LM 曲線を左方にシフトバックさせ，産出量は Y_1 の水準にとどまる。

固定相場制下での財政政策　図7-4のパネルⓑで示されたように，固定相場制下での財政政策は，所得を増加させるという意味では有効であったが，

169

表7-2 資本移動の程度とマクロ経済政策の効果

	変動相場制		固定相場制	
	金融政策	財政政策	金融政策	財政政策
資本移動が完全に自由 ($k=\infty$)	○	×	×	○
資本移動の程度が大きい ($k=$大)	○	△	×	○
資本移動の程度が小さい ($k=$小)	○	○	×	△
資本移動が完全に禁止 ($k=0$)	○	○	×	×

図7-10のパネルⓐ〜ⓒにおいて明らかなように、資本移動の程度が小さくなるにつれて、その効果は小さくなる。まず、いずれのケースにおいても、財政支出Gの拡大によるIS曲線の右方シフトに伴い、LM曲線との交点2では、所得と金利が上昇している。

資本移動の程度が大きいⓐのケースでは、金利上昇による資本流入は（資本規制が緩和されているため）大きく、点2では$BP>0$となっている。そのため外国為替市場での自国通貨買い・外国通貨売りが発生し、通貨当局は自国通貨売り・外国通貨買いの市場介入によって、固定相場制を維持する。自国通貨売りはマネーサプライの上昇を伴うので、LM曲線も$BP=0$を満たす点3まで右方シフトして、所得はY_3まで増加する。

しかし、資本移動の程度が小さいⓑのケースでは、金利上昇による資本流入は（資本規制が強化されるにつれて）小さくなり、所得増加による経常収支の悪化を相殺できないので、点2では$BP<0$となっている。そのため、外国為替市場では自国通貨売り・外国通貨買いが発生し、通貨当局は自国通貨買い・外国通貨売りの市場介入によって、固定相場制を維持する。自国通貨買いはマネーサプライの減少を伴うので、LM曲線は$BP=0$を満たす点3まで左方シフトして、所得はY_3までシフトバックする。

資本移動が完全に禁止されているⓒのケースでは、金利上昇による資本流入は（完全な資本規制のため）全く発生せず、所得増加による経常収支の悪化のみ生じている。外国為替市場の自国通貨売り・外国通貨買いに対して、通貨当局は自国通貨買い・外国通貨売りの市場介入を行うので、LM曲線は$BP=0$を満たす点1まで左方シフトして、財政拡大による所得拡大の効果は完全に打

ち消される。

　表7-2は，**7.2**と**7.3**の考察をまとめたもので，マクロ経済政策（金融緩和と財政拡大）の効果のうち，所得が増加するか（〇），ある程度打ち消されるか（△），完全に打ち消されるか（×）で分類したものである。ここから，以下のようなことが分かる。第1に，金融政策は資本移動の程度いかんにかかわらず，変動相場制下では有効であり，固定相場制下では無効となる。第2に，資本移動が完全に自由な場合，変動相場制下での財政政策は無効であったが，資本規制を強めるにしたがって有効となる。第3に，資本移動が完全に自由な場合，固定相場制下での財政政策は有効であったが，資本規制を強めるにしたがって無効となる。

練習問題

7.1　マンデル＝フレミング・モデルについて，以下の問いに答えなさい。
　①　*IS-LM* モデル，およびアセット・アプローチに基づいた為替レート・モデルによって，マンデル＝フレミング・モデルの構造を説明しなさい。
　②　①の枠組みを使って，固定相場制下でのマクロ経済政策の有効性について説明しなさい。
　③　②の結論を使って，国際金融のトリレンマを説明しなさい。

7.2　マンデル＝フレミング・モデルについて，以下の問いに答えなさい。
　①　国際収支を均衡させる所得と利子率の組み合わせである *BP* 曲線を導出しなさい。
　②　*IS-LM-BP* モデルを使って，変動相場制下で資本移動が完全に自由な場合の金融政策の有効性について説明しなさい。
　③　*IS-LM-BP* モデルを使って，変動相場制下の財政政策の有効性が，資本移動の程度に応じて有効性が異なることを説明しなさい。

第8章　資本移動の動学モデル

　一般に金融とは，黒字主体と赤字主体が資金を融通しあう貸借関係を意味する。国際金融も，国単位で見れば，支出よりも所得の方が多い経常収支黒字国（$Y-C=CA>0$）と，所得よりも支出の方が多い経常収支赤字国（$Y-C=-CA<0$）が，資本を輸出入しあう国際貸借関係を意味する。

　このような，時間的な要素を考えない静学的な見方に対して，時間的な要素を考慮に入れた動学的な見方で金融（貸借関係）を定義し直すと，次のようになる。すなわち，現在時点で貸した（借りた）資金は，将来時点で返済を受ける（返済を行う）ことを伴うので，貸借関係は，異時点間での取引である。したがって，国際金融（国際的な貸借関係）も，次のような異時点間の取引と見ることができる。

　すなわち，現在は消費以上の生産（$Y_1-C_1=CA_1>0$）を行っている自国は，経常収支の黒字分を外国に貸し出し（資本流出），その返済を受けること（資本流入）によって，将来は生産以上の消費（$Y_2-C_2=-CA_2<0$）が可能となる。他方，現在は生産以上の消費（$Y_1-C_1=-CA_1<0$）を行っている外国は，経常収支の赤字分を自国から借り入れ（資本流入），将来は生産以下の消費を行うこと（$Y_2-C_2=CA_2>0$）によって，その返済を行う（資本流出）。

　本章では，このような経常収支（資本移動）の動学モデル（**異時点間貿易モデル**）を，最も簡単な2期間（現在と将来）モデルで考察する[1]。まず，異時

---

[1] 本章で考察する経常収支の動学モデルは，**動学的確率的一般均衡**（Dynamic Stochastic General Equilibrium：DSGE）に基づく**新しい国際マクロ経済学**（New Open Economy Macroeconomics：NOEM）の，最も単純化された2国2期間モデルである。この資本移動の2国2期間モデルは，国際貿易論における2国2財モデルと親和性の強いパラレルな構造を持っている。つまり，現在と将来という2期間の財を，現在財と将来財という2財として考えると，資本移動は，現在財の生産に比較優位を持ち，将来財の消費をより選好する国と，将来財の生産に比較優位を持ち，現在財 ↗

点間の予算制約について検討した後，家計による消費の決定，および企業による投資の決定を，ミクロ経済的な基礎づけに基づいて考察し，2国・2期間モデルにおける経常収支（資本移動）の決定をモデル化する。

8.1 異時点間の予算制約

現在（第1期）と将来（第2期）の2期間モデルを考え，簡単化のため以下の仮定を置く。

① 内需は消費 C だけを考え，投資や政府支出はゼロとする。
② 外需を意味する経常収支 CA は，貿易収支と所得収支だけを考え，海外からの一方的移転は無視する。また第1次所得収支は，対外純資産 F に対する利子の受払いだけとする。
③ 小国開放経済を考え，経常収支の黒字（赤字）は世界利子率 r で貸借が可能である。
④ 第1期の期首には過去から引き継いだ対外純資産はなく（$F_1=0$），第2期の期末に全ての対外純資産を使い尽くす（対外純負債を完済する）とする（$F_3=0$）[2]。

このとき，図8-1を参照しながら，異時点間の予算制約（inter-temporal budget constraint）を求めてみよう。t 期の経常収支を CA_t，t 期末の対外純資産を F_{t+1} とすると，第1章で説明したように**経常収支＝対外純資産の増加**は，次のように表すことができる。

$$CA_t = \underbrace{F_{t+1} - F_t}_{\text{経常収支＝対外純資産の増加}} = \overbrace{Y_t + rF_t - C_t}^{\text{GDP}}$$

GNP（GNI）

↘の消費をより選好する国との間の**異時点間貿易**と考えることができる。中西訓嗣『国際経済学 国際貿易編』（ミネルヴァ書房，2012年）第12章の**12.3**を参照。
(2) 一般に，異時点間の予算制約を求めるために仮定した第1の仮定を初期条件（initial condition）といい，第2の仮定を終端条件（terminal condition）という。ここでは，最終時点で対外資産がどのような状態になっているかの条件が終端条件であるが，この仮定のように $F_3=0$ となる条件を**横断性条件**（transversality condition），$F_3 \geq 0$（非負条件）を**非ポンジ・ゲーム条件**（no-Ponzi-game condition）という。

■第Ⅲ部　国際収支モデル

```
Y₁ ─→ C₁
  ↘
   CA₁ = Y₁ + rF₁ − C₁
       = Y₁ − C₁
       = F₂ + F₁ = F₂
                          ─→ Y₂ + rF₂ ─→ C₂
                                       ↘
                                        CA₂ = Y₂ + rF₂ − C₂
                                            = Y₂ + r(Y₁ − C₁) − C₂
                                            = F₃ − F₂ = − F₂
```

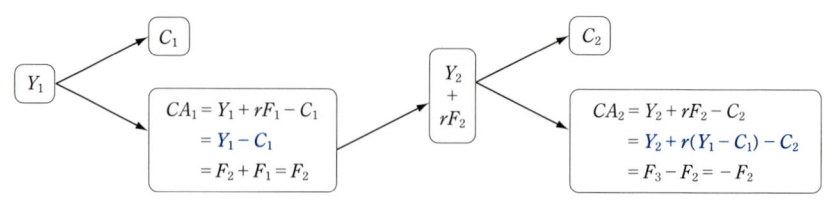

図 8-1　2 期間モデルの予算制約

仮定④より，$F_1=0$（第 1 期首に対外純資産は存在しない），および $F_3=0$（第 2 期末に対外純資産は存在しない）だから，2 期間モデルでは，第 1 期末のみに対外純資産 F_2 が存在し，第 1 期と第 2 期の経常収支の間には，次の関係がある。

$$CA_1=F_2-F_1=F_2, \quad CA_2=F_3-F_2=-F_2 \quad \therefore CA_1=-CA_2$$

すなわち，自国は，第 1 期の経常収支黒字額を外国に貸し出し，その元利合計で，第 2 期の経常収支赤字をファイナンスする。

この第 1 期と第 2 期の経常収支の関係（$CA_1=-CA_2$）に，図 8-1 の青で示されている各期の経常収支を表す式を代入すると，次のような予算制約式が求められる。

$$Y_1-C_1=-[Y_2+r(Y_1-C_1)-C_2]$$

$$\therefore (1+r)(Y_1-C_1)=C_2-Y_2$$

$$\therefore \underbrace{C_1+\frac{C_2}{1+r}}_{\text{消費の現在価値}}=\underbrace{Y_1+\frac{Y_2}{1+r}}_{\text{産出量の現在価値}} \tag{8-1}$$

あるいは，「経常収支 CA＝貿易収支 TB＋第 1 次所得収支 rF」の関係を考えれば，

$$TB_1=CA_1-rF_1=CA_1 \quad (\because F_1=0)$$

$$\therefore TB_2=CA_2-rF_2=CA_2-rCA_1=CA_2-rTB_1=-TB_1-rTB_1$$

$$\qquad =-(1+r)TB_1 \quad (\because CA_2=-CA_1=-TB_1)$$

$$\therefore \underbrace{TB_1+\frac{TB_2}{1+r}}_{\text{貿易収支の現在価値}}=0 \tag{8-1}'$$

を予算制約式と考えても同じことである（**現在価値**については補論**8.1**を参照）[3]。

図8-2は，各期の産出量が点1（Y_1, Y_2）で与えられたときの予算制約線を示している。(8-1)を変形すると，

$$C_2 = -(1+r)C_1 + (1+r)Y_1 + Y_2$$

となる。つまり，予算制約線とは，各期の産出量（Y_1, Y_2）と世界利子率 r が与えられたときに，各期で可能な消費の組み合わせ（C_1, C_2）を表している。閉鎖経済の場合では，各期の消費は各期で与えられた産出量の組み合わせ点1に限定される。しかし，開放経済の場合，つまり**金融のグローバル化**が進み，資金の貸借が可能（資本移動が自由）になれば，例えば点2（C_1, C_2）での消費の組み合わせが可能となる。この場合，第1期では $-CA_1(=C_1-Y_1)$ の経常収支赤字を計上し，産出量を上回る消費を外国からの借入れで賄い，第2期では $CA_2(=Y_2-C_2)$ の経常収支黒字を計上し，消費を上回る産出量によって，第1期の借入れ返済をするのである。

数値例

以下のような数値例を考えてみよう。世界利子率が5％（$r=0.05$）で，第1期の産出量が64，第2期の産出量が105という点1（Y_1, Y_2）＝(64, 105)であったとしよう。これは，第1期に天災などの何らかの**実物ショック**があって産出量が落ち込み，第2期に生産が回復するといった事例や，もう少しタイ

---

[3] (8-1)と(8-1)′より，予算制約式は，

$$\underbrace{TB_1 + \frac{TB_2}{1+r}}_{\text{貿易収支の現在価値}} = \underbrace{\left(Y_1 + \frac{Y_2}{1+r}\right)}_{\text{産出量の現在価値}} - \underbrace{\left(C_1 + \frac{C_2}{1+r}\right)}_{\text{消費の現在価値}} = 0$$

となる。第6章で述べたような経常収支の静学モデルでは，貿易収支の均衡条件は，投資と政府支出が存在しない（$I=0$, $G=0$）とすると，

$$TB = Y - C = 0$$

であった。経常収支の動学モデルでは，静学モデルにおける各項の現在価値が予算制約条件となるのである。

■第Ⅲ部　国際収支モデル

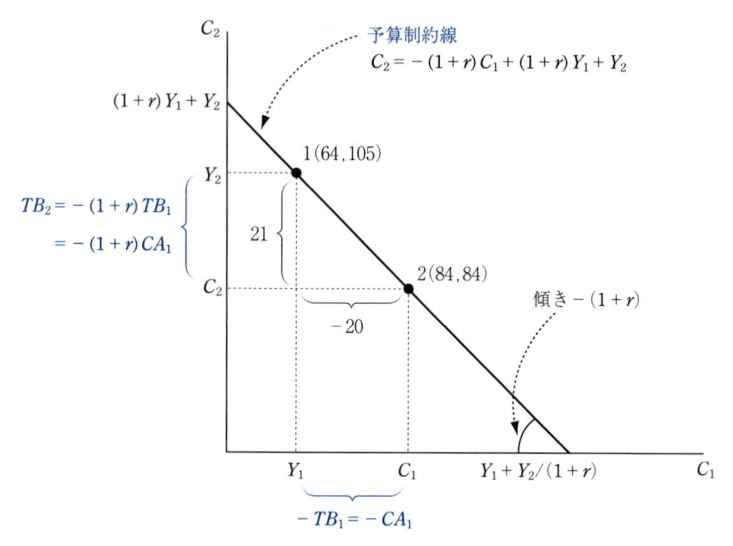

図8-2　予算制約線と経常収支

ムスパンを長くとれば，途上国は，現在は産出量の水準が低いが，将来は産出量が増加するといった事例を考えればよい。このとき，産出量の現在価値は164（64+105/1.05）となる。したがって，消費の現在価値も164となる消費の組み合わせならば，(8-1)の予算制約を満たす。

このような消費の組み合わせは無限に存在するが，国際間で資金の貸借が不可能な閉鎖経済の場合は，消費の組み合わせも点1 $(Y_1, Y_2)=(C_1, C_2)=(64, 105)$ に限定される。しかし，国際間で資金の貸借が可能な開放経済の場合，例えば第1期の消費も第2期の消費も84となる点2 $(C_1, C_2)=(84, 84)$ を選択したとしよう。この場合，消費の現在価値は164（84+84/1.05）だから(8-1)の予算制約を満たす。そして，第1期に生産を上回る消費の超過分-20 $(C_1-Y_1=64-84)$ の貿易収支（経常収支）赤字を計上し（$-CA_1=-TB_1=20$），それを外国からの借入れで賄い，第2期に消費を上回る生産の超過分21 $(Y_1-C_1=105-84)$ の貿易収支黒字を計上し（$TB_2=1.05 \times TB_1=21$），それによって借入れを返済するのである。

問題は，閉鎖経済の場合の消費の組み合わせである点1（68, 105）と，開放経済の場合の消費の組み合わせである点2（84, 84）とを比較すると，どちら

176

の方が望ましい消費の組み合わせであるかということである。一般的には，無数に存在する予算制約線上の消費の組み合わせのうち，どの組み合わせを選択するのが最適であるか（効用が最大化されるか）という問題である。直感的には，生産の短期的な変動（ボラティリティ）に関わりなく，消費の平準化（consumption smoothing）が達成されるような組み合わせが望ましいように思われる。そして，それを達成させるような制度的枠組み，つまり開放経済体制（究極的には資本移動に全く制限のない金融のグローバル化）が望ましいかもしれない。こうした望ましさを厳密に評価するために，マクロ経済学のミクロ的基礎付け（micro-foundation of macroeconomics）が必要となるのである。

8.2 消費の決定──資本移動の利益（消費の平準化）

簡単化のため，一国経済は全く同一（identical）な家計から構成され，消費に関して全く同じ効用を持つ代表的個人（representative agent）を考える。前節と同じく，現在（第1期）と将来（第2期）の2期間モデルを考え，代表的個人は，各期の消費 C_1，C_2 に依存する異時点間の効用関数 U を最大化するものとする。

$$U = u(C_1) + \beta u(C_2) \tag{8-2}$$

ここで，以下の2つの仮定を設けよう。第1に，各期の効用関数は右上がりで，かつ厳密に凹（strictly concave）であると仮定する（限界効用の逓減）。すなわち，

$$u'(\cdot) > 0, \quad u''(\cdot) < 0$$

であるとする。第2に，β を主観的割引率（subjective discount rate），ρ を時間選好率（rate of time preference）とすると，

$$\beta = \frac{1}{\rho + 1}, \quad 0 < \beta < 1$$

である。この2つの仮定は重要なので，立ち入って考察しよう。

恒常所得仮説

まず，効用関数は右上がりで，かつ上に凸の形状（凹関数）である（限界効用の逓減）という仮定は，この国の代表的個人が**リスク回避的**であることを意味している（**補論 5.1** 期待効用関数とリスクプレミアムを参照）。このリスク回避的な個人の消費関数について考えておこう。

静学的な消費関数は，現在の消費は現在の所得に依存するというケインズ型の消費関数（例えば，第 6 章で使った $C=cY+C_0$ という消費関数）で，このような消費関数を前提とする仮説は絶対的所得仮説と呼ばれる。これに対して，動学的な消費関数としては，現在の消費は現在から将来に渡って得られることが見込まれる生涯所得に依存すると仮定するフリードマンの**恒常所得仮説**（permanent income hypothesis），ないしはそれに類するモディアーニの**ライフサイクル仮説**（life-cycle hypothesis）に即したものが使われることが多い。

図 8-3 は，(8-2) の各期の効用を $u=u(C)$ として図示したものである（簡単化のため主観的割引率 β は無視する）。第 1 期と第 2 期の所得が Y_1 と Y_2 であったとしよう。

まず，各期の消費が各期の所得のみに依存する絶対所得仮説を仮定し，所得の全てを消費に充てるとしよう。この場合，各期の消費は $(C_1^A, C_2^A)=(Y_1, Y_2)$ となり，各期の効用は $(U(C_1^A), U(C_2^A))$ と表される。

次に，各期の消費が生涯所得に依存する恒常所得仮説を仮定し，第 1 期には所得を上回る点 3 で消費 C_1^B を行い，不足分 $(C_1^B-Y_1)$ は借入れ（経常収支赤字）で賄うことが可能であり，第 2 期には所得を下回る点 4 で消費 C_2^B を行い，所得超過分 $(Y_2-C_2^B)$ を返済（経常収支黒字）に充てるとしよう。$C_1^B-Y_1=Y_2-C_2^B$ ならば $Y_1+Y_2=C_1^B+C_2^B$ という予算制約を満たす。このとき，各期の効用は $(U(C_1^B), U(C_2^B))$ と表される。

上記の 2 つのケースで，各期の消費から得られる効用 U は，どちらが大きいであろうか。簡単化のため，両期の消費から得られる効用の平均で比較しよう。図 8-3 より明らかに，

$$U^A\left(=\frac{1}{2}[u(C_1^A)+u(C_2^A)]\right)<U^B\left(=\frac{1}{2}[u(C_1^B)+u(C_2^B)]\right)$$

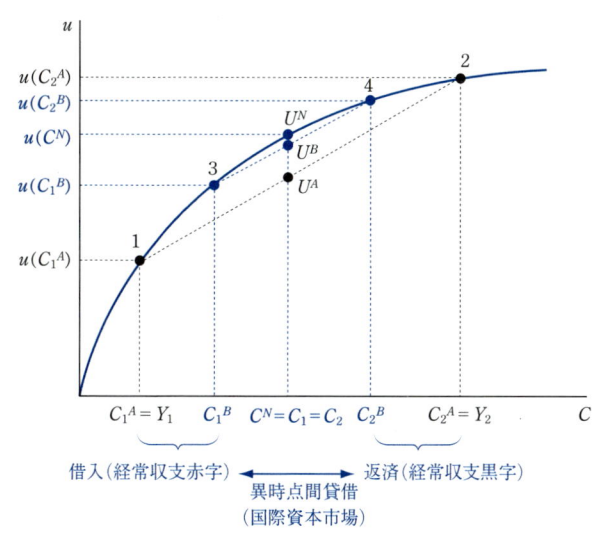

図 8-3 恒常所得仮説と消費の平準化

である。これは，効用関数の形状が，厳密に凹で，限界効用の逓減を仮定しているからである。究極的には，各期で両期の所得の半分ずつを消費する場合，すなわち，

$$C^N = C_1 = C_2 = \frac{Y_1 + Y_2}{2}$$

のときの効用 U^N の場合，すなわち，

$$U^N = \frac{1}{2}[u(C_1) + u(C_2)] = \frac{1}{2}\left[u\left(\frac{Y_1+Y_2}{2}\right) + u\left(\frac{Y_1+Y_2}{2}\right)\right] = u(C^N)$$

のとき効用は最大化される。このように，各期で消費のボラティリティがあるよりも，**消費が平準化**される方が，効用が高まるのである。それは，先に述べたように，効用関数が厳密に凹で，限界効用の逓減（リスク回避的な個人）を仮定しているからである。

時間選好率

(8-2)を再掲しよう。

$$U=u(C_1)+\beta u(C_2) \quad \text{ただし，} \beta=\frac{1}{\rho+1}, \quad 0<\beta<1$$

ここで，将来の消費から得られる効用を主観的割引率 β で割り引いているということは，現在より将来の効用を低く評価しているということである。

図8-4は，現在の効用関数，および β で割り引かれた将来の効用関数，さらにこの2つの効用関数から導出される異時点間の無差別曲線が描かれている。効用関数の接線の傾きは**限界効用**（marginal utility: MU），

$$MU=\lim_{\Delta C\to 0}\frac{\Delta u}{\Delta C}=\frac{du}{dC}=u'(C)$$

を表す。現在と将来で同じ消費 $C_1=C_2=\bar{C}$ を行ったとき，効用水準も限界効用も将来の方が β だけ割り引かれることを示している（$u(C_1)>\beta u(C_2)$，$(u'(C_1)>\beta u'(C_2)$）。また，無差別曲線の接線の傾きは現在消費と将来消費の**限界代替率**（marginal rate of substitution: MRS），

$$MRS=-\lim_{\Delta C_1\to 0}\frac{\Delta C_2}{\Delta C_1}=-\frac{dC_2}{dC_1}=\frac{MU_1}{MU_2}=\frac{u'(C_1)}{\beta u'(C_2)}$$

を表す。例えば，現在と将来で同じ消費 $C_1=C_2=\bar{C}$ を行ったとき，$u'(C_1)=u'(C_2)=u'(\bar{C})$ だから，

$$MRS=\frac{1}{\beta}=\rho+1 \tag{8-3}$$

となる。

さて，問題はなぜ将来の効用が現在の効用に比べて β だけ割り引かれるかということである。一般に，将来消費することよりも，現在消費することを選好する消費者の傾向を**時間選好**といい，将来の消費から得られる効用に対して，現在の消費から得られる効用を選択する度合いを**時間選好率**という。次のような例を考えてみよう。

「現在の100万円が1年後に101万円になるならば，どちらも同じ効用を持つ個人A」にとって，時間選好率は $\rho=0.01$（割引率は $\beta=0.99$）である。これに対して，「現在の100万円が1年後に110万円にならないと，同じ効用を持たない個人B」にとって，時間選好率は $\rho=0.1$（割引率は $\beta=0.91$）である。

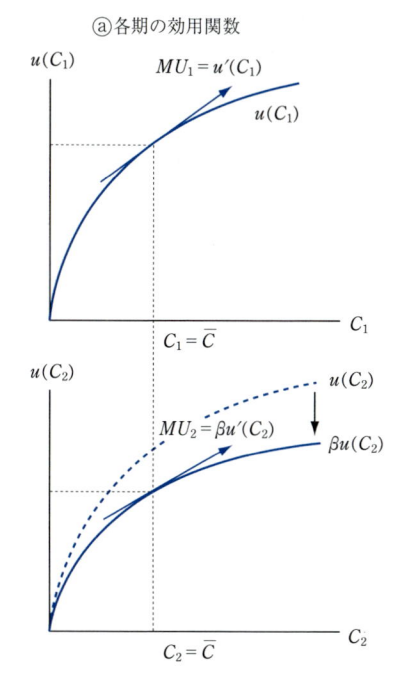

ⓐ 各期の効用関数　　　　　　　ⓑ 異時点間の無差別曲線

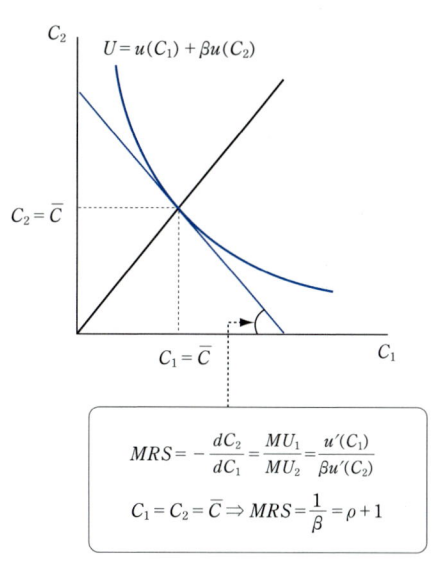

図8-4　限界効用と無差別曲線

　個人Aは，現在消費することを選好する度合いが低く（時間選好率 ρ の値が低く），将来消費することから得られる効用を大きく割り引くことはしない（将来消費に対するウェイト β が大きい）**忍耐強い**（patient）人である。言い換えれば，現在は満腹だから将来消費に大きな効用を見出す人である。これに対して，個人Bは，現在消費することを選好する度合いが高く（時間選好率 ρ の値が高く），将来消費することから得られる効用を大きく割り引く（将来消費に対するウェイト β が小さい）**せっかち**（impatient）な人である。言い換えれば，現在の空腹を満たすため将来消費にはあまり大きな効用が見出せない人である。

　ここでは，一国経済は全く同一な代表的個人で構成されていると考えているので，直感的には，個人Aは「豊かな国」の代表的個人であり，個人Bは「貧しい国」の代表的個人であると解釈することができる。

■第Ⅲ部　国際収支モデル

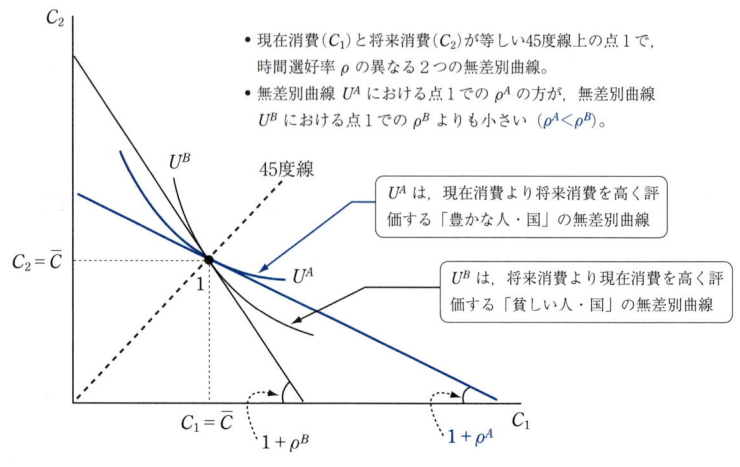

図 8-5　時間選好率と無差別曲線の形状

- 現在消費（C_1）と将来消費（C_2）が等しい45度線上の点1で，時間選好率 ρ の異なる2つの無差別曲線。
- 無差別曲線 U^A における点1での ρ^A の方が，無差別曲線 U^B における点1での ρ^B よりも小さい（$\rho^A < \rho^B$）。

U^A は，現在消費より将来消費を高く評価する「豊かな人・国」の無差別曲線

U^B は，将来消費より現在消費を高く評価する「貧しい人・国」の無差別曲線

図8-5は，時間選好率の違いが，無差別曲線の形状にどう反映するかを示したものである。現在と将来で同じ消費 $C_1=C_2=\bar{C}$ を行ったとき，(8-3)が成り立つので，点1における接線の傾き MRS は $\rho+1$ となる。点1における「豊かな国」の代表的個人Aと「貧しい国」の代表的個人Bの時間選好率を，それぞれ ρ^A と ρ^B とすると，両者の接線の傾き MRS の間には，$\rho^A+1<\rho^B+1$ という関係がある。つまり，1単位の現在消費を犠牲にすること（$-\Delta C_1$）で得たいと考える将来消費（$+\Delta C_2$）は，「豊かな国」よりも「貧しい国」の方が大きい。したがって，「豊かな国」の無差別曲線 U^A は，将来消費（C_2）に偏った形状となり，「貧しい国」の無差別曲線 U^B は，現在消費（C_1）に偏った形状となるのである。

オイラー方程式

ここまで(8-2)で仮定されていることの意味を長々と考察してきた。いま一度それをまとめると，第1に，**恒常所得仮説**によれば，効用関数が厳密に凹関数である**リスク回避的**な個人は，異時点間で消費が変動するよりも，できるだけ**消費の平準化**が達成される方が，効用が高まる。第2に，**時間選好率**の概念を導入すれば，現在の消費をより選好する時間選好率が高い（ρ の値が大きい）

場合は，将来の消費から得られる効用を大きく割り引き（β の値が小さい），現在の消費をより選好する時間選好率が低い場合（ρ の値が小さい）は，将来の消費から得られる効用を大きく割り引くことはしない（β の値が大きい）。このように各国の消費者（代表的個人）の好みを記述することで，財の配分の望ましさを測るのが，最初に述べた**マクロ経済学のミクロ的基礎付け**の意味である。

さて，ここで求めたいのは，予算制約線上にある無数の消費の組み合わせのうち，どれを選択するかという問題である。これは，形式的には，次のような問題を解くことである。

$$\max \quad U = u(C_1) + \beta u(C_2) \tag{8-2}$$

$$\text{s.t.} \quad C_1 + \frac{C_2}{1+r} = Y_1 + \frac{Y_2}{1+r} \tag{8-1}$$

すなわち，「異時点間の予算制約(8-1)を条件として（subject to），現在と将来の効用の合計(8-2)を最大化せよ（maximize）」という**制約条件付き最適化問題**の解を求めることである。ここでは，主観的な割引率 β，市場利子率 r，現在および将来の所得 Y_1 と Y_2 は全て所与で，2 期間だけのモデルを考えているので，変数は現在および将来の消費 C_1 と C_2 だけである。したがって，(8-1)から C_2 を解いて，(8-2)に代入すると，C_2 は消去されて C_1 だけの式になる。そうすると，(8-2)は，次のように変形される。

$$U = u(C_1) + \beta u[(1+r)(Y_1 - C_1) + Y_2]$$

これを最大にするための一階の条件（first order condition：f.o.c.）は，U を C_1 で微分してゼロと置けばよい。すなわち，

$$\frac{d}{dC_1}\{u(C_1) + \beta u[(1+r)(Y_1 - C_1) + Y_2]\} = u'(C_1) - \beta(1+r)u'(C_2) = 0$$

ここから，次の条件式が求められる。

$$u'(C_1) = (1+r)\beta u'(C_2) \tag{8-4}$$

(8-4)のような**動学的最適化**の条件式を，一般に**オイラー方程式**（Euler

equation）という[4]。さらに，(8-4)を変形すると，

$$\frac{u'(C_1)}{\beta u'(C_2)} = 1+r \tag{8-5}$$

が求められる。(8-5)の左辺は，現在消費に対する将来消費の**限界代替率**（*MRS*）を表し，右辺は現在消費に対する将来消費の**相対価格**を表す。このように，(8-1)と(8-2)の制約条件付き最適化問題を解くと，オイラー方程式の条件（限界代替率が相対価格に等しい）を満たすように，現在消費 C_1 と将来消費 C_2 の組み合わせが決定されなければならないという命題が導出されたのである[5]。

図8-6は，時間選好率の違いによる無差別曲線の形状の違いに応じて，(8-5)の条件（オイラー方程式の条件）を図示したものである。左側の図は，代表的個人の時間選好率が低い（現在消費に対する選好が低い）A国（豊かな国）無差別曲線 U^A，右側の図は，代表的個人の時間選好率が高い（現在消費に対する選好が高い）B国（貧しい国）の無差別曲線 U^B としよう。そして，オイラー方程式で示された「限界代替率が相対価格に等しい」という条件は，「無差別曲線が予算制約線に接する」点2（および点4）で，現在消費と将来消費の組み合わせが決定されるということによって示される。繰り返しになるが，予算制約線は双方とも共通（世界利子率 r で国際貸借が可能）であり，現在

---

[4] 本文の2期間モデルでは，変数が2つだけなので，予算制約式から変数を1つ消去するだけで解くことができたが，一般に条件付き最適化問題を解く際には，ラグランジュ乗数法（Lagrange multiplier）を用いる。λ をラグランジュ乗数として，次のラグランジュ関数 L を作る。

$$L = u(C_1) + \beta u(C_2) + \lambda \left(C_1 + \frac{C_2}{1+r} - Y_1 - \frac{Y_2}{1+r} \right)$$

これを各変数について偏微分し，λ を消去すると，オイラー方程式が求められる。

$$L_1 = \frac{\partial L}{\partial C_1} = u'(C_1) + \lambda = 0 \qquad \therefore \lambda = -u'(C_1)$$

$$L_2 = \frac{\partial L}{\partial C_2} = \beta u'(C_2) + \frac{\lambda}{1+r} = 0 \quad \therefore \lambda = -(1+r)\beta u'(C_2)$$

$$\therefore u'(C_1) = (1+r)\beta u'(C_2)$$

[5] これは，初級のミクロ経済学で学ぶように，個人の効用を最大化する消費の組み合わせは，「限界代替率＝価格比」で決定されるという命題とパラレルである。

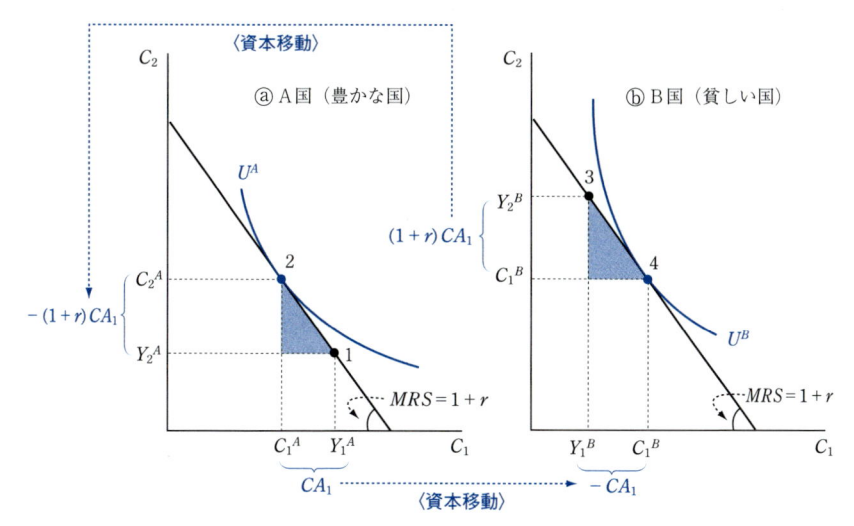

図 8-6 消費の最適化と資本移動

と将来の産出量は点1（および点3）で与えられているものとしている。

現在（第1期）において，A国は産出量 Y_1^A 以下しか消費 C_1^A を行おうとせず，その差額は経常収支黒字（$CA_1 = Y_1^A - C_1^A$）となり，B国は産出量 Y_1^B 以上の消費 C_1^B を望んでおり，その差額は経常収支赤字（$-CA_1 = C_1^B - Y_1^B$）となって現れる。国際貸借が可能（資本移動に制限がない）ならば，A国からB国へ貸出し（資本移動）が行われることによって，両国において望ましい消費が実現される。

将来（第2期）において，A国は産出量 Y_2^A 以上の消費 C_2^A を望んでおり，その差額は経常収支赤字（$-CA_2 = C_2^A - Y_2^A$）となり，B国は産出量 Y_2^B 以下しか消費 C_2^B を行わず，その差額は経常収支黒字（$CA_2 = Y_2^B - C_2^B$）となって現れる。国際貸借が可能（資本移動に制限がない）ならば，両国の経常収支不均衡は，第1期におけるA国からB国への貸出しに対する返済（B国からA国への資本移動）$CA_2 = (1+r)CA_1$ によって均衡が達成され，やはり両国において望ましい消費が実現される。

なお，(8-4)において，$(1+r)\beta = 1$ のとき，すなわち

$$\beta\left[=\frac{1}{1+\rho}\right]=\frac{1}{1+r} \quad \therefore 1+\rho=1+r \quad \therefore \rho=r$$

であるとき，つまり，限界代替率（MRS）が $1+\rho$ に等しく，個人の主観的な時間選好率と，市場の客観的な利子率が等しいとき，オイラー方程式は，

$$u'(C_1)=u'(C_2) \quad \therefore C_1=C_2=[=\bar{C}]$$

となり，点2と点4において，現在と将来で消費が平準化される。このときの消費水準は(8-1)より，

$$C_1=C_2=\bar{C}=\frac{[(1+r)Y_1+Y_2]}{2+r}$$

と表される。

8.3 生産の決定──資本移動の利益（投資の効率化）

ここまで，家計による消費の決定を考察してきたが，消費財の生産は与件として扱ってきた。そこで，企業による生産の決定を考えよう。生産 Y は資本ストック K によって行われると考え，以下のような**資本の限界生産力** (marginal product of capital: MPK) が逓減する生産関数を仮定する。

$$Y=f(K) \quad f'(K)>0, \quad f''(K)<0 \tag{8-6}$$

ここで，投資 I は資本ストックの増加分と定義される（$I=\Delta K$）。一般に，投資は貯蓄 S よりも変動が大きい。重要なことは，開放経済（資本移動）を考慮に入れると，一国経済は国内貯蓄によって賄うことができない国内投資も，対外借入れによって賄うことができるということ，つまり「経常収支は貯蓄と投資の差額に等しい」ということである。

さて，これまでと同様に，現在（第1期）と将来（第2期）の2期間モデルを考え，**8.1** の仮定を以下のように修正しよう。

①′ 内需として，消費 C と投資 I を考え，簡単化のため政府支出はゼロとする。

⑤ 投資を行わなければ，毎期 $Q=Q_1=Q_2$ だけの生産が行われる（初期賦存量）。

⑥ 第1期の期首には過去から引き継いだ資本ストックはなく（$K_1=0$），第1期に I_1 だけの投資を行えば，資本ストックは K_2 になる（$I_1=K_2$）。第2期には投資は行われず，第2期の期末に全ての資本ストックを使い尽くす（$K_3=0$）[6]。

このように2期間モデルでは，投資は現在のみ行われ，資本ストックは将来の生産の増加にのみ使われるので，上記の生産関数は，

$$Y_2=f(K_2)=f(I_1) \qquad f'(I_1)>0, \qquad f''(I_1)<0 \qquad (8\text{-}6)'$$

と考えることができる。

図8-7のパネルⓐは，(8-6)′ の生産関数を示している。つまり，今期に投資を I_1 だけ行ったら，来期に生産は $f(I_1)$ だけ増加する。この生産関数の接線の傾きは，投資の限界生産力 $f'(I_1)$ を表す。例えば，投資を行わなければ，毎期 $Q=Q_1=Q_2$ だけの生産が行われるが，今期に新しい投資機会（工場建設や研究開発など）を見出して，それに I_1 だけの投資を行えば，来期に $f(I_1)$ だけ産出量の増加が確実に見込まれる，といった事例を考えればよい。

図8-7のパネルⓑは，パネルⓐの生産関数を裏返しにした**生産可能曲線**（production possibilities function）を示している。ここで，生産可能曲線とは，一国に存在する資本ストック（ここでは $K_2=I_1$）を全て使用したとき，最大限生産可能な第1期の消費財（現在財 Y_1）と第2期の消費財（将来財 Y_2）の組み合わせを示している。今期における消費財の生産（$Y_1=Q_1-I_1$）に対して，現在 C_1 だけの消費を行えば，この投資を賄えるだけの貯蓄が不足しているとしよう（ここでは，「マイナスの貯蓄」すなわち「$Q_1-C_1=Y_1+I_1-C_1=S_1<0$」を想定している）。

---

[6] 8.1においては，対外純資産 F についても同様の仮定を設けた（173頁の仮定④）。ここで，資本ストックは国内資産 K，対外純資産は対外資産 F と考えることができ，一国全ての資産は $W=K+F$ と考えることができる。国内資産の増加は投資によって発生し（$\Delta K=I$），対外資産の増加は経常収支によって発生する（$\Delta F=CA$）。

第Ⅲ部 国際収支モデル

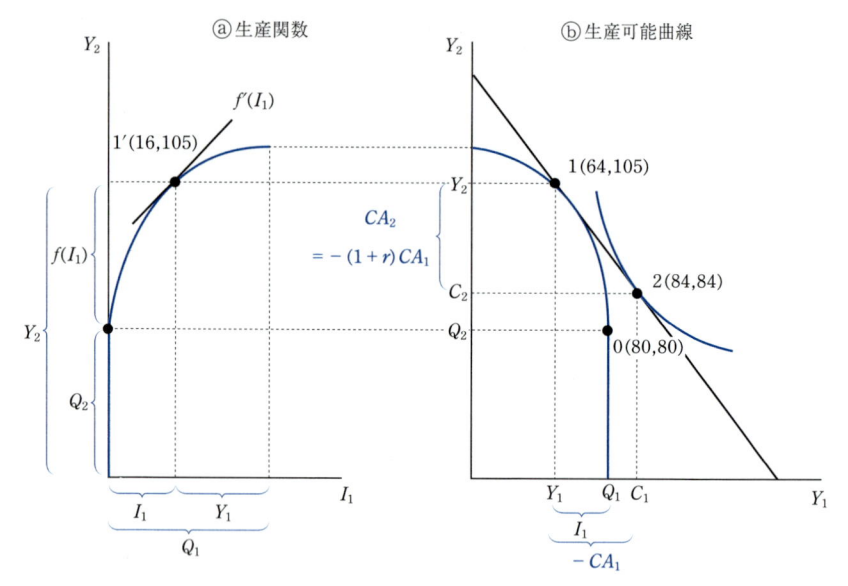

図 8 - 7　投資の決定と経常収支

閉鎖経済の場合，投資は国内貯蓄に制約される（$I_1=S_1$）。しかし，開放経済を考えると（資本移動が存在するならば），投資は国内貯蓄に制約されず，貯蓄の不足分（I_1-S_1）を，外国からの借入れ，すなわち経常収支の赤字（$-CA_1$）によって賄うことができるのである。

数値例

図 8 - 7 と図 8 - 8 を参照しながら，以下のような数値例を考えよう。全く投資を行わなかった場合，毎期 80 だけの生産が行われるとし，それは初期賦存量を示す点 $0(Q_1, Q_2)=(80, 80)$ で表される。ここで，現在 16 の投資を行うと，将来の産出量が 25 増加して 105 になるとしよう。つまり，第 1 期の産出量 $Q_1=80$ のうち，消費財を $Y_1=64$，投資財を $I_1=16$ として使用するのである。このように，投資を決定することによって，各期の消費財の生産は点 1 $(Y_1, Y_2)=(64, 105)$ と決定される。

さらに，現在と将来の消費を点 2 $(C_1, C_2)=(84, 84)$ としよう[7]。世界利子

---
[7]　図 8 - 2 においても，現在と将来の生産を $(Y_1, Y_2)=(64, 105)$，消費を $(C_1, C_2)=$ ↗

率が5％（$r=0.05$）であるとすると，第1期に消費財の生産を上回る消費の超過分－20（$C_1-Y_1=64-84$）の経常収支赤字を計上し（$-CA_1=20$），それを外国からの借入れで賄い，第2期に消費を上回る生産の超過分21（$Y_1-C_1=105-84$）の経常収支黒字を計上し（$CA_2=1.05\times CA_1=21$），それによって借入れを返済するのである[8]。

問題は，無数に存在する生産可能曲線上の生産の組み合わせのうち，どの組み合わせを選択すれば最適であるかということである。言い換えれば，第1期の投資を決定すれば，各期の消費財の生産が決定されるので，最適な投資の決定が問題となる。

予算制約と投資の決定

図8-8を参照しながら，投資を含めたここでのモデルの構造を確認しておこう。重要なことは，家計と企業の意思決定がそれぞれ独立に行われ，その結果としての消費と生産の過不足（貯蓄投資バランス）が経常収支（対外純資産の変化）となって現れることである。

企業の意思決定：第1期に，企業は I_1 だけの投資を行う意思決定をする（この投資はどのように決定されるかは後述）。いいかえれば，第1期の産出量 $Q_1=80$ のうち，$I_1=16$ を投資財として使用し，残りの $Q_1-I_1=Y_1=64$ を消費財として使用する意思決定を行う。

家計の意思決定：第1期に，家計は C_1 だけの消費を行う意思決定をする

↘(84,84) という数値例を設けた。このうち**8.2**では，消費が家計によってどのように決定されるかを考察した。ここでは，生産が企業によってどのように決定されるかを考察するのである。

(8) ここで考察されるモデルは，消費財，投資財，さらに貿易財（経常収支）も，全て同一であり，一種類の財のみが存在する実物モデルである。この一種類の財を例えば小麦としよう。小麦の産出量80のうち，企業が16を投資財（種籾）として次期の生産に使用する意思決定を行ったならば，残りの64が実際に消費財として使用できる今期の生産となる。これに対し，家計が小麦の消費を84と意思決定したならば，生産と消費の差額である20が貿易財として輸入（経常収支赤字）されることになるのである。この一種類の財（小麦）を，近似的に「お金」と考えても差し当たり構わない。

■第Ⅲ部　国際収支モデル

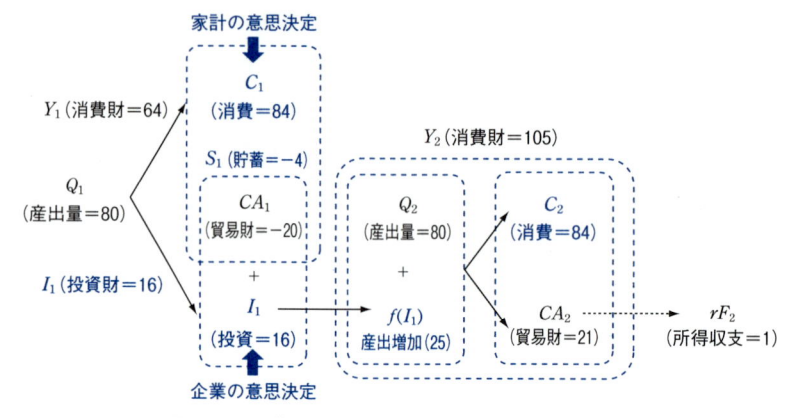

図8-8　2期間モデルの予算制約（投資がある場合）

（この消費の決定は 8.2 に従って行われる）。いいえれば，第1期の産出量 Q_1 ＝80 のうち，$C_1=84$ を消費し，残りの $Q_1-C_1=S_1=-4$ が貯蓄される（$Q_1<C_1$ だからマイナスの貯蓄）。

貯蓄投資バランスと経常収支：企業の消費財の生産 $Y_1=Q_1-I_1$ が，家計の消費 $C_1=Q_1-S_1$ を上回れば（$Y_1-C_1>0$），言い換えれば貯蓄投資バランスがプラスならば（$S_1-I_1>0$），経常収支黒字となり，生産（または貯蓄）の超過分は外国へ貸し出され，第2期の対外純資産となる（$CA_1=F_2$）。逆に，家計の消費 $C_1=Q_1-S_1$ が，企業の消費財の生産 $Y_1=Q_1-I_1$ を上回れば（$Y_1-C_1>0$），言い換えれば貯蓄投資バランスがマイナスならば（$S_1-I_1<0$），経常収支赤字となり，生産（または貯蓄）の超過分は外国から借り入れることによって賄われ，第2期の対外純債務となる（$-CA_1=-F_2$）。

ここでの数値例は，家計は $C_1=84$ の消費を行う意思決定は，企業の消費財の生産 $Y_1=64$ を上回っているので，その生産と消費の差額分の $Y_1-C_1=-20$ が，経常収支赤字 $CA_1=-20$ となって現れている。同じことだが，産出量 $Q_1=80$ のうち，消費 $C_1=84$ を行うので，その差額である貯蓄 $S_1=Q_1-C_1=-4$ となって，企業による投資の意思決定 $I_1=16$ を賄うことができない。この貯蓄投資バランス $S_1-I_1=-20$ が経常収支赤字 $CA_1=-20$ となって現れているのである。

生産の増加：第 1 期の投資 $I_1=16$ によって，第 2 期の生産は $f(K_2)=f(I_1)=25$ だけ増加する。第 2 期における消費財の生産は $Y_2=Q_2+f(I_1)=105$ となり，そのうち $C_2=84$ だけ消費される。第 2 期には国内投資が行われないので，生産 Y_2 が消費 C_2 を上回れば（$Y_2-C_2>0$），経常収支黒字となる。ここでの数値例では，生産が消費を $Y_2-C_2=21$ だけ上回り，それが経常収支黒字 $CA_2=21$ として現れている。第 2 期には対外投資も行われないので，この第 2 期の経常収支黒字 $CA_2=(1+r)CA_1=21$ を第 1 期の対外借入れの元利返済として充てる。

ここで，第 1 と第 2 期の経常収支の間には，次の関係がある。これまでと同様に，$F_1=0$（第 1 期首に対外純資産は存在しない），および $F_3=0$（第 2 期末に対外純資産は存在しない）とすると，2 期間モデルでは，第 1 期末のみに対外純資産 F_2 が存在する。

$CA_1=Y_1+rF_1-C_1=Q_1-C_1-I_1=F_2-F_1=F_2$ （$\because F_1=0$）
$CA_2=Y_2+rF_2-C_2=Q_2+f(I_1)+r(Q_1-C_1-I_1)-C_2=F_3-F_2=-F_2$ （$\because F_3=0$）

この第 1 期と第 2 期の経常収支の関係（$CA_1=-CA_2$）に，図 8-8 の青で示されている各期の経常収支を表す式を代入すると，次のような予算制約式が求められる。

$$Q_1-C_1-I_1=-[Q_2+f(I_1)+r(Q_1-C_1-I_1)-C_2]$$
$$\therefore (1+r)(Q_1-C_1-I_1)=C_2-Q_2-f(I_1)$$
$$\therefore C_1+\frac{C_2}{1+r}=Q_1+\frac{Q_2}{1+r}+\left[\frac{f(I_1)}{1+r}-I_1\right] \tag{8-7}$$

あるいは，$Y_1=Q_1-I_1$，および $Y_2=Q_2+f(I_1)$ という関係を代入すると，

$$C_1+\frac{C_2}{1+r}=(Q_1-I_1)+\frac{Q_2+f(I_1)}{1+r}=Y_1+\frac{Y_2}{1+r}$$

となり，(8-7) は (8-1) の予算制約式と同じ形で表すことができる。つまり，図 8-7 の予算制約線は，

$$Y_2 = -(1+r)Y_1 + (1+r)C_1 + C_2$$

と表され，傾きが $-(1+r)$ の右下がりの直線である。

投資の決定

さて，(8-7) の右辺のうち，初期産出量 Q_1, Q_2 および金利 r は所与なので，企業が操作できる変数は投資 I_1 だけである。ここで，右辺第 3 項の $f(I_1)/(1+r)$ は，投資による収益の現在価値を表し，I_1 は投資コストを意味する。したがって，右辺第 3 項は，この投資から得られる利潤を表す。したがって，

$$\Pi = \frac{f(I_1)}{1+r} - I_1 \tag{8-8}$$

を最大化する投資が最適な投資水準となる。あるいは，

$$\pi = f(I_1) - (1+r)I_1 \tag{8-8}'$$

と置くと，$f(I_1)$ は投資によって得られる第 2 期の収益，$1+r$ は第 2 期に支払う投資コストの元利合計であり，π はこの投資から得られる利潤を第 2 期から表したものとなる。

これを求めるには，(8-8)（あるいは(8-8)′）を I_1 で微分してゼロと置けばよい。

$$\frac{d\Pi}{dI_1} = \frac{f'(I_1)}{1+r} - 1 = 0 \quad \text{(あるいは，} \frac{d\pi}{dI_1} = f'(I_1) - (1+r) = 0\text{)}$$

$$\therefore f'(I_1) = 1+r \tag{8-9}$$

すなわち，「資本（投資）の限界生産力＝1＋利子率」を満たす水準で投資が決定されることになる。図 8-7 において，この条件を満たすのは，予算制約線が生産可能曲線と接する（生産可能曲線の接線の傾き $f'(I_1)$ が予算制約線の傾き $1+r$ に等しくなる点 1 で示される。

8.4　2国・2期間モデルにおける消費・生産・経常収支の決定

最後に，8.2における消費の最適化と，8.3における投資の最適化を統合し，2国間の資本移動を検討しよう。

資本移動が存在しない閉鎖経済のケース

図8-9は，図8-7の最適な消費決定に，生産可能曲線を書き加え，最適な投資決定に基づく消費財の生産決定を追加したものである。ここで，A国とB国には次のような違いがある。

A国は現在の生産 Y_1 に比較優位を持つ国であり，かつ現在の消費 C_1 に対する選好が低い国（豊かな国）である。したがって，相対的に国内利子率 r^A は低く，時間選好率 ρ^A も低い。資本移動が存在しないケースでは，A国における生産と消費の均衡点は点1で示され，この点1において，A国の生産可能曲線と無差別曲線が接し，

$$MPK^A = 1 + r^A = 1 + \rho^A = MRS^A \qquad (8\text{-}10)$$

が満たされている。ここで，MPK^A はA国における資本の限界生産力，MRS^A は現在消費と将来消費の限界代替率である。

これに対して，B国は将来の生産 Y_2 に比較優位を持つ国であり，かつ現在の消費 C_1 に対する選好が高い国（貧しい国）である。したがって，相対的に国内利子率 r^B は高く，時間選好率 ρ^B も高い。資本移動が存在しなければ，B国における生産と消費の均衡点は点4で示され，この点4において，B国の生産可能曲線と無差別曲線が接し，

$$MPK^B = 1 + r^B = 1 + \rho^B = MRS^B \qquad (8\text{-}11)$$

が満たされている。ここで，MPK^B はB国における資本の限界生産力，MRS^B は現在消費と将来消費の限界代替率である。

このように，資本移動が存在しない閉鎖経済のケースでは，A国は点1にお

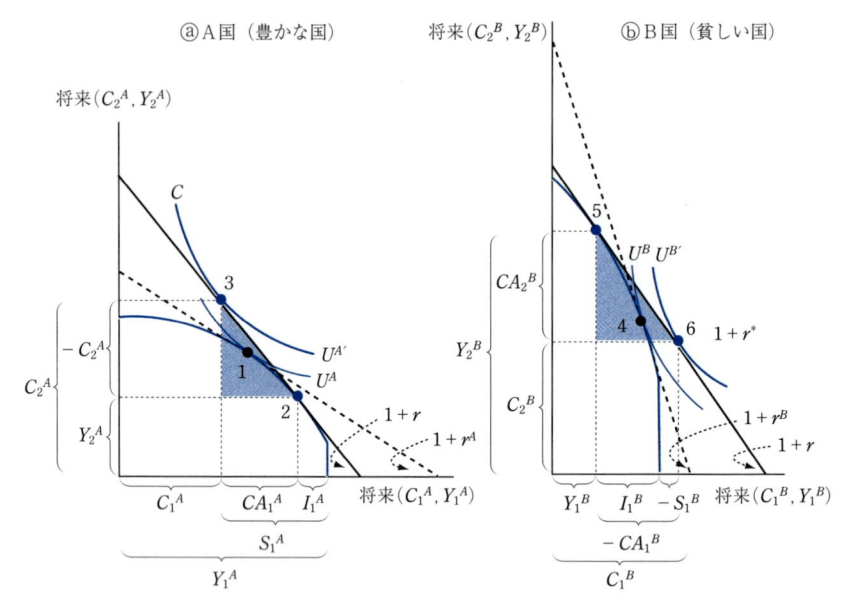

図 8-9　消費および投資の最適化と資本移動

いて，B国は点4において生産と消費の均衡点が決定され，

$$\text{主観的な時間選好率}(\rho) = \text{客観的な市場利子率}(r)$$

という条件が満たされる。

資本移動が存在する開放経済のケース

ここで，世界利子率 r が，$r^A < r < r^B$ の範囲にあり，自国も外国も「小国」で，世界利子率 r で国際貸借が可能なように，資本移動が開始されたとしよう。

まず，両国とも利潤最大化を示す(8-9) ($MPK = 1+r$) の条件を満たすように，投資 I_1 が決定され，それに伴い，現在および将来の消費財の生産 (Y_1, Y_2) が，生産可能曲線と予算制約線が接する点2および点5で決定される。

他方，利潤を最大化する予算制約線を与件として，効用最大化を示す(8-6) ($MRS = 1+r$) の条件を満たすように，現在および将来の消費財の消費 (C_1, C_2) が，予算制約線と無差別曲線が接する点3および点6で決定される。こ

の資本移動が存在する開放経済の均衡点は，資本移動が存在しない閉鎖経済における均衡点よりも，高い効用水準を示す無差別曲線 $U^{A'}(>U^A)$ および $U^{B'}(>U^B)$ 上にあることが分かる。

このとき，現在の生産 Y_1 に比較優位を持ち，現在の消費 C_1 に対する選好が低いA国は，第1期に $Y_1^A-C_1^A=CA_1^A$ だけの経常収支黒字を計上し，第2期に $Y_2^A-C_2^A=-CA_2^A$ だけの経常収支赤字を計上する。逆に，将来の生産 Y_2 に比較優位を持ち，かつ現在の消費 C_1 に対する選好が高いB国では，第1期に $Y_1^B-C_1^B=-CA_1^B$ だけの経常収支赤字を計上し，第2期に $Y_2^B-C_2^B=CA_2^B$ だけの経常収支黒字を計上する。

世界にA国とB国だけが存在する2国モデルでは，両期間において，

$$CA_1^A=-CA_1^B, \quad -CA_2^A=CA_2^B \qquad (8\text{-}12)$$

が成立しなければならない（各期において両国の資本移動の大きさが同じ）。また現在と将来の2期間モデルでは，両国において，

$$(1+r)CA_1^A=-CA_2^A, \quad -(1+r)CA_1^B=CA_2^B \qquad (8\text{-}13)$$

が成立しなければならない（両国において，国際貸借は世界利子率を付けて返済されなければならない）。したがって，両国の異時点間貿易の三角形（図8-9における青部分の三角形）は合同になる。

世界利子率の決定

両国でこうしたことが可能なのは，生産と消費の過不足（貯蓄と投資の過不足）が，世界利子率での資本移動によって融通されるからである。ここで，世界利子率は，以下のように決定される。

(8-12)より，2国モデルでは，2期間の経常収支に関して，

$$CA_1^A+CA_1^B=0, \quad CA_2^A+CA_2^B=0$$

が満たされなければならない。また，投資が存在する第1期においては，両国で，

■第Ⅲ部　国際収支モデル

$$Q=Y+I=C+CA+I=C+S \quad \therefore CA=S-I$$

という貯蓄投資バランスが成立する。したがって，

$$(S_1^A-I_1^A)+(S_1^B-I_1^B)=0 \quad \text{あるいは，} \quad S_1^A+S_1^B=I_1^A+I_1^B \quad (8\text{-}14)$$

が世界全体（2国全体）で成立する。

　図8-10は，この関係を図示したものである。ここで，投資は世界の実質利子率に関する減少関数，貯蓄は実質利子率に関する増加関数であると仮定している[9]。閉鎖経済のケースでは，各国とも貯蓄と投資が均衡するのは点1および点4においてであり，実質金利が $r^A < r^B$ と決定される。開放経済のケースでは，世界全体の貯蓄投資バランス(8-13)が満たされるのは，世界利子率が「$r^A < r < r^B$」で決定されるときである。このとき，A国では点2と点3の距離が $CA_1^A = S_1^A - I_1^A$ となり，B国では点5と点6の距離が $-CA_1^B = -(S_1^B - I_1^B)$ となる。

8.5　資本移動の理論と現実

　本章で考察した「ミクロ的基礎」を持つ資本移動の動学モデルは，現実の資本移動とどの程度マッチするであろうか。

フェルドシュタイン＝ホリオカのパズル

　本章で検討したモデルにおける重要な前提は，一国の投資（資本ストックの蓄積）は，一国全体の貯蓄と海外からの資本流入を原資として行われること，すなわち，自国の貯蓄不足は，海外からの資本流入によって賄うことができる

---

[9]　貯蓄（消費）と金利の関係は，代替効果（金利の上昇が，現在の消費を減少させ，貯蓄を増加させる効果）と所得効果（金利の上昇が，将来の所得を増加させ，現在の消費を増加させ，貯蓄を増加させる効果）の双方に依存するため確定できない。所得効果が代替効果を打ち消すくらい大きいならば，金利の上昇は貯蓄を減少させる。つまり，金利が十分に高くなると，たとえ現在の貯蓄を減らしても，将来の消費 $C_2=(1+r)S_1$ を増やせる見込みがある（恒常所得 $Y_1+Y_2/(1+r)$ が増える）ので，現在消費を増やす。ここでは，代替効果が所得効果よりも大きい（金利は，所得効果が代替効果を打ち消すほどは，高くない）と仮定している。

ⓐ A国（豊かな国）　　　　ⓑ B国（貧しい国）

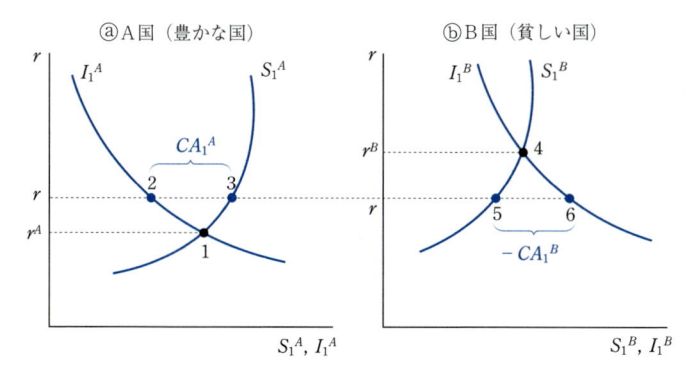

図8-10　世界利子率の決定

ということである。この前提が正しければ、資本移動が完全に自由であれば（各国の金融市場が完全に統合されていれば），貯蓄は世界全体でプールされ，各国の投資は世界全体の貯蓄により賄われるので，国内貯蓄と国内投資の間には何ら相関関係が存在しないはずである。

しかし，フェルドシュタインとホリオカの先駆的な研究は，OECD 諸国の貯蓄率と投資率のデータを用いた分析から，両者に明確な正の相関関係が存在することを明らかにした[10]。海外投資に伴う情報不足や不確実性等により，ある国における貯蓄が，その国内への投資に偏向している傾向は，**ホームバイアス**といわれ，資本移動の自由化後においても観察された，国内貯蓄と国内投資の強い相関関係は，**フェルドシュタイン＝ホリオカのパズル**と呼ばれる。

もっとも，彼らの実証研究は，資本移動の自由化が本格化し始める70年代までを対象時期としているので，その後の時期のデータをサンプルとした実証研究が多く行われた。それらによると，近年では投資率の変動に対する貯蓄率の係数の値は大きく1を下回っており，ホームバイアスが低下してきていることが実証されている。今日では，国内貯蓄と国内投資の相関分析は，資本移動の

---

[10] Feldstein, M. and C. Horioka, "Domestic Saving and International Capital Flows," *Economic Journal*, 90, 1980, pp. 314-329. 彼らは，OECD 諸国をサンプル（推計期間 1960～74年）として，投資率（I/Y）を被説明変数，貯蓄率（S/Y）を説明変数とする回帰式「$(I/Y)_i=\alpha+\beta(S/Y)_i+\varepsilon_i$」を推計した結果，投資率に対する貯蓄率の係数 β は 0.89 とほぼ1に近い値を得た。

自由化の程度をテストする1つの手法として定着している。

ルーカスの逆説

　本章で検討したモデルにおいて，現在の生産に比較優位を持つ国（資本の限界生産性が低く国内金利が低い豊かな国）から，将来の生産に比較優位を持つ国（資本の限界生産性が高く国内金利が高い豊かな国）へ，資本移動が起こるはずである。ルーカスは，1988年のアメリカとインドの資本の限界生産力の格差を計算し，インドはアメリカの58倍もの資本の限界生産性の格差があることを示した。これだけの収益率格差が存在すれば，全ての資本が，アメリカからインドへ移動するはずであるが，実際にはそういうことは起こっていない[11]。このように，「なぜ資本は豊かな国から貧しい国へ移動しないのか」という問題を**ルーカスの逆説**という（第10章も参照）。

　本章で検討したモデルが，国際貿易論における2国2財モデルとパラレルな構造を持っていることは述べたが，ルーカスの逆説は，ヘクシャー＝オリーン・モデルに対するレオンティエフの逆説とパラレルな位置にある。ルーカス自身は，「人的資本」(human capital) を考慮に入れることで，この逆説に答えうると考えた。ここで，L を労働力人口，h を1人当たり人的資本とし，生産関数を，

$$Y = F(K, hL)$$

とすると，

$$y = \frac{Y}{L} = \frac{F(K, hL)}{L} = F\left(\frac{K}{hL}, 1\right)h = f(k)h$$

と表せる。ここで，$k = K/hL$ は能率単位で測った資本・労働比率となる。この場合，1人当たり生産高 y の高い豊かな国の方が，人的資本の蓄積 h が高いため，能率単位で測った資本・労働比率 k が低く，資本の限界生産力 $f'(k)$ が高い場合もありえる。この場合，資本は豊かな国へ流入する。この解釈は，

---

[11] Lucas, R., "Why Doesn't Capital Flow from Rich to Poor Countries?," *American Economic Review*, 80-2, 1990, pp. 92-96.

「レオンティエフの逆説」に対するレオンティエフ自身の解釈とパラレルである[12]。

資本移動のプロシクリカリティ

本章で考察したモデルにおいて，資本移動が一国経済に与える経済厚生は，**8.2**で詳述したように，**消費の平準化**（consumption smoothing）にある。つまり，実体経済が不況に陥っている場合には，資本流入が発生し，好況にある場合には資本流出が発生することによって，資本移動は実物ショックを緩和ないしは相殺するように作用することである。つまり，実体経済に対して**カウンターシクリカリティ**（counter-cyclicality：**景気循環抑制効果**）を持つ場合，自由な資本移動は望ましいであろう。英語の諺でいえば，"Save for a rainy day. Make bay while the sun shines."「まさかの時のために貯えよ。日が照っているうちに干草を作れ（好機を逸するな）」に相当する。

しかし，現実の資本移動は，例えばアジア通貨危機の際に見られたように，実体経済が良いときに資本流入が加速し，悪いときには資本流出するというように，実体経済を平準化するより，景気循環を増幅し，加熱と崩壊（boom and bust）を引き起こしている。この問題は，資本移動の**プロシクリカリティ**（pro-cyclicality：**景気循環増幅効果**）として知られている。英語の諺でいえば，"When it rains, it pours"「雨が降れば土砂降り」に相当する（第10章も参照）。

---

[12] ヘクシャー＝オリーン・モデルでは労働の同質性が仮定されているが，実際には労働は異質である。例えば，アメリカの労働生産性は諸外国に比べてはるかに高い。レオンティエフ自身は，この労働生産性の単位で測定すれば，アメリカは相対的に労働稀少国ではなく労働豊富国であり，アメリカはむしろ熟練労働集約財に比較優位を持っているという解釈をした。今日ルーカスの逆説をめぐって多くの実証的研究が行われている（深尾京司「国際資本移動──資本は豊かな国から貧しい国に流れるか」福田慎一・堀内昭義・岩田一政編『マクロ経済と金融システム』東京大学出版会，2000, 101〜126頁, Reinhart, C. M. and K. S. Rogoff, "Serial Default and the 'Paradox' of Rich to Poor Capital Flows, *American Economic Review*, 94-2, May, 2004 pp. 53-58., Alfaro, L., S. Kalemli-Ozcan, and V. Volosovych, "Why doesn't Capital Flow from Rich to Poor Countries?: An Empirical Investigation," *The Review of Economics and Statistics*, 90-2, 2008, pp. 347-368.）が，その理論的意味を解釈する決定的な貢献はなく，ルーカスの逆説は未解決のままといえよう。

資本移動のプロシクリカリティに関する実証研究[13]によると，1960年から2003年を対象に，先進国および途上国の104カ国をサンプルとして，次のような4つの「定型化された事実」を確認した。

① ほとんどのOECD諸国と途上国において，ネットの資本流入はプロシクリカルである（対外借入れは，好況期に増加し，不況期に減少する）。
② 多くの途上国において，財政政策はプロシクリカルである（好況期に財政を拡大し，不況期に財政を縮小させる）。
③ 新興市場諸国において，金融政策はプロシクリカルである（好況期に政策金利を下げ，不況期に政策金利を上げる）。
④ 途上国（特に新興市場諸国）において，資本流入は拡張的なマクロ経済政策と同時に増加し，資本流出は緊縮的なマクロ経済政策と同時に発生する[14]。

法外な特権

本章で検討したモデルにおける予算制約(8-1)（投資を入れた場合には(8-7)）は，「対外純資産の変化＝経常収支＝貿易収支＋所得収支」という以下

---

[13] Kaminsky, G. L., C. M. Reinhart, and C. A. Vegh, "When it Rains, it Pours: Procyclical Capital Flows and Macroeconomic Policies," *NBER Working Paper*, No. 10780, 2004.

[14] このようなプロシクリカルな資本移動が発生するのは，第1に，投資家によるリスク評価の変化，すなわち好景気の場合はリスク愛好的となり，リスク・テイキングが過剰となるのに対して，不景気になると，リスク回避的となり，「質への逃避」に向かうこと，第2に，格付け機関や規制当局が，リスク評価を前向き（forward-looking）ではなく，後ろ向き（backward-looking）に行っていること，第3に，BIS規制の導入によって，銀行の自己資本が減少する不況時には貸出を縮小させざるをえなくなり，貸出の縮小がさらに不況を悪化させるというプロシクリカルな悪循環が生じたことである。個別金融機関に対するミクロレベルでの金融規制が，マクロレベルではプロシクリカルな効果を持つという意味で，一種の「合成の誤謬」が存在したのである。プロシクリカルな金融規制を補完するアンチシクリカルな金融規制の問題は，今日一般にマクロプルーデンスの問題として重視されている。例えば，好況期に積み増し，不況期に取り崩す反循環的な貸倒積立金や，資本流入が増加している時に準備金を積み増し，資本流出時に取り崩すような反循環的な資本規制の導入などである（第10章も参照）。

の関係式から導出されたものである（**8.1**を参照）。

$$F_t - F_{t-1}(=\Delta F_t) = CA_t = TB_t + rF_{t-1} \qquad (8\text{-}15)$$

　　　　　　　対外純資産の変化　　経常収支　貿易収支　第1次所得収支

しかし，実際にはこの関係式は成り立っていない。

　第1に，この関係式によれば，対外純資産がマイナス（$F_{t-1}<0$）ならば，第1次所得収支は赤字（$rF_{t-1}<0$）になるはずである。しかし実際には，世界最大の債務国であるアメリカの第1次所得収支は，一貫して黒字である。詳細は第10章で述べるが，対外総資産を A，対外総債務を L，対外総資産から受け取る金利を r^A，対外総債務に対して支払う金利を r^L とすると，実際には，第1次所得収支は次のように示されなければならない（式を簡単に表記するため時点を表す添字 t は省略している）。

$$r^A A - r^L L = r^A(L+F) - r^L L = r^A F + (r^A - r^L)L \qquad (8\text{-}16)$$

アメリカの場合，対外純資産はマイナス（$F<0$）なので，最後の式の第1項のマイナスを上回って第1次所得収支がプラスであるのは，第2項が「$r^A > r^L$ かつ L が十分に大きい」からである。この効果を金利効果という。

　第2に，第1章で述べたように，「対外純資産の変化（$F_t - F_{t-1}$）＝経常収支 CA_t」という関係式が実際には成り立たない。実際には，前期までに蓄積された対外純資産には，為替レートの変動や資産価格の変化等による評価効果（キャピタルゲインやキャピタルロス）が発生し，このキャピタルゲインを KG_t と表すと，対外純資産の変化は，次のように示されなければならない。

$$F_t = F_{t-1} + CA_t + KG_t \qquad \therefore F_t - F_{t-1} = CA_t + KG_t \qquad (8\text{-}17)$$

　このように考えると，本章のモデルで前提とされている(8-15)は，(8-16)と(8-17)を考慮に入れると，次のように書き換えられなければならない。

$$F_t - F_{t-1} = TB_t + r^A F_{t-1} + (r^A - r^L)L_{t-1} + KG_t \qquad (8\text{-}18)$$

　　　　　　対外純資産の変化　　貿易収支　第1次所得収支　金利効果　評価効果
　　　　　　　　　　　　　　　　伝統的効果　　　　　追加的効果

グランシャスとレイは，アメリカがネットの対外債務国であるにもかかわらず，グロスの対外資産によって外国から受け取る収益が，グロスの対外債務によって外国へ支払う収益よりも大きいことを法外な特権 (exorbitant privilege)と呼び，その根拠を「米国が世界の銀行家（world banker）の地位から世界のベンチャーキャピタリスト（world venture capitalist）の地位へ変化していることにある」と表現した[15]。かつてアメリカは，外国に対して「短期借り・長期貸し」(borrowing short, lending long) という銀行業の役割を果たしているという意味で「世界の銀行家」であった。これに対して，現在の米国は，一国全体で，「債券の売り越し・株式の買い越し」(short in debt instruments ['safe' and liquid securities], long in equity instruments ['risky' and illiquid securities])という意味[16]で「世界のベンチャーキャピタリスト」になったのである。この法外な特権こそ，アメリカの対外制約と経常収支赤字の持続可能性を緩和してきたものである（第1章および第10章を参照）。

補論8.1　現在価値

現在価値（離散的なケース）

　現在の100万円と1年後の100万円は等価ではない。現在100万円を年率5％で銀行に預金すると，1年後に105万円になる。つまり，現在の100万円と，1年後の105万円は，資産価値として等しい。このとき，1年後の105万円を，現在の100万円の将来価値と呼ぶ。さらに，複利で銀行に預金すると，2年後には，110.25万円になる。このとき，2年後の110.25万円が，現在の100万円の将来価値である。

---

[15] Gourinchas, P-O. and H. Rey, "From World Banker to World Venture Capitalist : U.S. External Adjustment and the Exorbitant Privilege," in Clarida R. (ed.), *G7 Current Account Imbalances : Sustainability and Adjustment*, University of Chicago Press, 2007, pp. 11-66.

[16] アメリカは対外資産を直接投資（foreign direct investment : FDI）や株式投資といった収益率の高い危険資産（ハイリスク・ハイリターン）の形態で保有し，対外債務は財務省証券のような債券といった収益率の低い安全資産（ローリスク・ローリターン）の形態で諸外国に保有されている。

逆に，年率5％で銀行に預金して1年後にもらえる100万円は，現在の約95.24万円に相当する。つまり，1年後の100万円と，現在の95.24万円（$\frac{100}{1+0.05}$）は，資産価値として等しい。このとき，現在の約95.24万円を，1年後の100万円の現在価値と呼ぶ。さらに，複利で2年間銀行に預金して，2年後にもらえる100万円の現在価値は，約90.70万円（$\frac{100}{(1+0.05)^2}$）である。

ある期間（1年とか半年など）の金利をrとし，現在価値をP（present value），将来価値をF（future value）とすると，t年後の関係は，

$$F=(1+r)^t P \Leftrightarrow P=\frac{F}{(1+r)^t}=F(1+r)^{-t}$$

という関係がある。ここで，$(1+r)^{-t}$を割引因子（discount factor）という。

利子率rが市場で決まる客観的な割引率であるのに対して，時間選好率ρは個人による主観的な割引率である。例えば1年後に100万円を消費するのと，現在90.91万円を消費するのが等価であると感じる個人にとっては，1年後の100万円の現在価値は90.91万円となり，時間選好率は10％である。1年後に100万円消費するのと，現在95.24万円消費するのが等価であると感じる個人にとっては，1年後の100万円の現在価値は95.24万円となり，時間選好率は5％である。前者の時間選好率は高く，現在90.91万円を消費できるならば，将来の100万円を選好しない「せっかち」な人であり，後者の時間選好率は低く，現在95.24万円を消費できないならば，将来の100万円を選好する「忍耐強い」人である。

複利計算とe

補論3.1において，自然対数の底eは，

$$e=\lim_{n\to\infty}\left(1+\frac{1}{n}\right)^n=2.7182818\ldots$$

と定義された。これは，年率1（×100％）の預金（1年後に元利合計が2倍になる預金）を，n期に分割して連続複利（continuously compound rate）で計算したとき（1円を1期$1/n$（×100％）で年間n期の連続複利で預金したとき）の元利合計の極限値に等しい。

例えば，1円を年率1（×100％）の単利で預金した場合，1年後の元利合計 R は，

$$R = 1 + 1 = 2$$

半年で1/2＝0.5（×100％）の複利で預金した場合，1年後の元利合計 R は，

$$R = (1+0.5) \times (1+0.5) = 1.5^2 = 2.25$$

4半期で1/4＝0.25（×100％）の複利で預金した場合，1年後の元利合計 R は，

$$R = (1+0.25) \times (1+0.25) \times (1+0.25) \times (1+0.25) = (1+0.25)^4 = 2.44140625$$

1期 1/100＝0.01（×100％）で年回100回の複利で預金した場合，1年後の元利合計 R は[17]，

$$R = (1+0.01)^{100} = 2.70481382942153$$

したがって，1期 $1/n$（×100％）で年間 n 回の複利で預金した場合，1年後の元利合計 R の極限値は，次のようになる。

$$R = \lim_{n \to \infty} \left(1 + \frac{1}{n}\right)^n = 2.7182818\ldots = e$$

また，ここから，次の式が導出される[18]。

$$e^x = \exp x = \lim_{n \to \infty} \left(1 + \frac{x}{n}\right)^n = (2.7182818\ldots)^x$$

これは，1円を年率 x（×100％）で年間 n 回の複利で運用したときの1年後の元利合計の極限値である。例えば，1円を年率0.05（×100％）を4半期複利で預金した場合の1年後の元利合計 R は，

---

[17] エクセル計算では，任意のセルに「＝1.25^4」「＝1.01^100」と入力してエンター（enter）キーを押す。

[18] 次のように導出される。$\lim_{n \to \infty}\left(1+\frac{x}{n}\right)^n = \lim_{n \to \infty}\left(\left[1+\frac{1}{n/x}\right]^{n/x}\right)^x = e^x$

第8章　資本移動の動学モデル

$$R = e^{0.05} = (2.7182818\ldots)^{0.05} \approx 1.051271$$

一般に，x 円を年率 r（×100％）の連続複利で運用した場合の t 年後の将来価値 F は，

$$F = xe^{rt}$$

と表される。

現在価値（連続的なケース）

現在の P 円を年率 r の金利で預金すると，t 年後には $P(1+r)^t$ 円となる。もしも，半年複利で $(r/2)$ の金利で預金すると，6カ月後には $P(1+r/2)$ 円となり，t 年後には $P(1+r/2)^{2t}$ となる。一般に年間 n 回の複利計算による t 年後の受取額は，$P(1+r/n)^{nt}$ となる。この極限値（n が無限回ある）は，

$$F = \lim_{n\to\infty} P\left(1 + \frac{r}{n}\right)^n = \lim_{n\to\infty} P\left(1 + \frac{r}{n}\right)^{\left(\frac{n}{r}\right)rt} = Pe^{rt}$$

と計算される。逆に，時点 t における将来価値 F の現在価値 P は，

$$P = Fe^{-rt}$$

と表すことができる。

キャッシュフローと債券価格

1年後に R_1 円，2年後に R_2 円，…t 年後に R_t 円の現金の流列（キャッシュフロー）が生みだされる債券の現在価値 P は，

$$P = \frac{R_1}{1+r} + \frac{R_2}{(1+r)^2} + \ldots + \frac{R_t}{(1+r)^t}$$

となる。時間 t に関して連続的である収益 $R(t)$ ($t\epsilon[0, T]$) のキャッシュフローを生み，債券の現在価値 P は，

$$P = \int_0^T R(t)e^{-rt}dt$$

と表される。特に，$R_1=R_2=...=R_t=R$ のとき，

$$P=\frac{R}{1+r}+\frac{R}{(1+r)^2}+...+\frac{R}{(1+r)^n}=\sum_{t=1}^{n}\frac{R}{(1+r)^t}$$

と表される。満期のない永久債券（コンソル債券）の現在価値は，

$$\therefore P=\lim_{n\to\infty}\sum_{t=1}^{n}\frac{R}{(1+r)^t}=\frac{R/(1+r)}{1-1/(1+r)}=\frac{R}{r}$$

と表される。

練習問題

8.1 リスク回避的な個人は，消費の平準化を望むのはなぜかを，恒常所得仮説を使って説明しなさい。

8.2 現在と将来の消費を (C_1, C_2)，所得を (Y_1, Y_2)，主観的割引率を β，市場利子率を r，U を現在と将来の消費から得られる効用とし，次のような制約条件付最適化問題を解くとする。このとき以下の問いに答えなさい。

$$U=u(C_1)+\beta u(C_2) \qquad (1)$$

$$C_1+\frac{C_2}{1+r}=Y_1+\frac{Y_2}{1+r} \qquad (2)$$

① 主観的割引率 β の意味を説明しなさい。
② (2)式の意味を述べ，グラフに描きなさい。
③ (2)式を制約条件として(1)式の効用を最大化する条件を求めなさい。
④ ③で求めた条件を一般に何というか。
⑤ β の違いによって最適な消費の組み合わせが異なることを説明しなさい。

8.3 8.2と同様に，現在と将来の2期間モデルを考え，消費 (C_1, C_2) だけでなく，投資 (I_1) も行われる経済を考え，次のような仮定を置く。
- 現在と将来には，産出の初期賦存量 (Q_1, Q_2) が存在している。
- 資本ストックは，現在の投資 (I_1) だけで賄われ，将来には全て使い尽

くす。
- 対外純資産も，現在の経常収支（CA_1）だけで賄われ，将来には全て使い尽くす。
- 生産関数を

$$Y=f(I_1) \qquad f'(I_1)>0, \quad f''(I_1)<0$$

と考える。

このとき，以下の問いに答えなさい。

① この経済の予算制約を求めなさい。

② この経済における最適投資の条件を求めなさい。

8.4 ２国の動学モデルから自国および外国にどのような資本移動の利益がもたらされるかについて説明しなさい。

8.5 フェルドシュタイン＝ホリオカのパズルについて説明しなさい。

第Ⅳ部
国際資本市場と国際通貨システム

第9章　国際通貨システム

　第Ⅳ部では，国際通貨システムと国際資本市場について，歴史的かつ制度的な側面から検討する。第9章では，まず第2次大戦後のブレトンウッズ体制のルールを，3つの原則にまとめて説明した後，この体制が崩壊した論理を検討する。次にポスト・ブレトンウッズ体制期に，上記3つの原則がどのように変化したかを考察すると同時に，金ドル本位制後のドル本位制の機能について検討する。最後に，ヨーロッパで採用されている独自の通貨制度と，単一通貨ユーロ導入までを取り上げる。なお補論では，1980年代の国際通貨システムにおける重要なトピックスである「レーガノミックスと双子の赤字」からプラザ合意に至る経緯と，ラテンアメリカの債務危機について解説する。

9.1　ブレトンウッズ体制

　1944年7月，アメリカのニューハンプシャー州ブレトンウッズに連合国の代表が集まり，連合国通貨金融会議（通称**ブレトンウッズ会議**）が開催された。この会議によって調印された協定が，**国際通貨基金**（International Monetary Fund: **IMF**）と，**国際復興開発銀行**（International Bank for Reconstitution and Development: **IBRD**），通称**世界銀行**（World Bank: **WB**）という2つの国際金融機関の設立協定である。したがって，戦後の国際通貨システムは**ブレトンウッズ体制**（Bretton Woods system）とも呼ばれる[1]。

---

[1] IMF協定が成立する過程では，アメリカ側代表 H. D. ホワイトが作成した「ホワイト案」（「国際安定基金案」）と，イギリス側代表 J. M. ケインズが作成した「ケインズ案」（「国際清算同盟案」）の2つの案をめぐって，複雑な国際通貨外交が行われた。IMF協定は基本的にこのホワイト案に従ったものとなり，ケインズ案は敗北した。岩本武和『ケインズと世界経済』岩波書店，1999年参照。

第9章　国際通貨システム

表9-1　国際通貨システム年表

国際金本位制（1870～1914年）とその崩壊	
1870年代	国際金本位制の確立
1914年7月	第1次世界大戦の勃発，国際金本位制の崩壊
1925年4月	イギリス金本位制復帰，再建金本位制の成立
1929年10月	ブラック・サースデー（暗黒の木曜日），大恐慌へ拡大
1931年9月	イギリス，金本位制離脱，再建金本位制の崩壊
ブレトンウッズ体制とその崩壊（1944～71年）	
1944年7月	ブレトンウッズ会議の開催，IMF協定およびIBRD協定の調印
1946年6月	IBRD業務開始
1947年3月	IMF業務開始
1952年8月	日本，IMFおよびIBRDに加盟
1958年12月	欧州主要通貨，交換性の回復（IMF8条国への移行）
1964年4月	日本，IMF8条国に移行
1969年7月	IMF協定第1次改正（SDRの創出）
1971年8月	アメリカ，金・ドル交換停止（ニクソン・ショック）
12月	スミソニアン協定
変動相場制の時代（1973年～）から政策協調の時代へ（1985年～）	
1973年2月	日本，変動相場制に移行
1978年4月	IMF協定第1次改正（変動相場制の追認）
1979年3月	EMS（欧州通貨制度）の発足
1982年8月	メキシコ，デフォルト（債務不履行）宣言，ラテンアメリカの債務危機が顕在化
1985年9月	G5によるプラザ合意
1987年2月	G7によるルーブル合意
10月	ブラック・マンデー（暗黒の月曜日）
金融のグローバル化と新しい通貨危機（1990年代～）	
1992年9月	欧州通貨危機，英・伊がERMを離脱
1993年8月	欧州通貨危機が再燃，ERM変動幅を原則として15%まで拡大
1994年12月	メキシコ通貨危機
1997年7月	アジア通貨危機（タイ⇒インドネシア⇒韓国へ伝染）
1998年8月	ロシア通貨危機，LTCM（アメリカのヘッジファンド）経営危機
1999年1月	EU，ユーロの導入（後にギリシャが加わり，現在ユーロ圏は17カ国）
1月	ブラジル通貨危機
2000年5月	ASEAN+3（日・中・韓）で，チェンマイ・イニシアティブの合意
2001年12月	アルゼンチン通貨危機
2002年1月	ユーロ圏内で，ユーロ紙幣・硬貨が流通開始
12月	ASEAN+3で，日本が「アジア債券市場イニシアティブ」（ABMI）を提唱
2003年6月	「アジア・ボンド・ファンド」（ABF）創設
世界金融危機（2007年～）	
2007年6月	全米第5位の投資銀行ベアー・スターンズが，傘下のヘッジファンド2社の救済
8月	フランスのBNPパリバが，傘下の3つのファンドを凍結
9月	イギリスのノーザン・ロック銀行の取り付け騒ぎ
2008年3月	全米第5位の投資銀行ベアー・スターンズが，JPモルガン・チェースに買収
9月	リーマン・ショック（全米第4位の投資銀行リーマン・ブラザーズが経営破綻）
11月	第1回G20サミット（金融世界経済に関する首脳会合）
2009年10月	ギリシャ政権交代，財政赤字の粉飾が発覚
2010年5月	EFSF（欧州金融安定ファシリティ）の創設（最大7500億ユーロの融資枠）
2011年3月	EFSFの規模拡大とESM（欧州安定メカニズム）への移行を合意
2012年3月	ギリシャに対する追加支援決定

ブレトンウッズ体制の原則

ブレトンウッズ体制には，以下の3つの原則がある。

為替の安定（固定相場制の維持）　1930年代に各国は，自国通貨を切り下げ，輸出を拡大することによって，1929年に始まった大恐慌から抜け出そうとした。多くの国が，近隣窮乏化政策（beggar-my-neighbor policy）としての為替切下げ競争（competitive devaluation）を行うことによって，為替レートは著しく不安定となり，世界貿易は著しく縮小した。世界的な不況が長引き，第2次世界大戦に突入せざるをえなかった理由の1つは，この為替切下げ競争による世界貿易の縮小にあった（図9-1参照）。

こうした戦前の反省から，世界貿易を拡大するためには為替レートの安定が必要という認識が共有された。そのため，戦後の為替相場制度は固定相場制を基本とし，IMF加盟国は，「金」または「金との交換が保証されるドル」によって自国通貨の交換比率を表示し，この平価を維持することが義務づけられた。具体的には，加盟国は，自国通貨の平価を，金または1944年7月1日現在のドル（金1オンス＝35ドル，1ドル＝金888.671ミリグラム）で表示し，基礎的不均衡が生じた場合以外は，為替レートをこのIMF平価の上下1％以内の変動幅に維持するように義務づけられた。このような固定相場制を調整可能な釘付け（adjustable peg）という。

日本がIMF（および世銀）に加盟したのは，1952年のことである。翌53年に円の金平価として1円＝金2.46853ミリグラムを届け出て，その結果1ドル＝360円（888.671ミリグラム÷2.46853ミリグラム）のIMF平価を維持する義務を負った[2]。

ここで，基礎的不均衡という概念は重要である。図9-2はこの概念を理解するためのもので，横軸には国内均衡（総供給＝総需要），縦軸には国際均衡（国際収支の均衡）をとってある。経済が第Ⅱ象限（国内がデフレで国際収支

---

[2] 1ドル＝360円という為替レートが設定されたのは，1949年4月のことで『ヤング報告』の単一為替レートの設定という勧告によるものである。したがって，1953年のIMF平価の設定は，このヤング報告の勧告に基づいて設定された1949年の単一為替レートの設定に合わせるように，金平価を決めたものである（吉野俊彦『円とドル』日本放送出版協会，1987年）。

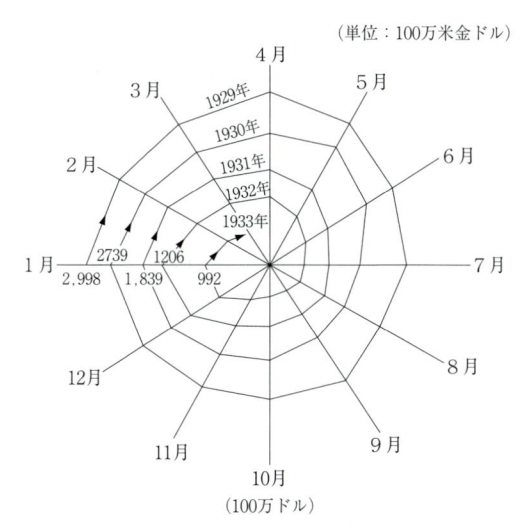

(単位：100万米金ドル)

図9-1 世界貿易の縮小（1929年1月〜1933年3月，75カ国の月額総輸入）

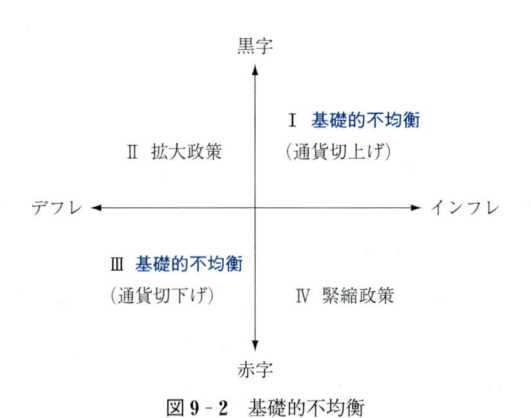

（出所） C.P.キンドルバーガー著，石崎昭彦・木村一朗訳『大不況下の世界』東京大学出版会，1982年。

図9-2 基礎的不均衡

縦軸：黒字／赤字、横軸：デフレ／インフレ
- I 基礎的不均衡（通貨切上げ）
- II 拡大政策
- III 基礎的不均衡（通貨切下げ）
- IV 緊縮政策

が黒字）にあるならば拡大政策，第Ⅳ象限（国内がインフレで国際収支が赤字）にあるならば緊縮政策をとれば，両方の不均衡は是正される。しかし，第Ⅰ象限（インフレと黒字）や第Ⅲ象限（デフレと赤字）の組み合わせの場合，国内政策だけでは矛盾を生じる。このようなケースを基礎的不均衡という。IMF協定では，前者の場合には自国通貨の切上げ，後者の場合には切下げを

認めている。

為替の自由化（「通貨の交換性」の義務） 1930年代に，各国は，**為替管理**（exchange control）を行い，国内産業を保護したり，金や外貨準備を守ろうとしたりした。外国から商品を輸入したり，外国へ旅行したりする場合には，対外支払いに必要な外国通貨を自国通貨と交換する必要がある。為替管理とは，この自国通貨と外国通貨の**交換性**（convertibility）を禁止または制限することであり，輸入制限と全く同じ効果を持つ。為替管理も，為替切り下げ競争と同様の近隣窮乏化政策であり，多くの国が為替管理を実施した結果，世界貿易は著しく縮小した。この為替管理による世界貿易の縮小も，世界不況が長引き，第2次世界大戦に突入せざるをえなかった理由の1つであった。

こうした戦前の反省から，世界貿易を拡大するためには，為替管理を撤廃し，経常取引に関しては，通貨の交換性を維持することが義務づけられた。そのため，加盟国には経常取引に対する為替管理の撤廃が義務づけられ，自国通貨に交換性を付与することが義務づけられた。この加盟国の義務は，IMF協定の第8条で規定されているので，この義務を履行している国を**8条国**という。しかし，戦後すぐの外貨不足の時期には，外国からモノを輸入するために必要な外貨は非常に限られていた。この時期は，生活に必要な物資や，生産に必要な資源等の輸入に限り，外貨が割り当てられていた。戦後の過渡期等にこの義務から免除されている国を**14条国**という。西欧諸国が通貨の交換性を回復するのは1958年のことであり，日本が14条国から8条国に移行したのは1964年のことである。

重要なことは，IMF協定が加盟国に通貨の交換性（**為替の自由化**）を義務づけているのは，「経常取引」に関してのみであり，「資本取引」に関する通貨の交換性（**資本の自由化**）を義務づけているのではないことである。すなわち，IMFは経常取引に関して為替の自由化を行うことで，貿易の自由化を支持し，為替レートの安定と相まって，世界貿易の拡大を通じて経済成長を促進させるような仕組みを持っていた。したがって，決して「資本の自由化」を推進するような仕組みは持っていなかったのである[3]。**トリレンマ命題**でいえば，ブレ

---

[3] 経常取引に関する為替の自由化はIMF主導で行われてきたが，先進国における資本の自由化は，OECD主導で行われてきた。日本はIMF 8条国に移行した1964年 ↗

トンウッズ体制は，**資本規制**（capital control）の下で，固定相場制の維持を図ってきたのである。

IMFによる短期資金の供与と世界銀行による長期資金の供与　加盟国が「為替レートの固定」および「通貨の交換性」という2つの義務を履行するということは，通貨当局が，外国為替市場において，要求があればいつでも，外貨を固定相場で無制限に供給することを意味する。そのためには，加盟国は潤沢な外貨準備を保有していなければならない。国際収支が赤字になり，外貨準備が不足すれば，この2つの義務を履行することが困難になる。国際収支が赤字になり，外貨準備が不足する加盟国に対しては，出資額に応じて，IMFによって短期的に資金が融資される。

IMFからの資金利用は，最大で割当額（25％は金で出資，75％は自国通貨で出資）の200％まで可能である。外国通貨またはSDR（218頁参照）で出資した部分と，自国通貨で出資したうち他国が借り出した部分は，無条件で借入れが可能である。この部分は，リザーブ・トランシュといい，加盟国の外貨準備の一部を構成する。残りの100％は，クレジット・トランシュといい，4段階に分けられていて，次第に借り入れる時の条件が厳しくなる。この条件を**コンディショナリティー**という。すなわち，IMFが加盟国に融資を行う際に，当該国通貨の価値が下落した要因（財政赤字やインフレ等）を除去するために，加盟国に対して高金利政策や財政赤字削減など，厳しい緊縮政策を要求するのである。

IMFが，国際収支の赤字に直面した国に短期資金を融資する機関であるのに対して，世界銀行は，主として西欧諸国に対して戦後の復興・開発のために必要な長期資金を融資する機関であった。

しかし，世界銀行の資金量は十分でなく，西欧諸国の戦後復興は事実上**マーシャル・プラン**によって担われることになった。マーシャル・プランの受入れ組織であったヨーロッパ経済協力機構（OEEC）は，1961年に**経済協力開発機構（OECD）**として改組された。

にOECDに加盟し，その後漸次的に資本の自由化を行ってきた。そして1967年の第1次資本移動の自由化後，漸次撤廃，1980年実施の新外為法にはじまる80年代の改革によって資本移動はほぼ自由化された。

その後，世界銀行は，発展途上国の開発のための長期資金を融資する機関として大きな役割を果たした。日本も，1953年に，世銀から最初の借款を受け，それは東海道新幹線，東名・名神高速道路，黒四ダム，愛知用水など，重要なインフラ整備に貢献した。世銀債務を完済したのは1990年のことである。

9.2 ブレトンウッズ体制の崩壊と変動相場制への移行

基軸通貨システムの非対称性

ブレトンウッズ体制において，ドルは**基軸通貨**（key currency）として国際的な取引に使用されると同時に，金とともに各国の外貨準備として保有された。つまり，民間部門は貿易取引などで稼いだドルを通貨当局に売却して自国通貨と交換する。通貨当局はそのドルを外貨準備として保有し，必要なときにそれをアメリカの通貨当局に売却して金と交換する。すなわち，各国通貨はドルを媒介として，間接的に金とリンクしていたのである。この意味で，ブレトンウッズ体制は**金ドル本位制**であった。

各国がドルを基軸通貨として受け入れた背景には，IMF 発足当時のアメリカの圧倒的な経済力があった。アメリカは世界の大半の金を保有し，各国の通貨当局が保有するドル（**ドル残高**）に対して，IMF 協定が規定した金とドルの交換比率（金1オンス＝35ドル）で金交換に応じてきた。したがって，ドルを保有することは金を保有することと同じであるという認識が，各国に定着したのである。

このことは，アメリカとアメリカ以外の国の間に，非対称的な関係が存在することを意味する。つまり，アメリカは対外支払いを自国通貨であるドルで決済することができるのに対して，アメリカ以外の国は対外支払いを輸出などで稼いだ外国通貨であるドルで決済せざるをえない。基軸通貨国が持つこのような特権は，国際的な意味での**通貨発行益**（seignorage）[4]と考えられ，基軸通貨

---

(4) シニョレッジとは，中世の封建領主を意味するシニョール（seigneur［仏］，seignor［英］）に由来し，通貨の額面価格と発行費用の差額を意味する概念である。中世欧州では封建領主が貨幣を鋳造し，コインの額面価格と含有貴金属原価との↗

国と非基軸通貨国との間の不平等な関係は，基軸通貨システムの**非対称性**(asymmetry) といわれる。

この問題は，*n*−1 問題としても理解される。n 個の国があり，n 番目の国が基軸通貨国（アメリカ）であるならば，独立した為替レートと国際収支の数は，$n-1$ 個しかない。つまり，n カ国が存在する世界では，$n-1$ カ国の経常収支が決まれば，世界全体の経常収支の合計は 0 だから，n 番目の国（アメリカ）の経常収支は自動的に決まり，$n-1$ カ国の対 n 国通貨（ドル）の相場が決まれば，n 番目の国は為替レートを決定する自由度を失う。したがって，n 番目の国は，国際収支と為替レートという2つの対外政策について受動的に無視する（**ビナイン・ネグレクト**）政策をとり，経済政策はもっぱら国内政策に割り当てることができる。これに対して，残りの $n-1$ カ国は，為替レートや国際収支という対外的な制約を受けた上で，国内政策を運営しなければならない。

流動性のジレンマとブレトンウッズ体制の崩壊

こうした非対称性を緩和する役割を果たしたのが，アメリカによる金とドルの交換であった。しかし，この金ドル本位制としてのブレトンウッズ体制には1つの矛盾があった。

世界の貿易取引が拡大するためには，その決済に用いられる金やドルといった国際流動性が供給されなければならない。金供給は自然条件に左右されやす

差額（**鋳造利益**）を収入とした。財政赤字に陥ると，コインの含有貴金属の分量を下げる改鋳（偽金作り）が行われ，「悪貨が良貨を駆逐する」という**グレシャムの法則**が働いた。

現代の不換紙幣の場合も，基本的には同じメカニズムが働く。日本の場合1万円札を1枚刷るのに，紙代や印刷代を含め原価は20円程度しかかからない。その差額である9980円がシニョレッジとなる（厳密には，中央銀行のバランスシートでは，1万円の負債に対応して，国債などが資産として記載されるので，その資産によって生み出される運用益と，紙幣発行コストとの差額がシニョレッジとなる）。自国の通貨が国際通貨として使用できるようになれば，基軸通貨国は同様のシニョレッジを享受できる。この場合の基軸通貨国特権は，短期借り・長期貸しの長短金利差（海外からの短期預金などを長期で運用することで得られる長短金利差）を意味する。

■第Ⅳ部　国際資本市場と国際通貨システム

く，その供給には限界がある。また，アメリカが国際収支の黒字を続けると，国際流動性が不足する（ドル不足）。したがって，国際流動性であるドルが供給されるためには，アメリカは国際収支の赤字を計上しなければならない。しかし，アメリカが国際収支の赤字によって国際流動性を供給し続ければ，各国の保有するドル残高が増加し，各国がドル残高の金交換を要求すれば，アメリカの金準備は減少する。アメリカの金準備が減少すれば，ドル残高の金交換が保証されなくなってくるので，ドルに対する信認が低下する（ドル不安）。こうした矛盾を**流動性のジレンマ**（最初の提唱者の名前をとって**トリフィン・ジレンマ**）という[5]。

　図 9-3 に見られるように，アメリカの経済力が強大であった1950年代までは，世界は「ドル不足」の時代であった。しかし，1950年代末からアメリカの国際収支の悪化により，「ドル不安」が顕在化した。ドル保有国はアメリカに対して金交換を要求したので，アメリカの金準備は激減し，1960年代には，ゴールド・ラッシュなどの国際通貨危機が頻発した。1967年には，IMF協定の第一次改正によって，金やドルの負担を軽減する目的で **SDR**（Special Drawing Rights: **IMFの特別引出権**）が創設され，各国の外貨準備に組み入れられたが，各国の利害が対立してうまく機能しなかった。

　1971年 8 月15日，アメリカは**金ドル交換停止**を宣言し（**ニクション・ショック**），ブレトンウッズ体制は事実上崩壊した。同年12月には，ドルの切下げと円の切上げ（1 ドル＝308円）を含む多国間の平価調整，さらに変動幅の上下 1 ％から2.25％への拡大が行われた（**スミソニアン合意**）。しかし，その後もドル不安は続き，1973年のドルの再切下げを契機に，各国は変動相場制へ移行した。ドルが下落するとドル買い介入を行わなければならないが，金交換の保証がなく，その価値が下落し続けるドルを買い支えることに，意味がなくなったからである。そして，1978年に IMF協定の第 2 次改正が行われ，固定相場制から変動相場制への移行が追認された。

---

[5] Triffin, R., *Gold and the Dollar Crisis: The future of convertibility*, Yale University Press, 1960（村野孝・小島清監訳『金とドルの危機——新国際通貨制度の提案』勁草書房，1961年）．

218

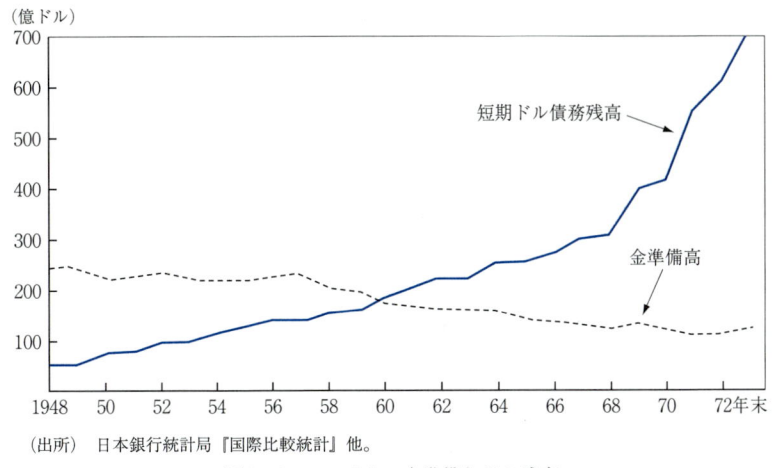

図 9-3 アメリカの金準備とドル残高

(出所) 日本銀行統計局『国際比較統計』他。

9.3 変動相場制とドル本位制の構造

変動相場制から政策協調の時代へ

　変動相場制への移行当初は，経常収支の不均衡は為替レートの変動によって自動的に調整され，各国は国際収支に制約されることのない自律的な経済政策をとることができると期待された。しかし現実には，為替レートは短期的に大きく乱高下する（volatility）とともに，長期的にも経済の基礎的諸条件（fundamentals）を反映した水準からは乖離したものであった（misalignment）。こうした変動相場制の欠点を是正するため，協調して経済政策を行うことの重要性が各国に認識され始めた。

　特に，1985年の G5 による**プラザ合意**以降，経常収支の不均衡の是正や，為替レートの安定を目指す政策協調が定着してきた。プラザ合意の最大の目的は，1980年代前半の**レーガノミックス**によって拡大したアメリカの**双子の赤字**のうち，貿易赤字を縮小するために，各国が為替市場に**協調介入**して，ドル高を是正することであった。レーガノミックスがもたらした「高金利・ドル高」は，多額の対外債務を負っている発展途上国にも深刻な影響を及ぼした。特に，ラ

219

テンアメリカ諸国に広がった**累積債務問題（債務危機）**は，1980年代の国際通貨システムを揺るがした最大の問題であった（補論 9.1 および 9.2 を参照）。

　プラザ合意以降の円高は，日本経済にもさまざまな影響を及ぼした。第 1 は，日本の産業構造に変化を与えたことである。円高によって輸出が不利になった産業は，海外での現地生産を拡大し，日本の製品輸入が増えた。第 2 は，輸出主導型の経済を内需主導型の経済に転換しようとしたことである。しかし，その際にとられた金融緩和政策は，超低金利時代をもたらし，株や土地などの資産価格が高騰する，という**バブル経済**を出現させた。

3 つの原則の変化

　戦後の国際通貨システムを支えた①為替の安定，②為替の自由化，③短期資金の供与という 3 つの原則は，ブレトンウッズ体制崩壊後，次のように変化した。

　①については，金ドル交換停止と変動相場制への移行によって崩壊した。

　②については，IMF 協定第 8 条において，為替管理を撤廃し，経常取引のみ通貨の交換性を義務づけていた（為替の自由化＝貿易の自由化）。しかし，金融のグローバル化が進展するにつれ，資本取引についても通貨の交換性を付与し，資本規制を撤廃し，先進国のみならず，新興国においても資本の自由化が進められた。このような資本の自由化を推進した人的コネクションは，**ウォール街＝財務省複合体**（Wall Street-Treasury complex）とも揶揄された[6]。

　③については，IMF も世銀と同じような開発金融機関としての道を歩み始めた。IMF 資金の利用国は，1947年から74年までは，先進国54％，途上国46％であったのに対して，1974年から84年には，先進国14％，非産油途上国85％となった。

　また，1980年代にラテンアメリカの債務危機（補論 9.2 を参照）が顕在化してから，民間銀行が債務返済繰り延べ（リスケジューリング）や新規融資を行

---

[6]　Bhagwati, J., "The Capital Myth: The Difference between Trade in Widgets and Dollars," *Foreign Affairs*, May/June, 1998（「資本の神話」『週刊ダイヤモンド』1998年 5 月23日）．

表9-2　国際通貨の機能

	民間レベル（国際通貨）	公的レベル（基軸通貨）
計算単位	契約通貨	基準通貨
支払手段	媒介通貨	介入通貨
価値保蔵手段	投資通貨	準備通貨

う前提として，IMFが融資を行い，コンディショナリティーを通じて管理するという政策パッケージが確立した。すでに世銀は1980年に構造調整融資（Structural Adjustment Loan：SAL）を創設していたが，IMFも1986年に構造調整ファシリティ（SAF），87年に拡大構造調整ファシリティ（ESAF）という新しい融資制度を設けた。このような「IMFの世銀化と世銀のIMF化」によって確立した構造調整やコンディショナリティーという政策パッケージは，ワシントン・コンセンサスと呼ばれた[7]。

ドル本位制と媒介通貨

ところで，「金ドル交換停止」や「プラザ合意」によって，ドルの価値が下がってもドルは国際通貨の地位を保ち続けているのは，なぜだろうか。

表9-2は，国際通貨の機能をまとめたものである。国内で使用される貨幣の機能と同様に，国際通貨にも，計算単位，支払手段（決済手段），価値貯蔵手段という3つの機能がある。このうち，民間レベルで支払手段の機能をはたすのが媒介通貨（vehicle currency）である。具体的には，銀行がワーキングバランス（運転資金）および為替ポジションとして保有する通貨であり，ある通貨を別の通貨と交換される際にその取引を媒介する通貨である。このうち，今日に至るまでドルが国際通貨であり続けているのは，ドルが民間レベルで決済機能，つまり媒介通貨の役割を果たし続けているからである。ドル本位制とは，ドルが媒介通貨の地位を独占した国際通貨システムのことである。民間部門の決済がドルを媒介通貨としていることから，公的部門においてもドルが介

---

[7] Williamson, J., "What Washington Means by Policy Reform," in Williamson, J. (ed.), *Latin American Readjustment: How Much has Happened*, Institute for International Economics, 1990.

■第Ⅳ部　国際資本市場と国際通貨システム

外国為替市場（為替レート）の数は，

$$\frac{n(n-1)}{2}=\frac{6\times 5}{2}=15$$

外国為替市場（為替レート）の数は，

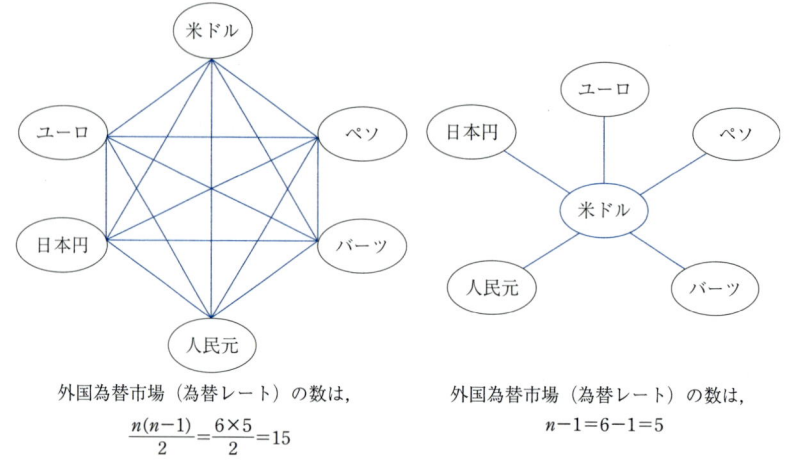

$$n-1=6-1=5$$

図9-4　媒介通貨とドル本位制の構造

入通貨として機能することになり，そのことによってドルが準備通貨として保有されることになっているのである[8]。

　例えば，図9-4に示されているように，世界に米ドル，日本円，ユーロ，人民元，タイ・バーツ，メキシコ・ペソの6つの通貨が存在する場合，外国為替市場（ないしは為替レート）は最大で15（=[6×5]/2）存在する（図9-4の左側）。しかし，ある1つの通貨が，その他の通貨の媒介通貨となった場合，外国為替市場（ないしは為替レート）は5（=6-1）に減少させることができる（図9-4の右側）。一般に，世界にn個の通貨が存在するとき，外国為替市場（ないしは為替レート）は最大で$n(n-1)/2$存在するが，ある1つの通貨（n番目の通貨）を媒介通貨としたとき，外国為替市場（ないしは為替レート）は$n-1$に減少させることができ，大幅に資源が節約される。

　実際，人民元とメキシコ・ペソや，タイ・バーツとメキシコ・ペソが交換される外為市場はあったとしても，その市場規模は，人民元と米ドル，メキシ

---

[8] Krugman, Paul, "Vehicle Currencies and the Structure of International Exchange," *Journal of Money, Credit and Banking*, Vol. 12 (3), August 1980, pp. 513-526. (Krugman, P., *Rethinking International Trade*, MIT Press, 1994（高中公男訳『国際貿易の理論』文眞堂，2001年所収）.

第9章　国際通貨システム

```
金ドル本位制                    ドル本位制
    金                              金
    ｜                              ×
  米ドル                          米ドル
 ／／＼＼                        ／／＼＼
日本円 英ポンド 独マルク 仏フラン   日本円 英ポンド 独マルク 仏フラン
```

図 9-5　金ドル本位制からドル本位制へ

コ・ペソと米ドル，タイ・バーツと米ドルの市場規模に比べて非常に小さい。その場合，タイ・バーツをメキシコ・ペソに交換しようとしたら，タイ・バーツ／米ドル／メキシコ・ペソという交換を行う。

　私たちが外国旅行に行くときにも，日本の銀行では，さまざまな外貨を両替することができるが，銀行が全ての国の通貨を常に保有しているわけではない。なぜならば，銀行が全ての国の通貨を保有（為替ポジションを維持）すれば，それらの通貨全てに対して為替リスクをヘッジしなければならないが，それには膨大なコストがかかる。もし，ある1つの外国通貨だけを保有し，その通貨に対してだけ為替リスクをヘッジすれば，資源は大幅に節約される。

　このことを理解するには，次の比喩が分かりやすいかもしれない。日本語のしゃべれない中国人と，中国語のしゃべれない日本人が会話をする場合，英語を媒介として意思疎通を行うだろう。私たちが世界中の人々とコミュニケーションをするために，世界中の言語をマスターしなければならないとすると，膨大なコストがかかるが，外国語として英語だけを習得し，それで世界中の人々とコミュニケーションできれば，私たちの時間という稀少な資源は大幅に節約される。だから英語が国際言語となっているのだ。同じことは通貨にも当てはまる。円を持っていない中国人と，元を持っていない日本人が経済行為を行う場合，ドルを媒介として交換をするだろう。だからドルが国際通貨なのである。

　しかも，ある通貨がいったん媒介通貨として選択されると，当該国の経済的優位性が喪失した後も（ブレトンウッズ体制崩壊後も），その通貨は媒介通貨としての機能を果たし続けるという**慣性**（inertia）が認められる。ある技術が**歴史的偶然**（historical accident）によっていったん選択されると，その技術の

223

普及経路が後世まで決定され，別の技術の選択肢がなくなることを**経路依存性**（path dependence）という。国際通貨としてのドルにも同じことが妥当する。

ドルが国際通貨としての地位を占めたのは，金ドル本位制としてのブレトンウッズ体制期であった。金交換が保証されていたドルは，公的部門によって準備通貨として保有され，そのため民間部門においても，媒介通貨として第3国決済の機能を果たすようになったのである。図9-5に示されているように，こうしたドルが国際通貨として選択されたいわば歴史的偶然は，金ドル交換停止後も，媒介通貨としての利便性ゆえに経路依存性として作用し，現在に至るまでドルが国際通貨として使用され続けているのである。これがドル本位制である[9]。

言い換えれば，いったんドルの取引規模が一定のシェアを占めれば，みんながドルを使用するからドルを使用する方が便利であるという**ネットワーク外部性**が働く。外国為替市場におけるドルの取引規模が大きければ，それだけ両替手数料などの取引費用が低下するという**規模の経済性**が働き，取引コストが小さければそれだけドル建て取引の利便性が高まるという**収穫逓増**のプロセスが生まれるのである。簡単にいってしまえば，ドルを使うのが便利だから，ドルが国際通貨であり続けているのだ。こうした利便性をドル以外の通貨が獲得するのは困難だから，ドルの国際通貨としての地位は揺らぎそうにないのである。

9.4　ユーロと最適通貨圏

EUの拡大と深化

1957年の**ローマ条約**に調印した6カ国（西ドイツ，フランス，イタリア，およびベネルクス3国）によって発足した**EU**（European Union：**欧州連合**）は，1970年代にはそれまで加盟していなかったイギリスなど3カ国が参加，さらに80年代には南への拡大，90年代には北への拡大，21世紀に入ると東への拡大を続け，2007年1月までに加盟国は27カ国にまで増えている。

こうした加盟国の拡大だけではなく，EUは経済統合の質的な深化も遂げて

---

[9]　小川英治『国際通貨システムの安定性』東洋経済新報社，1998年。

いる。1960年代に**関税同盟**と**共通農業政策**という2つの共通政策を成立させた後，70年代の石油危機後にユーロペシミズムといわれたような長い停滞期を経験した。しかし，80年代に入り**域内市場白書**（1985年）によって，加盟国間に残存していた270項目にも及ぶ非関税障壁が列挙され，**単一欧州議定書**（1986年）によって，それらを1992年末までに撤廃し，EUに単一市場を完成させることが目標とされた。このようなヒト・モノ・カネの自由移動が達成され，単一市場による規模の経済性が実現されることによって，EUは再活性化されることになった。

市場統合を完成させたEUの次の目標は通貨統合であった。1979年に発足した **EMS**（European Monetary System：**欧州通貨制度**）によって，域内の為替レートは固定されていた。さらに，1989年の**ドロール報告**によって，**EMU**（Economic and Monetary Union：**経済通貨同盟**）に至る3段階のスケジュールが示され，1992年に調印された**マーストリヒト条約**によって，通貨統合の完成時期と通貨統合に参加するための4つの収斂基準が明記された。こうして，1999年1月より，この収斂基準を満たした11カ国で単一通貨**ユーロ**が導入され，2002年1月からは実際にユーロ紙幣・硬貨が流通することとなった。2011年1月までに，EU加盟27カ国のうち，17カ国がユーロ参加国（**ユーロ圏**）となっている。

EMSからEMUへ

ブレトンウッズ体制の崩壊と変動相場制への移行後も，経済的な依存関係の強い欧州では，域内での固定相場制を目指し，1979年にEMS（欧州通貨制度）が発足した。EMSは，①加盟国の為替レートを一定の変動幅に維持する **ERM**（Exchange Rate Mechanism：**為替相場メカニズム**），②この変動幅を維持するための各種の信用供与と介入ルール，③EMS参加国通貨を一定の割合で加重平均した通貨バスケットである **ECU**（European Currency Unit：**欧州通貨単位**）[10]

---

[10] 以下の9通貨を一定の割合で加重平均した通貨バスケットである。
　　1ECU＝0.828DM＋0.0885UKL＋1.15FF＋109LIT＋0.286DFL＋3.66BF
　　＋0.14LF＋0.217DKR＋0.00759IP＝＄1.3002

の創設の3つの柱からなっている。EMS の核となる ERM（Exchange Rate Mechanism：**為替相場メカニズム**）は，①EMS 参加国が ECU に対する自国通貨の中心相場（ECU セントラル・レート）を設定，②これをもとに EMS 参加国通貨間全ての基準相場を設定，③自国通貨を基準相場の上下2.25％（一部通貨は6％）の変動幅以内に維持するという制度である。各国通貨の基準相場，およびその上下限を示した表を，**パリティ・グリッド**という（表9-3参照）。

　もしも，ある通貨が基準相場の上下限を維持できないような場合，①基準相場の再調整，②変動幅の拡大，③最終的には ERM からの離脱という選択肢をとらざるをえない。EMS が発足した1979年から1987年までの間に，基準相場の再調整は11回に及んだが，その後5年以上の間は，再調整1回のみしか行われず EMS は安定して推移した。しかし，1992年9月の**欧州通貨危機**[11]においては，イギリスとイタリアが ERM から離脱，数次にわたって ERM の中心相場が再調整され，93年8月には ERM の変動幅が2.25％（一部通貨は6％）から一挙に15％にまで拡大（独マルクと蘭ギルダーは除く）された。これ以降，ユーロ導入前までの為替レートメカニズムは **ERMⅡ** と呼ばれる。

　もともと EMS は，ブレトンウッズ体制が持っていた非対称性（固定相場制を維持するために，基軸通貨国であるアメリカは介入義務を負わない）とは異なり，加盟国間での対称性（固定相場制を維持するために，全ての加盟国が平等に介入義務を負う）を目指した。しかし実際には，ともに介入義務を負う上下限に達した2カ国のうち，下限に達した通貨国の方が重い調整負担を負うことになった。つまり，下限に達した弱い通貨国は，自国通貨買いと相手国通貨売りの介入を行わなければならないが，自国通貨買いはマネーサプライの減少を伴い，相手国通貨売りには外貨準備の制約に直面するため，やはり金利の引き上げなどの引締政策を伴う。他方，上限に達した強い通貨国は，自国通貨売りと相手国通貨買いの介入を行わなければならないが，インフレを嫌って，マネーサプライを一定に保つ不胎化介入を行うと，下限に達した弱い通貨国は一

---

[11]　ドイツ統一に伴う財政負担とインフレ圧力から，ドイツが高金利政策を維持し続け，独マルクが買われ他の弱い通貨（特に英ポンドと伊リラ）が売られた。

表9-3 独マルクと仏フランの関係（1979年3月［ERM］と1996年11月［ERMⅡ］）

		100 DM		100 FF	
		1979年	1996年	1979年	1996年
DM	上限			44.285(+2.25%)	34.6250(+15%)
	基準相場			43.2995	29.8164
	下限			42.335(-2.25%)	25.6750(-15%)
FF	上限	236.21(+2.25%)	389.480(+15%)		
	基準相場	230.95	335.386		
	下限	225.81(-2.25%)	288.810(-15%)		

層強い引締政策を行わざるをえないのである。

現実の EMS においては，絶えずマルクが最強通貨であり，EMS が安定的に維持されたのは，事実上マルクが EMS 内の<u>アンカー</u>となり，ドイツ以外の国が，事実上ドイツのインフレ率や金利などに合わせることによってもたらされたものである。とりわけ，1985年のプラザ合意以降のドル安・マルク高によって，EU ではドルに変わってマルクが媒介通貨の役割を果たすようになり，マルクの基軸通貨化と，基軸通貨システムの非対称性が顕著となっていった。EMS の成果はインフレ抑制の効果であったが，他方1992～93年の欧州通貨危機は，こうした非対称的な調整負担が限界に達した出来事であった。

こうしてフランスやイタリアといった EU の主要国は，EMS にかわる対称的な制度の設立を要求することとなった。それが単一通貨ユーロの導入を目指す EMU であった。ユーロの導入は，EU におけるマルクの特権的な地位だけではなく，国際通貨システムにおけるドルの特権的な地位をも終わらせようとする画期的な試みでもあった。

最適通貨圏の理論

1992年末までの市場統合を完成させた EU は，ヒト・モノ・カネは自由に域内で移動できる建前になった。しかし，当時よくいわれたように，100マルク持って EU を一周すれば，両替するだけで50マルクに減ってしまう。つまり，ヒト・モノ・カネの自由移動にとって最後の障壁は，通貨が異なることに

よる取引コスト（両替手数料など）や為替リスクであった。ユーロの導入でこうした取引コストは消滅する。

問題は，果たして EU が単一通貨を使用しうる**最適通貨圏**（optimum currency area）であるかどうかである。最適通貨圏とは，財・サービスおよび生産要素の移動が自由で，個別に独立の通貨を持ってその価値を変動させるより，域内で固定相場制あるいは単一通貨を採用することの方が望ましい経済圏を意味する。ある国にとって，固定相場制あるいは単一通貨を採用することの便益（為替リスクや取引コストの消滅）が，その費用（為替レートの変動による不均衡の調整ができなくなること）を上回る場合に，当該国は通貨同盟に参加することが望ましいと判断される[12]。

最適通貨圏の意味を理解するために，日本で「円」という単一通貨が使用されていることの意味を考えてみよう。いま A 地域が B 地域より物価が高い場合，両地域が同じ円という通貨を使用することによって，A 地域の居住者は B 地域の居住者に対して不公平が生じる。なぜならば，A 地域における円の購買力は，B 地域における円の購買力より低いからである。こうした不公平を解消するには，両地域で A 円と B 円という違う通貨を使用し，A 円を B 円に対して切り下げればよい。

また A 地域が B 地域より好況な場合（非対称的な実物ショックが生じた場合），同じ円という通貨を使用することによって，地場産業が好況な A 地域では輸出が拡大し，不況業種を抱えている B 地域は不利益を被る。この場合，両地域が違う通貨を使用し，A 円を B 円に対して切り上げればよい。

しかし現実にそうなっていないのは，物価の安い B 地域から物価の高い A 地域への「財の自由移動」，あるいは不況地域の B 地域から好況地域の A 地域への「労働力（生産要素）の自由移動」によって，物価や賃金（要素価格）などで「一物一価」が生じるという暗黙の前提があるからである。こうした前提の

---

[12] もともと最適通貨圏の理論は，フリードマン（M. Friedman）等の変動相場制論者を批判して，1960年代にマンデル（R. A. Mundell）が提唱したものだが，欧州通貨統合の推進によって近年再び脚光を浴びた。最適通貨圏の条件としては，①生産要素（特に労働力）の移動性，②経済の開放度（財市場の統合度），③非対象的な経済ショックを緩和する**財政移転**などが挙げられる。

ある地域が最適通貨圏である。この前提の下で，異なる通貨を使用することによる不便さを回避しているのである。

収斂基準とユーロの導入

ユーロを発行できるのは，1998年に設立された**欧州中央銀行**（European Central Bank : **ECB**）だけである。つまり，各国通貨が消滅するということは，各国が独立した金融政策を放棄することを意味する。そのため，労働力の可動性が低いなど，最適通貨圏の条件を欠いているといわれてきたEUが，ユーロ導入に当たって実際に重視してきたのは，マクロ経済指標の収斂であった。

具体的には，マーストリヒト条約において，財政赤字，インフレ率，金利，為替レートについて以下の4つの**収斂基準**（Convergence Criteria）が明記された。

① 財政赤字は，対GDP比で3％を超えてはならず，また政府債務残高は，対GDP比で60％を超えてはならないこと。
② インフレ率は，物価が最も安定している3加盟国の平均値の1.5％以内であること。
③ 長期金利は，物価が最も安定している3加盟国の2％以内であること。
④ 為替レートは，過去2年間は切り下げを行わず，ERMで定められた変動幅を超えてはならないこと。

単一通貨ユーロは，この収斂基準を満たした11カ国で，1999年1月に導入された。その後ユーロ圏は着実に拡大し，直近では2011年1月に加わったエストニアを合わせて17カ国となっている。

ユーロ導入後，ユーロ圏では同一商品が同じ単位で表示されるため，価格の透明性が高まり，また為替リスクなどの取引コストが消滅するため，財の移動性が一層高まり，競争の激化と生産性の上昇が期待された。とりわけ，各国通貨建てで発行されていた債券が，ユーロ建てで発行されることにより，企業の資金調達は容易となり，ユーロの安定に伴ってユーロ建て債券への投資も魅力的なものとなった。ユーロ域内だけではなく，国際的にもユーロはドルに次ぐ第2の国際通貨の地位を占めるに至った。表9-4は，世界の外貨準備高の推

表 9-4 世界の外貨準備高（通貨別）の推移 (%)

	1999年	2000年	2001年	2002年	2003年	2004年	2005年	2006年	2007年	2008年	2009年	2010年
米ドル	71.01	71.13	71.51	67.08	65.93	65.95	66.91	65.48	64.13	64.09	62.09	61.53
ユーロ	17.90	18.29	19.18	23.80	25.16	24.81	24.05	25.09	26.28	26.42	27.56	26.16
英ポンド	2.89	2.75	2.70	2.81	2.77	3.37	3.60	4.38	4.68	4.01	4.26	3.97
日本円	6.37	6.06	5.05	4.35	3.94	3.83	3.58	3.08	2.92	3.13	2.92	3.79
その他	1.83	1.76	1.56	1.96	2.20	2.04	1.87	1.97	1.99	2.34	3.17	4.55
世界全体	100	100	100	100	100	100	100	100	100	100	100	100

(出所) IMF, *Currency Composition of Official Foreign Exchange Reserves.* より作成。

移を，通貨別構成比でみたものである。ユーロが導入された1999年末と2010年末のシェアを比較すると，ドルは71％から62％へと低下させてきているのに対し，ユーロは18％から26％へと着実にシェアを上げてきているのが分かる[13]。

ところで，貨幣価値の安定を維持する役割は中央銀行にあり，為替レートに直接に影響を及ぼすのは，第3章や第4章のモデルでも明らかなように，金利とインフレ率である（収斂基準の②と③）。しかし，金利とインフレ率は財政赤字にも大きく影響される（収斂基準の①）。ユーロ圏の場合，金融政策については，ECB によって一元化されているのに対し，財政政策はユーロ参加各国の主権に委ねられている。そこで，ユーロ導入後も，「各国の財政赤字を対GDP 比で3％以内に維持すること」が安定成長協定（Stability and Growth Pact：SGP）として合意された。しかし，この財政規律が守られなかったこと，言い換えれば，金融政策は ECB によって一元化されているのに対して，財政政策は各国によってバラバラである（財政連邦主義がない）というユーロ圏の根本的な矛盾が，2009年以降の欧州債務危機というユーロ導入後の最大の試練となって現れたのである（第10章を参照）。

補論9.1　レーガノミックスと双子の赤字

　1980年代に国際通貨システムを揺るがせた2つの出来事は，レーガノミック

---

[13] 他方，円は6.4％から3.8％へと大きく下落し，ポンドに次いで第4位の地位に低下している。

スと双子の赤字によるドル高を是正するためのプラザ合意と，ラテンアメリカの債務危機である。

レーガノミックス（Reaganomics）とは，第40代アメリカ大統領ロナルド・レーガン（在職1981〜89年）がとった一連の経済政策で，①大幅減税，②歳出削減，③規制緩和，④インフレ抑制という4つの柱からなる。「高福祉・高負担が勤労意欲を低下させ，政府の規制が生産効率の向上を阻んでいる」という新自由主義イデオロギーと，サプライサイド・エコノミックスに基づいている。

具体的には，ⓐ富裕層に対する減税が，労働意欲の向上と貯蓄の増加を促し，ⓑ企業減税と規制緩和が，投資の促進をもたらし，ⓒこれらが実現する経済成長が，税率を低下させても歳入を増加させ（税率と歳入の関係は**ラッファー曲線**に基づいている），ⓓ福祉予算を抑制することで歳出を削減させ，「強いアメリカ」を復活させるというものである。

しかし実際には，①ソ連のアフガニスタン侵攻（1979年）による冷戦の激化によって，軍事支出が拡大し，他方で減税による歳入増加は見込まれず，財政赤字に陥った。②この財政赤字に，インフレ抑制のためのマネーサプライ縮小が加わることで，民間資金需要が逼迫し（**クラウディング・アウト**），金利が上昇した。③高金利が外国資金を引きつけたことによってドル高になり，貿易赤字が拡大した。したがって，レーガノミックスによる**双子の赤字**（twin deficits）とは，「高金利⇒ドル高」という媒介項を挟んで「財政赤字が原因で貿易赤字は結果」を意味する。

したがって，貿易赤字の削減には財政赤字の削減が必要であったが，実際には1985年にG5による**プラザ合意**に基づき，G5諸国の協調介入によってドル高が是正されることとなり，その後急激な円高が進行した。

補論9.2　ラテンアメリカの債務危機

1980年代にメキシコ，ブラジル，フィリピンなどの中所得国が，先進国の民間銀行から借り入れた資金が膨大な額にのぼり，1982年8月にメキシコは**債務不履行（デフォルト）**に陥り，87年2月にはブラジルがモラトリアムを宣言し，

利払いを停止した。

　ラテンアメリカを中心とした債務危機が1980年代に発生した理由は，以下のような複合的な理由による。第1に，1970年代に産油国からのオイルマネーがユーロ市場を通じて非産油国に還流したことである。先進国は第1次オイルショック後の1974～75年不況（いわゆるスタグフレーション）で，先進国向け貸出しが減少し，成長率の高い途上国向け貸出しが増加したのである。第2に，1970年代に借り入れた低金利のドル建て資金が，80年代のレーガノミックスによる高金利・ドル高で，返済負担が重くなったことである。第3に，1980年代の逆オイルショックとも呼ばれた一次産品価格の暴落によって，石油輸出に依存していたメキシコをはじめとして，一次産品輸出に依存していた途上国の交易条件が悪化したことである。第4に，開発戦略として，自国市場向けの輸入代替工業化を長らく続けてきたラテンアメリカ諸国は，外国市場向けの輸出志向工業化に成功したアジア諸国に比べて，債務返済能力に欠けたことである。

　先進国の銀行（特に米銀）が途上国政府に貸し付けた債権の回収ができなくなると，先進国の金融システムを危うくするので，アメリカ政府とIMFを中心に，債務危機を解決するために次のような戦略がとられてきた。まず，債務返済繰り延べ（リスケジューリング）を実施するかわりに，緊縮型の経済調整によって流動性不足を補おうとする対策が，IMFを中心としてまとめられた。しかし，問題は流動性の不足（illiquidity）ではなく，返済能力の欠如（insolvency）であるという認識が高まり，新規融資と成長型の経済調整によって返済能力を高めようとするアメリカを中心とした提案が行われた。

　さらに，債務の株式化（debt-equity swap）等を利用した債務削減や，1989年には，当時のアメリカ財務長官の名前を冠したブレイディ債の発行が打ち出された。ブレイディ債とは，債務の削減を目的とし，債務国政府によって米ドル建てで発行された債券で，これと米銀が保有するソブリン債をディスカウントしてスワップ（交換）された。ブレイディ債には，米国財務省の信用を担保して発行されたため，債務国のソブリン債とは異なって高い流動性がつき順調に消化された。

　こうして，この新債務戦略がほとんどの中所得債務国に適用されたことに

よって，ラテンアメリカの中所得国を中心とした累積危機は終息に向かった。世銀は92年末に「中所得途上国の債務危機はほぼ終息した」と宣言し，「途上国債務はもはや国際金融システムを揺るがす脅威ではなくなった」との見方を示した。

練習問題

9.1 ブレトンウッズ体制の原則と，この体制が崩壊した後に，これらの原則がどのように変化したかについて説明しなさい。

9.2 国際通貨基金（IMF）と世界銀行（IBRD）の役割分担の違いについて説明しなさい。

9.3 金ドル交換停止後もドルが国際通貨であり続けている理由について，媒介通貨の概念を使って説明しなさい。

9.4 最適通貨圏とは何かについて説明しなさい。

9.5 EUがなぜ単一通貨ユーロを導入したのかについて説明し，ユーロ導入に際して設けた条件を述べなさい。

第10章　金融のグローバル化と国際資本市場

　第10章では，まず国際資本市場について，特にユーロ市場とオフショア市場の歴史や機能について解説し，次に1990年代以降の金融のグローバル化について，特に巨額の資本移動と双方向での資産取引という視点から考察する。さらに1990年代後半以降に拡大したグローバルインバランスやアメリカの経常収支赤字が，かつての世界の経常収支不均衡や同国の経常収支赤字と比べて，どのような特徴を持っているかについて検討する。最後に，2007年から2009年におけるアメリカ発の世界金融危機と，2009年以降続いている欧州債務危機が，いかなる要因によって生じたかについて考察する。なお，補論では1997年のアジア通貨危機について解説しているが，これも本論で述べられている金融グローバル化の産物であると同時に，この危機を契機に，世界の資金の流れが新興国から先進国へと大きく変化したことが重要である。

10.1　国際資本市場

　金融市場とは，余った資金を運用しようとする経済主体（主として家計などの黒字部門）から，足りない資金を調達しようとする経済主体（主として企業などの赤字部門）へ，資金を融通（調達・運用）し合う市場のことである。国際金融市場とは，金融市場に自国の居住者だけではなく，外国の非居住者も参加し，自国通貨建てだけではなく，外国通貨建てでも，金融取引が日常的に行われる市場である。

　表10-1は，**国際決済銀行**（Bank for International Settlements: BIS）による国際資金取引（銀行の国際部門債権・債務取引）の定義である。ここで，①自国通貨建ておよび外国通貨建ての国境を越える資金取引 a と b，②外国通貨建ての国境を越えない資金取引 d が，国際資金取引として定義される。

第10章 金融のグローバル化と国際資本市場

表10-1 国際資金取引

	自国通貨建て取引	外国通貨建て取引
国境を越える取引	a	b
国境を越えない取引	c	d

かつては，期間の長短や業態の違いによって，満期が1年未満の主として銀行による間接金融が行われる短期国際金融市場（狭義の国際金融市場）と，1年以上の主として証券による直接金融が行われる長期国際金融市場（国際資本市場）として分類されてきたが，今日では，銀行業と証券業の垣根はなくなってきたし，長期の銀行融資や短期の証券売買もあるので，こうした区分は非常に相対的なものとなってきた。そこで本章では，第1章や第8章で重視してきた国際的な資産取引（asset trade）という側面から，異なる国の居住者間で資産取引が行われる市場を**国際資本市場**（international capital market）と呼称することにする。

ユーロ市場

一般にある通貨の発行国以外の国で取引される通貨を**ユーロカレンシー**（Eurocurrencies）と言い，ユーロカレンシー建ての預金や債券が取引される市場を**ユーロ市場**（Euromarkets）と言う。例えば**ユーロダラー**（Eurodollar）とは，アメリカ国外にある米ドル建ての預金（deposits denominated in the US dollar at banks outside the US）であり，**ユーロ円**（Euroyen）とは，日本国外にある円建て預金である[1]。重要なことは，アメリカ国内の米ドル建て預金は，中央銀行である連邦準備銀行（FRB）の規制・監督の対象となるが，ユーロダラーはFRBの規制の対象から自由であるということだ。

また，債券の表示通貨の発行国以外の資本市場で起債される債券を**ユーロ債**

---

[1] ここでの「ユーロ」という言葉は，欧州単一通貨の名称としての「ユーロ」（Euro）とは全く別物であり，必ずハイフンなしの合成語（例えば Eurodollar, Euroyen 等）として使用される。

(Eurobond) と言う。例えば，日本企業がロンドン市場で発行するドル建ての債券はユーロドル債，外国企業がロンドン市場で発行する円建ての債券はユーロ円債である[2]。

　ユーロ市場は，狭義には，最も取引規模の多いロンドン市場において，ユーロドル建ての資本取引が行われる市場を指し，もともと，1950年代に，旧ソ連や旧東欧諸国が，西側諸国と取引するためにアメリカの銀行に保有していたドル預金を，冷戦の激化による資産凍結を回避するために，ロンドンの銀行にドル建て預金として預けたことが始まりと言われている。そして，1960年代以降，次のような経緯で拡大を続けてきた。

　第1に，アメリカの規制がかからない自由な市場であったため，アメリカに比べて，高い預金金利と低い貸出金利を設定できた。すなわち，

　　　　アメリカの預金金利＜ユーロダラー預金金利
　　　　　　＜ユーロダラー貸出金利＜アメリカの貸出金利

という関係が存在した。つまり，アメリカ国内で米ドル建ての預金をするよりも，ロンドンでユーロダラー建ての預金をする方が金利が高く，アメリカ国内で米ドル建ての借入れをするよりも，ロンドンでユーロダラー建ての借入れをする方が金利が安かったのである。それは，ユーロダラーがアメリカ国内の規制・監督の対象から自由であったからであり[3]，ユーロ銀行は僅かの利鞘で薄

---

[2] これに対して，非居住者が債券の表示通貨の発行国にある資本市場で起債する債券を外債（foreign bond）といって，ユーロ債とは区別される。例えば，日本の居住者がニューヨーク市場で発行するドル建ての債券は，ドル建て外債（通称ヤンキー債），外国の居住者が東京市場で発行する円建ての債券は，円建て外債（通称サムライ債）である。

[3] アメリカの預金金利が低かった理由は，「レギュレーションＱ」という預金金利の上限規制が存在していたからである。これは，大恐慌の反省から，銀行間の金利引上げ競争による倒産防止を目的とし1933年の銀行法（グラス・スティーガル法）にもとづくものであった。また，アメリカの貸出金利を実質的に高くしたものとして，「金利平衡税」（1963年から10年間）がある。ドル防衛策の一環として，海外への資金流出を防ぐために，非居住者が自国市場より金利の低いアメリカ市場から資金を調達する際，その金利に税金（高い当該国金利と低いアメリカ金利の差額）を課し，実質的な貸出金利を高くしたのである。

利多売を行っていたのである。国内の預金と同じように，ユーロダラー預金も貸し出されるので，信用創造メカニズムが働き，このメカニズムを通じて，ユーロ市場は1960年代に大きく拡大した。

第2に，1970年代の石油ショックによって産油国に蓄積された**オイルマネー**が，ユーロ市場に大量に預金として預けられたことによって，ユーロ市場の規模は飛躍的に拡大した。ユーロ市場に預金された**オイルダラー**（petrodollar）は，主として非産油途上国に貸し出された。この途上国から途上国への資金の流れは，オイルダラーの還流（petrodollar recycling）と呼ばれた。

第3に，オイルダラーの巨額の借入れを1つの要因として，1980年代にラテンアメリカで発生した**債務危機（累積債務問題）**により，ユーロカレンシー市場は縮小した。しかし，金融の自由化，とりわけ金融の証券化（セキュリタイゼーション）に伴い，ユーロカレンシー市場に代わってユーロ債市場が発展してきた。ユーロ債市場では，スワップ取引など多くの新しい形態の金融商品や，金融派生商品（デリバティブ）が取引されている。

オフショア市場

オフショア市場（offshore market）とは，非居住者から資金を調達し，非居住者に資金を融資（非居住者間での資産取引）する国際資本市場である。つまり，海外から借り入れた資金を，国内に持ち込まず，再び海外へ貸し付ける「外‐外」取引が行われる。国際金融取引を国内金融取引と区別する「内外分離」型の市場として，各国政府が市場としての収益をあげるために設立した市場が一般的で，税制や規制が居住者よりも優遇されている（例えば，金利規制や預金準備率は免除され，源泉徴収されない）[4]。1981年に創設されたニューヨークのIBF（International Banking Facilities）や，1986年に設立された東京オフショア市場（Japan Offshore Market：JOM）がこれにあたる。

---

[4] ユーロ市場もオフショア市場の1つであり，今日では両者を区別しないで用いる場合もある。ただし，ユーロ市場は，国際金融市場と国内金融市場の間で資金交流が自由で，両市場で規制上の取扱いが同等な「内外一体」型市場であるため，オフショア市場と区別してオンショア市場とも呼ばれる。また，ロンドン市場は1950～60年代，香港市場は1972～73年頃，自然発生的に生まれたものである。

しかし近年では，いわゆる新興市場諸国にこうしたオフショア市場の新設が相次いだ。これには，シンガポール ACU（Asian Currency Unit），タイ BIBF（Bangkok International Banking Facility），マレーシアのラブアン島，バーレーン OBU（Offshore Banking Unit）などがある。バハマ，ケイマンなどカリブ海諸島等に数多くある**タックス・ヘイブン**（租税回避地）も，オフショア市場の典型であり，そこには租税回避を目的に設立されたペーパー・カンパニーが設立されている。

10.2　金融のグローバル化

経済のグローバル化（economic globalization）とは，第2次大戦後に漸進的に進んだ「モノ・カネ・ヒトの国境を越えた自由な移動」といった経済の国際化とは一線を画して，冷戦終結後の1990年代以降に急速に進んだ「各国経済の（制度を含めた）グローバルな統合」を意味する[5]。経済のグローバル化が最もドラスティックに進んだのが，**金融のグローバル化**（financial globalization），すなわち金融市場のグローバルな統合である。

国際資本移動の増大

金融のグローバル化によって，民間部門において巨額の資本移動（capital flows）が発生した。とりわけ，それまで民間資金が流れにくかった新興市場に，多額の資本が流入した。例えば，図10-1に示されるように，アジア諸国への資金流入は，1980年には僅か90億ドルに過ぎなかったのが，1996年には

---

[5] これには，①冷戦終結後の1990年代，旧社会主義諸国が崩れて，計画経済から市場経済に移行したこと，②1980年代の債務危機が解決し，1990年代以降ラテンアメリカ諸国が再び成長軌道に乗ってきたこと，③1985年のプラザ合意以降，東アジア諸国が，「東アジアの奇跡」と呼ばれる発展を遂げ，開発独裁と呼ばれる強権的な政治体制が民主主義に移行してきたこと，といった歴史的な背景がある。上記3つの地域は，発展途上諸国という名称に変わって，1990年代以降しばしば**新興市場経済**（emerging market economies）と総称されるようになった。もう1つ重要な背景には，コンピュータを駆使した **IT 革命**（information technology revolution）によって，地理的距離や領土的国境が意義を失ってきたことが挙げられる。

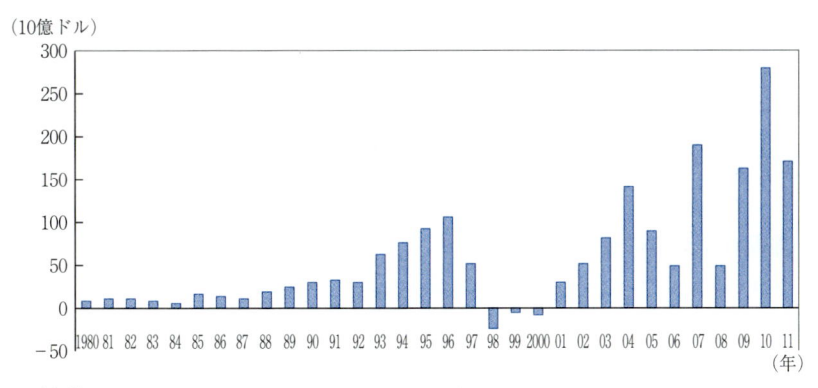

(出所) IMF, *World Economic Outlook*, Database, April 2011.

図 10 - 1　アジア諸国への資本流入

1080億ドルへと12倍も増加した。

こうした新興国への資本移動のプッシュ要因としては，新興市場諸国の政治・経済システムが，民主主義・市場経済という先進国と同様の制度に収斂し，先進国の金融機関から見てリスクが小さくなり，いわゆる**ホームバイアス**が低下したことがある。またプル要因としては，新興市場諸国の多くがIMFの**8条国**に移行し，**貿易の自由化**を行った後ほとんど時をおかずして，オフショア市場を相次いで創設したことに見られるように，**資本の自由化**を行ったことが挙げられる。

新興市場諸国が国際資本市場にアクセスできるようになったことは，金融グローバル化の恩恵である。しかし，新興諸国への巨額の資本流入は，多くの点でそれまでとは異なった通貨危機を発生させることになった。1997年の**アジア通貨危機**（補論**10.1**参照）はその典型的な事例である。1980年代における**ラテンアメリカの債務危機**（補論**9.2**参照）は，貸し手は先進国の金融機関であったが，借り手は政府であった。つまり民間部門から公的部門の資金の流れであって，政府が債務の返済不履行に陥ったのであった。これに対し，アジア通貨危機は，貸し手も借り手も民間部門であり，通貨危機によって自国の通貨価値が暴落すると，外国通貨建ての債務の返済負担が大きくなって，自国の金融機関が破綻に追い込まれたように，通貨危機は金融危機を伴ったのである。

アジア通貨危機を境にして，世界の資金フローは，「豊かな国から貧しい国へ」から，「貧しい国から豊かな国へ」へと大きく変化し，1990年代後半から**グローバルインバランス**（**10.3**参照）といわれる世界の経常収支不均衡が顕著になってくる。

国際資産取引の爆発的増大

序章で述べたように，金融のグローバル化に伴って，実体経済を越えた貨幣経済の肥大化という現象が発生した。それは一方で，**資産バブル**による金融資産残高の時価評価額が膨らみ，他方で，**レバレッジ**（leverage）を高めることで収益性を高めるビジネスモデルが定着してきたというバランスシートの肥大化に伴うものであった。

同じことは，一国の対外バランスシートの肥大化ということにも現れている。一国の資本移動の規模を国際収支統計で見れば，「自国からの資本流出－外国への資本流入＝金融収支」であり，定義上それは経常収支に等しい。これは，資本移動（capital flows）を，国際収支という**フロー**の統計で，資本流入と資本流出の差額という**ネット**の側面から把握したものである。

しかし，金融のグローバル化が進んだ今日において特徴的なことは，グロスの資本流入とグロスの資本流出がともに巨額であることであり，その結果として，ストックとしての対外総資産と対外総負債が両建てで拡大していることである。これが一国の対外バランスシートの肥大化の意味であり，資本移動を国際資産取引として，国際投資ポジションという**ストック**の統計で，対外資産と対外負債を**グロス**の側面から把握しなければならないことを示唆している。

このような視点から，金融グローバル化を以下のような2つの指標から捉えることができる。第1は，グルーベル＝ロイド指数（GL指数）[6]を模したもの

---

[6] 産業内貿易指数としてのグルーベル＝ロイド指数とは，ある国の第i財の輸出をX_i，輸入をM_iとすると，$GL=1-\dfrac{|X_i-M_i|}{X_i+M_i}$として表されるものである。ここで，$X_i=0$または$M_i=0$のとき$GL=0$となり，この場合，この国は当該産業について一方的な輸出または輸入しか行っていない完全な「産業間貿易」を意味し，$X_i=M_i$のとき$GL=1$となり，この場合，この国は当該産業について双方向の輸出入を行っている↗

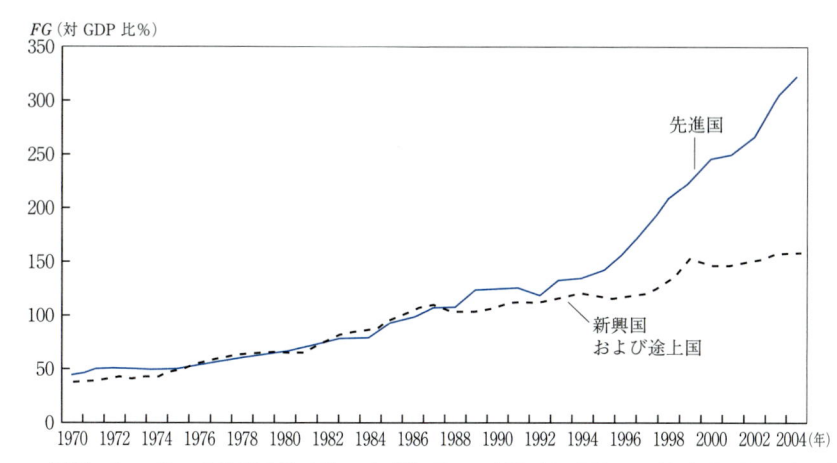

第10章　金融のグローバル化と国際資本市場

(出所) Lane, P. and G-M. Milesi-Ferretti, "The External Wealth of Nations Mark II : Revised and Extended Estimates of Foreign Assets and Liabilities, 1970-2004," *Journal of International Economics*, Vol. 73, 2007.

図10-2　金融グローバル化の指標

で，ある国の対外総資産を A，対外総負債を L とすると，

$$GL = 1 - \frac{|A-L|}{A+L} \qquad (10\text{-}1)$$

を金融グローバル化の指標とするものである[7]。ここで，$A=0$ または $L=0$ のとき $GL=0$ となり，この場合，当該国は完全に「一方的な資産取引」しか行っていないことを意味する。これに対して，$A=L$ のとき $GL=1$ となり，この場合，当該国は完全に「双方向の資産取引」を行っていることを意味する。したがって GL は，$0 \leq GL \leq 1$ の範囲にあり，GL の値が 1 に近いほど，金融のグローバル化が進んでおり，0 に近いほど進んでいないという解釈ができる。

ただし，この GL 指数は，たとえ A または L の絶対額が小さい国であっても，$A \approx L$ ならば $GL \approx 1$ となり，その国の金融グローバル化の度合いを高く評価してしまうので，国際比較には必ずしも適当ではない。しかし，例えば日本とアメリカといったように，ともに A と L が大きい国での金融グローバル

↘完全な「産業内貿易」を意味する。
[7] Obstfeld, M., "External Adjustment," *Review of World Economics*, Vol. 140, No. 4, 2004, pp. 541-568.

化の度合いを比較するには，その違いを明確に示すことができる。

これに対して，第2の金融グローバル化の指標（FG）は，対外総資産 A と対外総負債 L の合計の対 GDP 比，すなわち，

$$FG = \frac{A+L}{GDP} \qquad (10\text{-}2)$$

という簡単な指標で表したものである[8]。1970年から2004年までの先進国および新興国145カ国の FG のデータ（図10-2）によると，先進国の FG は，1990年代に200％を突破し，2000年代に入ってからは300％を凌駕している。

図10-3（図1-4の再掲）と図10-4は，日米の国際投資ポジション（対 GDP 比）の推移を示している。アメリカの場合，1980年から1995年まで A と L はともに20～30％台からそれぞれ47％と53％という僅かな上昇に過ぎなかったのに対し，2010年には136％と159％というように3倍も増加している。1990年代後半以降のグロスの対外資産と対外負債の飛躍的拡大（国際資産取引の爆発的増大）こそ，金融のグローバル化の正体である。これに対し，日本の場合は，1995年から2010年の間に，A と L はそれぞれ，53％と38％から，118％と70％に伸びてはいるものの，その大きさはアメリカの比ではない。

図10-5と図10-6は，日米の金融グローバル化の指標（1995～2010年）を，GL 指数と FG 指数で比較したものである。GL 指数で見ると，アメリカは平均で0.91を上回っているのに対し，日本は平均0.74にしか過ぎない。つまり，アメリカは双方向での国際資産取引に大きな特徴があり，対外資産と対外負債の差額が対 GDP 比では僅かであっても，絶対額では大きいので，世界最大の債務国となっているに過ぎない。日本は一方向の国際資産取引に特徴があり，対外資産と対外負債の大きな差額故の世界最大の債権国なのである。また FG 指数の日米比較で見た図10-6と，世界全体の先進国と新興国の比較で見た図10-2を比べると，アメリカは明らかに先進国型であるけれども，日本は金融グローバル化の指標という点では新興国型といわざるを得ない。

---

[8] Lane, P. and G-M. Milesi-Ferretti, "The external wealth of nations mark II: Revised and extended estimates of foreign assets and liabilities, 1970-2004," *Journal of International Economics*, Vol. 73, 2007, 223-250.

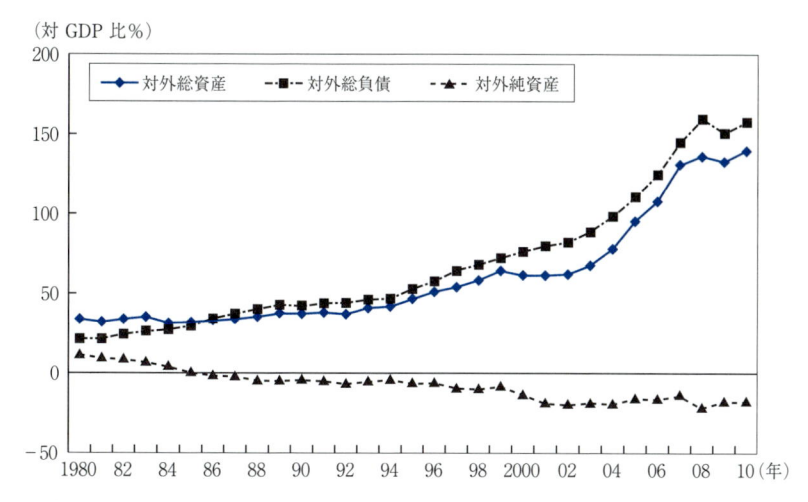

第10章　金融のグローバル化と国際資本市場

（出所）US Department of Commerce, National Bureau of Economic Analysis (NBA) より作成。
図10-3　アメリカの国際投資ポジション（1980～2010年）

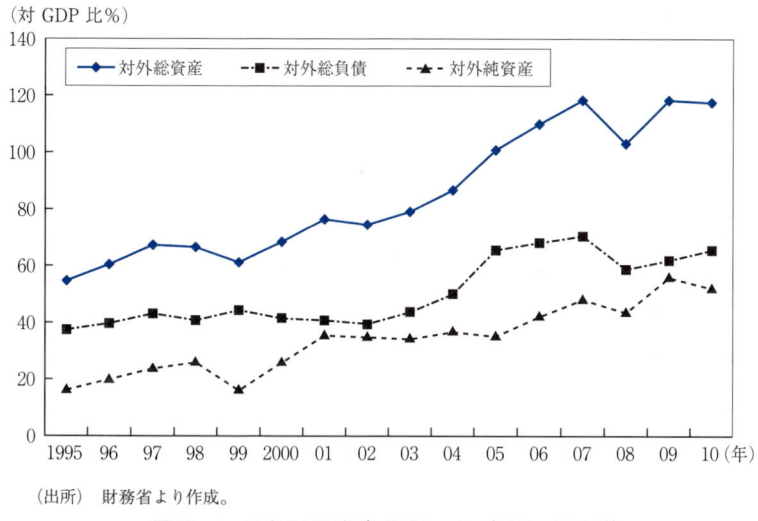

（出所）財務省より作成。
図10-4　日本の国際投資ポジション（1995～2010年）

■第Ⅳ部　国際資本市場と国際通貨システム

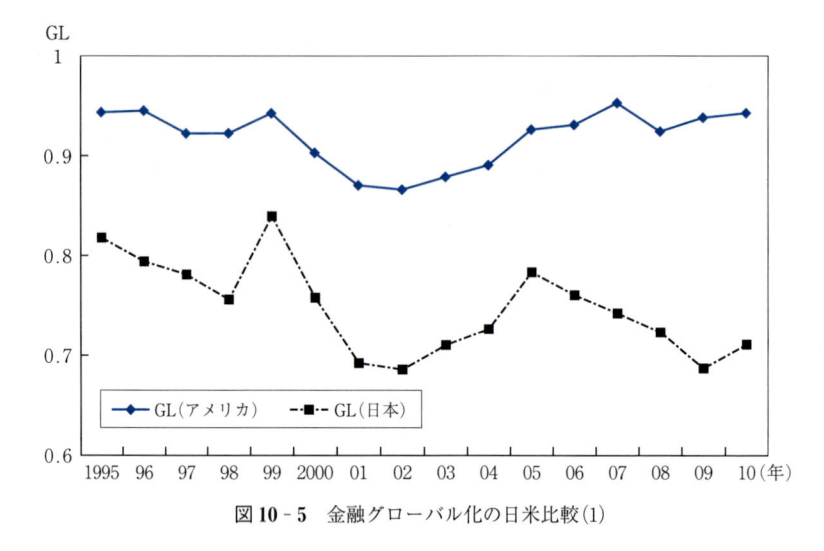

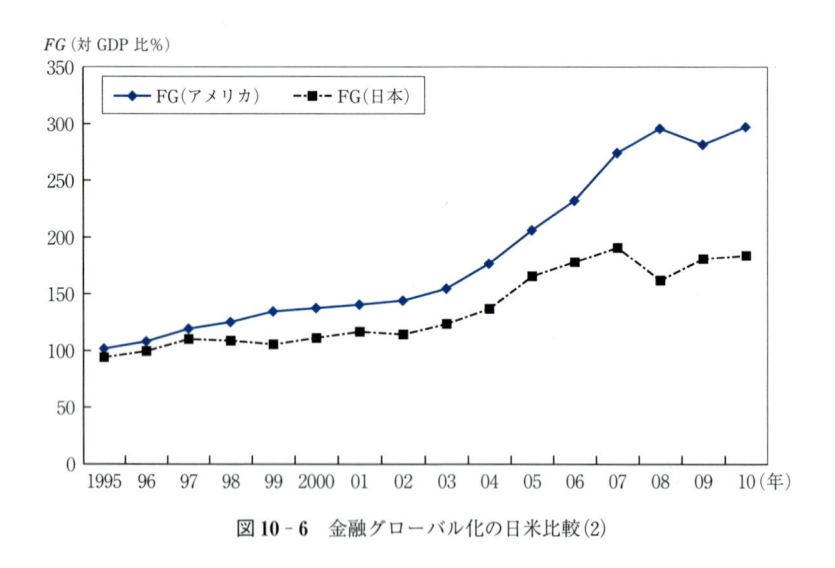

図 10-5　金融グローバル化の日米比較(1)

図 10-6　金融グローバル化の日米比較(2)

10.3 グローバルインバランス

特　徴

1990年代後半から**グローバルインバランス**（global imbalances）といわれる世界の経常収支不均衡が拡大した。経常収支の不均衡はいついかなるときにでも存在するし，それが拡大した時期もこれまでにも何度もあった。しかし，今世紀に入ってまで続いているグローバルインバランスには，以下のように，これまでとは違った特徴を持っている[9]。

第1に，これまでの経常収支不均衡は，主として，アメリカ，EU（特にドイツ），および日本という先進国間で発生してきたものであるが，90年代後半以降のグローバルインバランスには，中国を筆頭とするアジアの新興諸国，それにロシアや産油国といった新しい経常収支黒字国を含んでいる。実際，図10-7から分かるように，アメリカの経常収支赤字をファイナンスしてきたのは，これまでのように日本とドイツの経常収支黒字だけではなく，それ以上に中国などの新興国や産油国の経常収支黒字である。

第2に，対外不均衡には，フローの概念である経常収支だけではなく，ストックの概念としての国際投資ポジションが含まれる。すでに**10.2**でも詳説したとおり，図10-8によると，経常収支不均衡の拡大には，グロスの対外資産と対外負債が両建てで拡大してきたことが伴っている。先進国の対外資産と対外負債を対世界のGDP比でみると，1995年にはともに50％台だったが，2007年にはそれぞれ142％と171％というように3倍も拡大している。

第3に，フローの意味でもストックの意味でも，グローバルインバランスが調整される局面で発生が予想されたリスクである。アメリカの経常収支赤字を是正するには大幅なドルの減価や，それに伴う長期金利の上昇と世界的な不況も予想されたが，結果としては2007年以降の**世界金融危機**によって，実体経済が大きく縮小するという予想されなかったリスクによって，グローバルインバ

---

[9] Bracke, T., M. Bussière, M. Fidora, and R. Straub, "A Framework For Assessing Global Imbalances," *ECB Occasional Paper Series*, No. 78, January 2008.

■第Ⅳ部　国際資本市場と国際通貨システム

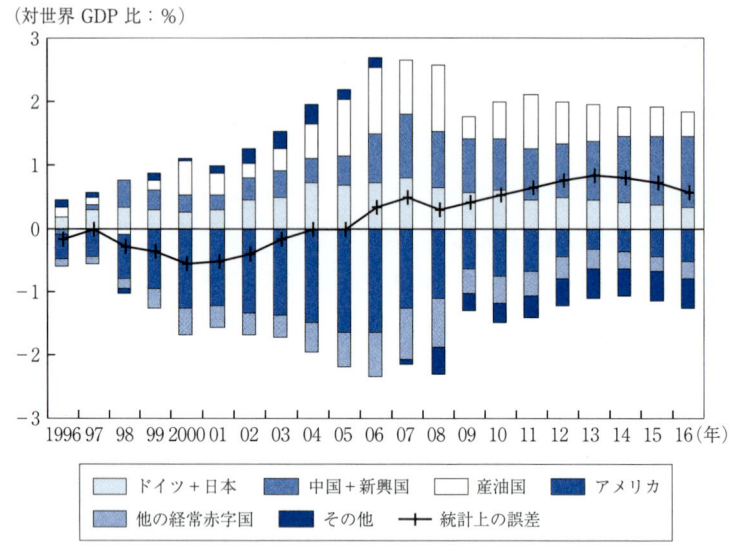

(対世界 GDP 比：%)

凡例：ドイツ＋日本　中国＋新興国　産油国　アメリカ　他の経常赤字国　その他　＋ 統計上の誤差

(出所) International Monetary Fund (IMF), World Economic Outlook (WEO), September, 2011.

図 10 - 7　グローバルインバランス（経常収支）

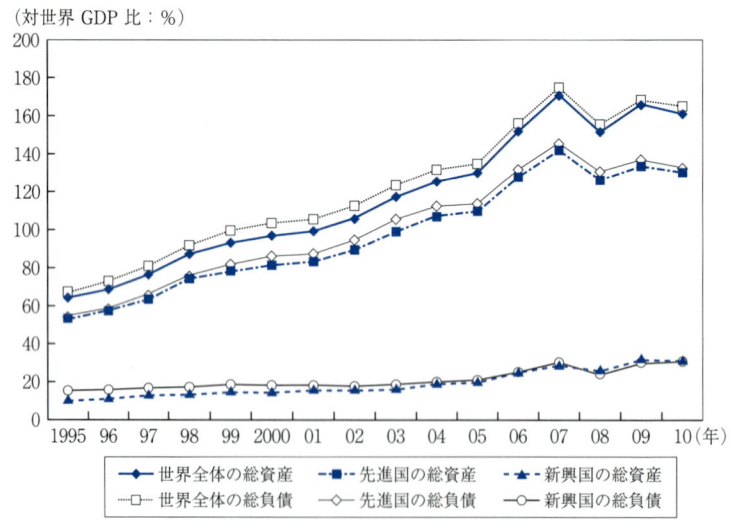

(対世界 GDP 比：%)

凡例：世界全体の総資産　先進国の総資産　新興国の総資産　世界全体の総負債　先進国の総負債　新興国の総負債

(出所) International Monetary Fund (IMF), World Economic Outlook (WEO), September, 2011.

図 10 - 8　グローバルインバランス（国際投資ポジション）

ランスは調整されることになった。

アメリカの経常収支赤字の持続可能性

図10-9に示されているように，アメリカの経常収支赤字は，1998年頃から急拡大し，2006年には8000億ドル（対GDP比6.0％）を突破した。それは双子の赤字（**補論9.1**参照）が拡大した1987年1600億ドル（対GDP比3.4％）をはるかに凌駕する巨額の値であった。また，対外純負債は2002年には2兆ドル（対GDP比19.2％）を突破した。しかし，ここで注意すべき重要なことが2つある。

世界最大の債務国の所得収支が黒字 第1は，アメリカの対外純資産はマイナスで，世界最大の債務国であるにもかかわらず，所得収支は僅かながら一貫して黒字を計上していることである（図10-11を参照）。なぜならば，所得収支を対外的投資収益の受払いだけとし（対外的な賃金の受払は無視し），対外純資産に対する収益率をrとすると「所得収支＝$r \times NFA$」であり，$NFA<0$ならば所得収支<0だからである。対外純資産がマイナスであっても，所得収支が黒字であるのは，次のような場合に起こりうる。

対外総資産をA，対外総債務をL，対外純資産をF，対外総資産から受け取る金利をr^A，対外総債務に対して支払う金利をr^Lとすると，所得収支は，実際には次のように示されなければならない。

$$r^A A - r^L L = r^A(L+F) - r^L L = r^A F + (r^A - r^L)L \tag{10-5}$$

このように考えると，アメリカの対外純資産はマイナス（$F<0$）なので，最後の式の第1項はマイナスであり，これを上回って所得収支がプラスであるためには，第2項が「$r^A>r^L$かつLが十分に大きいこと」が必要である。

実際，アメリカは対外資産を直接投資（foreign direct investment: FDI）や株式投資といった収益率の高い危険資産（ハイリスク・ハイリターン）の形態で保有し，対外債務は財務省証券のような債券といった収益率の低い安全資産（ローリスク・ローリターン）の形態で諸外国に保有されている。したがって「$r^A>r^L$」である。しかも，一国全体で高いレバレッジがかかっている（資産

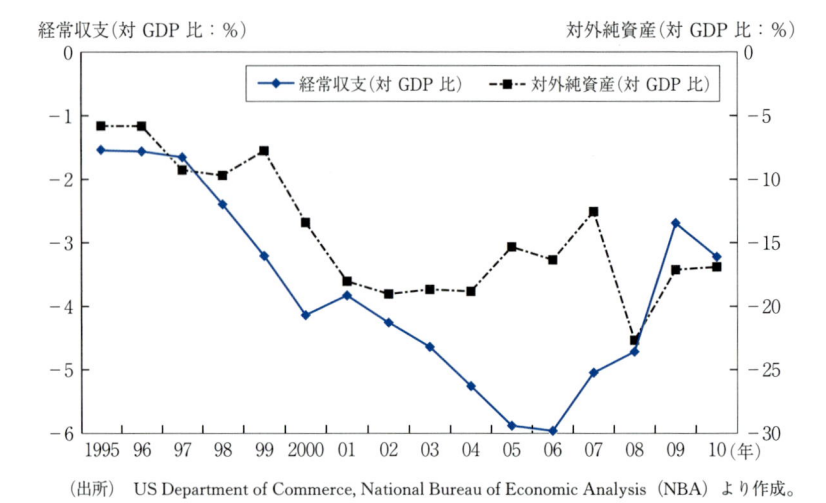

(出所) US Department of Commerce, National Bureau of Economic Analysis (NBA) より作成。

図 10-9　アメリカの経常収支と対外純資産（1995〜2010年）

に対する負債比率が高い）ので，「L は十分に大きい」のである。

しかし，L が大きくなりすぎて（例えば，アメリカの政府債務が大きくなりすぎて），「$r^A < r^L$」に転じると（例えば，諸外国がアメリカに対して高いリスクプレミアムを要求すると），所得収支はやがてマイナスに転じる可能性がある。

経常収支の悪化と対外純資産の改善　　第2章および第8章でも述べたように，経常収支 CA と対外純資産 NFA の間に，

$$\Delta NFA = CA \quad (NFA_t = NFA_{t-1} + CA_t) \tag{10-3}$$

という関係が必ず成立しているならば，長年にわたって巨額の経常収支赤字を継続・累積してきたアメリカの対外純資産は，図10-10の理論上の NFA で示されているように，右下がりで悪化を続けなければならないはずである[10]。

---

[10]　(10-3)が成立しているならば，理論的には，

$$NFA_n = NFA_t + \sum_{i=t+1}^{n} CA_i$$

が成立しなければならない。図10-10は，1995年の対外純資産を起点として，2010年までの（$t=1995$，$n=2010$）理論上の NFA と，その間の現実の NFA を比較したものである。

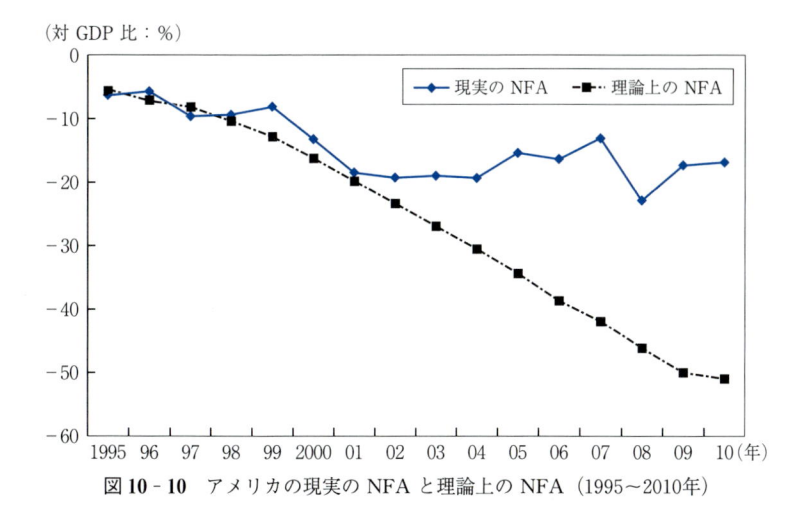

(対 GDP 比：%)

図 10-10 アメリカの現実の NFA と理論上の NFA（1995～2010年）

　しかし現実には，2001年以降，経常収支赤字は拡大し続けているにもかかわらず，対外純資産は安定的に推移ないしは改善さえしている。例えば，2005年の経常収支は，7500億ドルの赤字であるにもかかわらず，対外純資産は3200億ドルも改善している。このことは，2005年の1年間だけで1兆ドル以上ものキャピタルゲイン KG を稼ぎ出したことを意味する。2005年中に発生したキャピタルゲイン1兆ドル（対 GDP 比8.1％）は，同年の経常収支赤字7500億ドル（対 GDP 比5.9％）をはるかに凌駕する巨額の値である。

　さらに，2002年から2007年までの6年間で，米国の経常収支赤字は3.9兆ドル累積した。この累積経常収支赤字が，2001年末の対外純負債1.9兆ドル（対 GDP 比18％）にそのまま蓄積されるならば，2007年末の対外純負債は5.8兆ドル（同41％）にも達する（理論値）。しかし実際には，2007年末の対外純負債は1.8兆ドル（同15％）に過ぎず（現実値），この6年間で1000億ドル改善している。このことは，この間で4.0兆ドル［5.8兆ドル（理論値）－1.8兆ドル（現実値）＝3.9兆ドル（累積経常赤字）＋1000億ドル（NFA の改善値）］ものキャピタルゲインを稼ぎ出したことを意味する。

　この現実は，(10-3)で経常収支と対外純資産の関係を近似することはもはや適当ではなく，理論的にも，

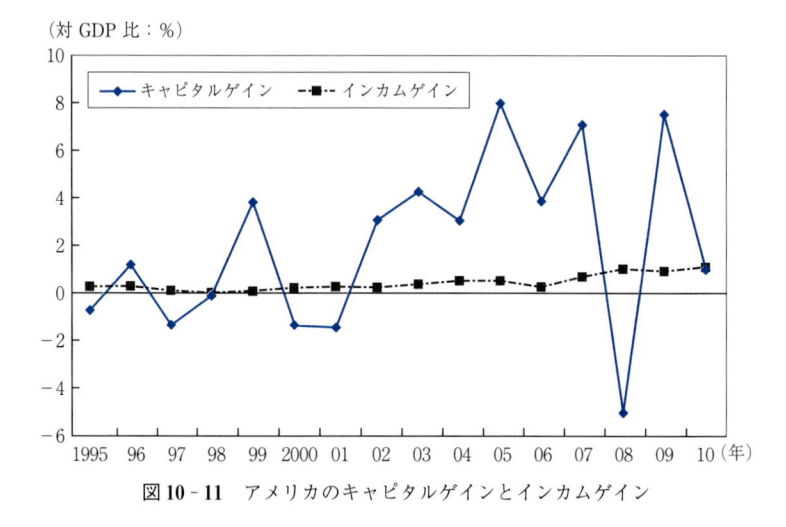

■第Ⅳ部　国際資本市場と国際通貨システム

(対 GDP 比：%)

図10-11　アメリカのキャピタルゲインとインカムゲイン

$$\Delta NFA = CA + KG \quad (NFA_t = NFA_{t-1} + CA_t + KG_t) \quad (10\text{-}4)$$

で考えなければならなくなったことを意味している。つまり何度も繰り返したように，金融のグローバル化によって，グロスの対外資産と対外負債が両建てで肥大化したこと（対外バランスシートの肥大化）によって，そこから得られる評価効果（valuation effects）が，現実的にも理論的にも無視できなくなるくらい大きくなり，そのことがアメリカの経常収支赤字の持続可能性を大幅に緩和しているのである。

図10-11は，アメリカの所得収支（インカムゲイン）と評価効果（キャピタルゲイン）の推移を示している。2002年から2007年の平均をとると，インカムゲインは僅かながらも一貫して黒字であり，2002年から2007年の平均をとると，インカムゲインの対 GDP 比は0.46％に過ぎない。これに対して，キャピタルゲインは大きなボラティリティを伴いながらも，平均するとはるかに大きな富の移転（wealth transfer）[11]をアメリカにもたらしていて，同じく2002年か

---

[11]　キャピタルゲインは，評価損を被った経済主体から評価益を受けた経済主体への富の移転を意味し，新たな付加価値の分配を意味するインカムゲインとは異なる概念である。

ら2007年の平均をとると，キャピタルゲインの対 GDP は4.67％に達している。しかし，2008年のリーマンショックを頂点とする世界金融危機によって，このキャピタルゲインは対前年比で2兆ドル近くも減少し7000億ドルのキャピタルロスを被ることになったのである。

10.4　世界金融危機

サブプライム・ローン問題から金融危機へ

アメリカでは，2000年代にかつてない住宅ブームが到来し，住宅価格の上昇等に支えられた消費拡大によって高い経済成長を達成した。とりわけ，融資基準が緩和されたことによって，サブプライム・ローン（低所得者向け住宅ローン）という高リスクな貸出しが大幅に増加した。地方のモーゲージ・カンパニーや銀行が，サブプライム・ローンを拡大させていったのは，その債権をウォール街の投資銀行に売却することによって，信用リスクも転売できたからである。他方，投資銀行がサブプライム・ローンを買い取ったのは，それを住宅ローン担保証券（Residential Mortgage Backed Security: RMBS）等に証券化することによって，この証券化商品をヘッジファンド等の世界中の投資家に販売できたからである。

しかし，2006年に入ると，住宅投資は減少に転じるとともに，住宅価格の上昇も鈍化し始め，これに伴い，サブプライム・ローンの延滞率や差押率が高まった。住宅バブルの崩壊である。住宅バブルの崩壊に伴うサブプライム・ローンの焦げ付きは，直ちに証券化市場に飛び火した。2007年6月，全米第5位の投資銀行ベアー・スターンズは，傘下のヘッジファンド2社の救済のため32億ドルを救出すると発表（結局2008年3月にベアー・スターンズは JP モルガン・チェースに買収），7月には，格付け機関が，サブプライム・ローンを組み込んだ証券化商品の大量格下げを発表した。さらに，これら証券化商品は世界中の投資家に販売されていたので，8月にはフランスの BNP パリバが傘下の3つのファンドを凍結，9月にはイギリスのノーザン・ロック銀行の取り付け騒ぎにまで発展した。こうして，サブプライム危機は，局地的な住宅ロー

ン市場の問題から，一挙に世界の資本市場の危機へと拡大したのである。

2008年9月15日，全米第4位のリーマン・ブラザーズが経営破綻（リーマンショック），第3位のメリルリンチはバンク・オブ・アメリカに買収された。これに対して政府は，9月16日に保険最大手のAIGに対しては公的融資を発表，さらに9月20日には公的融資枠7000億ドルという不良債権救済プログラム（Troubled Asset Relief Program：TARP）を含む金融安定化法案を提出した。この法案は，いったん下院で否決されたものの，ダウ平均株価が777ドルという史上最大の下げ幅を記録した結果，10月3日に成立しTARPが始動することになった。

他方，世界金融危機の深刻化を受けて，2008年11月に，最初のG20による金融サミット（正式名称は「金融・世界経済に関する首脳会合」Summit on Financial Markets and the World Economy）が開催され，世界不況の回避（金融・財政政策での協調），②金融危機の再発防止（金融市場の規制・金融機関の監督），IMF改革などが話し合われた[12]。

「大いなる安定」の終焉

金融危機が発生するまでの20年以上のアメリカは，大いなる安定（great moderation）と総括されたような，景気変動の縮小およびインフレ率の低下を経験してきた。例えば，実質GDP成長率の標準偏差（ばらつき）は，1960年から1984年までの間は2.7％であったのに対して，1984年から2001年までの間は1.6％に低下した[13]。

---

[12] もともとG20は，アジア通貨危機後の国際金融システムの議論を行うに際して，従来のG7（先進7カ国財務大臣・中央銀行総裁会議）に加え，主要な新興市場国の参加が必要とされることが認識されたことを受け，1999年以降開催されていたものである。参加メンバーはG7（日，米，英，独，仏，伊，加），アルゼンチン，オーストラリア，ブラジル，中国，インド，インドネシア，韓国，メキシコ，ロシア，南アフリカ，サウジアラビア，トルコと，EU議長国，欧州中央銀行（ECB）のほか，IMFや世界銀行等の国際金融機関の代表。G20サミット（首脳会議）が開催されたのは2008年が最初である。

[13] この大いなる安定には，次の3つの要因があった。第1は，在庫管理に関する技術や金融イノベーションなどの経済構造の変化，第2は，インフレの安定化につな↗

第10章　金融のグローバル化と国際資本市場

(金利：％)　　　　　　　　　　　　　　　　　　　　(実質実効為替レート)

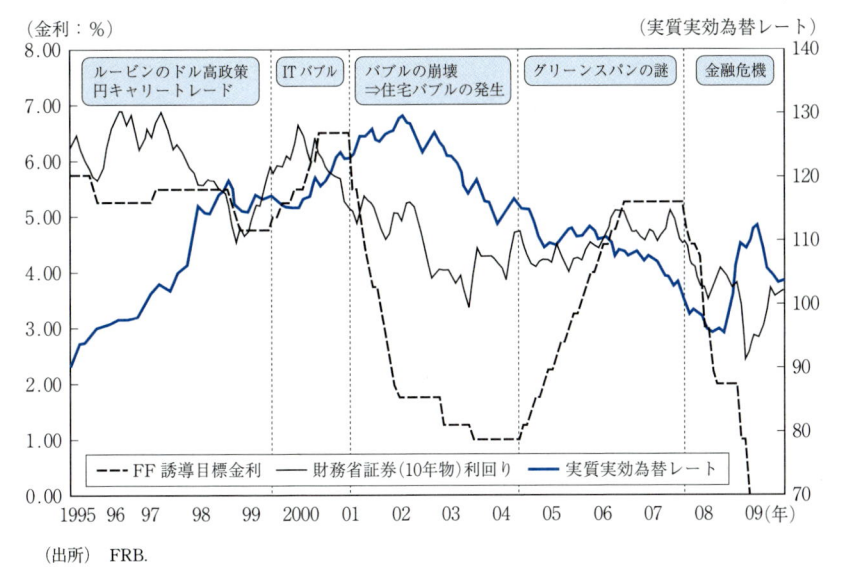

[図：アメリカの長短金利と為替レートの推移グラフ。期間区分として「ルービンのドル高政策 円キャリートレード」「ITバブル」「バブルの崩壊⇒住宅バブルの発生」「グリーンスパンの謎」「金融危機」。凡例：FF誘導目標金利、財務省証券(10年物)利回り、実質実効為替レート。期間1995〜2009年]

(出所)　FRB．

図10‑12　アメリカの長短金利と為替レートの推移

　図10‑12は，1995年以降のアメリカの長期金利（10年物国債利回り），短期の政策金利（フェデラルファンド・レート），およびドルの実質実効為替レートの推移を示したものである。1990年代後半から金融危機が発生するまでの10年間（1995〜2005年）は，日本ではバブル崩壊後の「失われた10年」と呼ばれ，米国ではITバブルに住宅バブルが続いた「熱狂の10年」の時期であった。そして，グローバルインバランスが拡大し，世界金融危機の起源となる種が蒔かれた時期であった。以下では，この10年間を，図10‑12を参照しながら概観しておこう。

逆プラザ合意とドル高政策(1995年)　　起点は，1995年のルービン財務長官（当時）による逆プラザ合意（Reverse Plaza Accord）とも呼ばれるドル高政策にとることができる。93年1月から進行した円高は，95年3月から4月にかけて急激に進行（同年4月19日に東京外国為替市場で当時における戦後

がった金融政策の成功，第3は，大きな経済ショックがなかったことやグローバル化の進展によるリスク分散などの幸運である（Bernanke, B., "The Great Moderation," Remarks at the Meetings of the Eastern Economic Association, February 20, 2004.）。

253

最高値の1ドル＝79.75円を記録）した。これに対し，4月25日のG7において，ドルの下落に対する「秩序ある反転」について合意し，7月7日にはNY市場で七夕介入と言われる協調介入を実施し，これ以降ドルが反転した。97年には127円台，98年8月には147円台までドル高が進行した。

1997年の**アジア通貨危機**は，ドルペッグ制を採用していたタイ・バーツがドル高に連動して割高になったことが大きな一因であった。ドル高と新興国の通貨危機は，「貧しい国から豊かな国へ」という資本移動の逆転を引き起こす契機となったのである（補論**10.1**を参照）。

円キャリートレードと円安の定着（1990年代後半）　この時期のドル高・円安を進行させた要因として，96年末頃から始まったとされる**円キャリートレード**がある。低金利の円を借り入れ，高金利のドルなどの通貨で運用する円キャリートレードが活発化すると，借り入れた円を外国為替市場で売る過程で，円安をもたらす。本来は経常収支の黒字によって円高が進行するはずの日本で，円売りが多いために円安が進行した[14]。

この90年代後半のドル高によって，世界中の巨額の資金が米国に流入すると同時に，経常収支赤字は，1995年の1136億ドル（対GDP比1.5%）から，2000年には4174億ドル（同4.2%）にまで急拡大した。こうしてアメリカの経常収支赤字の持続可能性が問題視されるようになると同時に，グローバルインバランスの種が蒔かれたのである。

ITバブルの崩壊とFRBの金融緩和（2000年代前半）　他方，1990年代後半のインターネット関連企業への過剰投資は，1999年から2000年にかけて**ITバブル（ドッドコム・バブル）**を生み出し，1996年には1000ドル前後で推

---

[14] 円キャリートレードが行われる条件は，日本の低金利状態が長期間続くと想定されることや，将来的に円安の可能性が高いと想定されることである。逆に，日本の金利が上昇したり，円高が進行したりすると，円借り取引を継続していると為替差損が拡大するリスクが高まるので，ポジションを解消（手仕舞い）しようと，早めに円を買い戻す動き（巻き戻し）が出て，円高となる。1998年9月のロシア通貨危機で，円キャリートレードを利用してエマージング・マーケットに巨額投資を行っていた大手ヘッジファンドLTCMが破綻し，それをきっかけにして他のヘッジファンドらも一斉に円キャリートレードの解消（ドル売り・円買い）に動き始めたため，円/ドル相場は10月初旬に111円台にまで急騰した。

第10章　金融のグローバル化と国際資本市場

移していた NASDAQ の平均株価は，1999年には2000ドルを突破，2000年3月10日には5048ドルの最高値を付けた。しかし，2000年4月より株価は大きく反転し，IT バブルは崩壊した。これを受け，2001年1月3日に，FRB は FF レート誘導目標（Target Rate）を6.5％から6.0％に引き下げ，以後13回に渡って段階的に引き下げ，2003年6月25日には1％まで引き下げられ，約1年間この水準で据え置かれた。

この IT バブル崩壊後の金融緩和は，住宅バブルを引き起こした大きな要因である。2000年第1四半期を100として算出する S&P ケース・シラー全米住宅価格指数は，2005年第1四半期には，169.19まで上昇した。こうした住宅価格の上昇等に支えられた消費拡大によって，高い経済成長を達成したのである。

「グリースパンの謎」と「世界的過剰貯蓄」（2005年）　住宅バブルの沈静化をはかるため，FRB は誘導金利を2004年6月30日に1％から1.25％に引き上げ，以後16回に渡って段階的に引き上げた。2006年6月29日には5.25％まで引き上げられ，1年3カ月近くこの水準に据え置かれた。しかし他方で，長期国債（10年物）の利回りは，誘導金利を引き上げた2004年6月の4.89％から，1年後の2005年6月には3.90％まで，逆に下落した。

FRB のグリーンスパン議長（当時）は，短期の政策金利を引き上げたにもかかわらず，長期金利が上昇しない（あるいは低下した）ことを「謎」（conundrum）と証言した。このグリーンスパンの謎は，住宅バブルを沈静化するための金融政策が失効していたことを意味した。これに対し，FRB のバーナンキ理事（当時）は，「過去10年間，グローバルな貯蓄の供給の著しい増加，つまり世界的貯蓄過剰が，アメリカの経常収支赤字と今日の世界的な長期金利の低水準の双方を説明する」という世界的貯蓄過剰（global saving glut）という仮説を述べた[15]。

バブルの崩壊・レバレッジの解消・グローバルリバランス　住宅バブルの崩壊によって，サブプライム・ローンを組み込んだ証券化商品の価格

---

[15] Bernanke, B., "The Global Saving Glut and the U.S. Current Account Deficit," FRB Speech, March 10, 2005.

は暴落した。過大なレバレッジをかけてそれに投資していた金融機関は債務超過に陥り、破綻ないしは TARP による公的資金による資本注入を受けた。EU の金融機関も、こうした証券化商品に投資していたので、アメリカの金融危機は欧州の信用不安にもつながった。

　自己資本の充実を求められた金融機関は、レバレッジの解消（デレバレッジ）に向かい、そのことが実体経済に大きな打撃を与えることになった。金融危機が実体経済に波及することによって、消費は縮小し、一時的にではあれ、グローバルインバランスは縮小（グローバルリバランス）に向かったのである。

　なお、バブルとその崩壊（boom and bust）の一因に、個別の金融機関に対して健全性を求める金融規制が、金融システムやマクロ経済全体の安定性を損なう可能性があるとの認識が共有されてきている。個別の金融機関に自己資本の充実を求める BIS 規制（自己資本比率規制）は、下記の式で表されるように、預金業務を行っている商業銀行に対して、（信用リスクや市場リスク等に応じてウェイト付けられた）総資産に対する自己資本の比率を 8％以上に維持することを求めるものである[16]。

$$自己資本比率 = \frac{自己資本}{（リスクによってウェイト付けられた）総資産} \geq 8\%$$

金融危機が発生すれば、個別金融機関は、分子の自己資本が小さくなっているため、分母の総資産を縮小させようとして、レバレッジの解消（デレバレッジ）に向かう。そうすると、リスクウェイトの高い民間企業への貸出しが減り、こうした貸し渋り（credit crunch：信用収縮）は、実体経済に大きなダメージを与える。このように、BIS 規制には、「好況期には貸出しが増加し（景気を過熱させ）、不況期には貸し渋りが起こる（景気を悪化させる）」というプロシクリカリティ（pro-cyclicality：景気循環増幅効果）が作用する。望ましいの

---

[16] BIS 規制は、1988年にバーゼル銀行監督委員会（Balse Committee on Banking Supervision）により公表され、1992年末（邦銀には93年 3月）から適用が開始された。その後、分母のリスクアセットの見直しが行われ、2004年にバーゼルⅡ（新 BIS 規制）を公表、2006年末（邦銀には07年 3月）より導入された。金融危機後に再び BIS 規制の見直し（特に分子の自己資本の厳格化）が検討され、バーゼルⅢ の合意と適用に向けて作業が進んでいる。

は，「好況期には景気を抑制し，不況期には景気を回復させる」といった**カウンターシクリカリティ**（counter-cyclicality：**景気循環抑制効果**）を持つ金融規制である。このように，世界金融危機後における金融規制改革の議論では，従来の個別金融機関に対するミクロプルーデンス規制（micro-prudential regulation）だけではなく，システム全体の安定性を損なうことのない**マクロプルーデンス規制**（macro-prudential regulation）が重視されてきている。

10.5 欧州債務危機

ソブリン危機から金融危機へ

欧州債務危機（European sovereign-debt crisis）は，2009年10月，ギリシャの総選挙において誕生した新政権が，前政権によって対 GDP 比3.7%とされてきた財政赤字が，実際には12.7%もあると発表したことに直接の発端ある。

これをきっかけに，ギリシャ国債の格下げが相次ぐとともに，図 10-13 に示されているように，ギリシャと同様に安定成長協定（SGP）の財政規律が守られていないアイルランド，ポルトガル，イタリア，スペイン各国（これら5カ国の頭文字を取って PIIGS または GIIPS と呼ばれる[17]）の財政赤字と**デフォルト（債務不履行）**に対する懸念から，資金が流出し，ユーロ圏で最も信用の高いドイツ国債へと流れ込んだ。こうしたリスクプレミアムの高まりから，図 10-14 に示されているように，これら諸国の国債価格が急落（利回りは上昇）し，ドイツ国債との利回り拡差（スプレッド）が急拡大した。

これに対して，EU は IMF と共同して，2010年5月にギリシャに対して1100億ユーロの第1次支援が決定されると同時に，**欧州金融安定ファシレイティー**（European Financial Stability Facility：**EFSF**）の創設に合意した。これによって，最大で7500億ユーロ（EU [600億ユーロ]，EFSF [4400億ユーロ]，IMF [2500億ユーロ]）の融資枠が決まり，特に財政状況が悪かったアイルランドとポルトガルに対して支援が行われた。また，2011年6月の欧州理事会では，EFSF の規模拡大と，将来 EFSF の業務を引き継ぎ，恒久的な機

---
[17] PIIGS という侮辱的な言葉ではなく，GIIPS と並べ替えられる場合も多い。

第Ⅳ部 国際資本市場と国際通貨システム

(対GDP比：%)

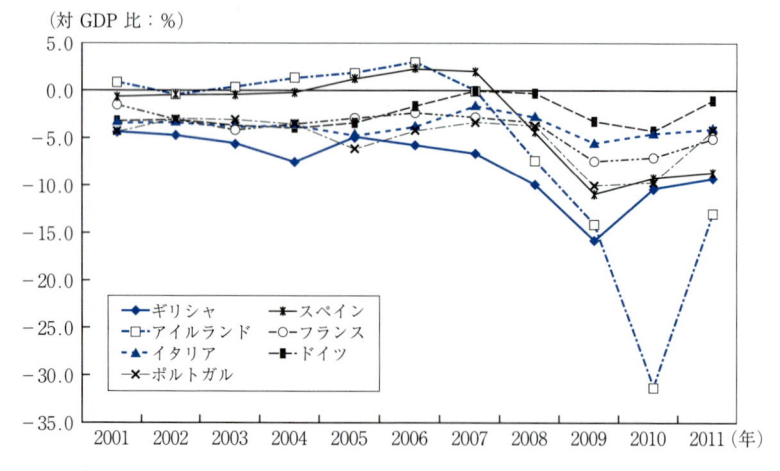

凡例：
- ギリシャ
- アイルランド
- イタリア
- ポルトガル
- スペイン
- フランス
- ドイツ

(出所) European Commission, Eurostat より作成。

図10‑13 EU諸国の財政赤字

関として格上げされる**欧州安定メカニズム**（European Stability Mechanism: ESM）の設立が合意された。

さらに，2012年2月には，ギリシャに対する1090億ユーロの第2次支援が決定された。この決定には，①ギリシャは政府債務の対GDP比を165％（2011年）から120.5％（2020年）まで削減すること，②民間債権者が保有する政府債務の削減という**民間セクター関与**（Private Sector Involvement: PSI）と，これに同意しない債権者にも参加を強制する**集団行動条項**（Collective Action Clauses: CAC_S）が含まれている。この結果，約1000億ユーロの債務が圧縮され，ギリシャが無秩序なデフォルトに陥ることは回避された。

こうした過程で，これらの支援と同時に要求されたギリシャの財政再建策には，大幅な公務員給与カットや年金支払いの削減，消費税の増税が含まれ，ギリシャでは公務員による大規模なデモやストライキが相次いだ。他方，EUが財政移転同盟（transfer union）に転換することを懸念し，ギリシャ支援に消極的だったドイツは，ユーロ圏で共通の国債を発行する**ユーロ共通債**の導入にも反対している。

このような欧州債務危機は，これら諸国の国債を大量に保有しているEU

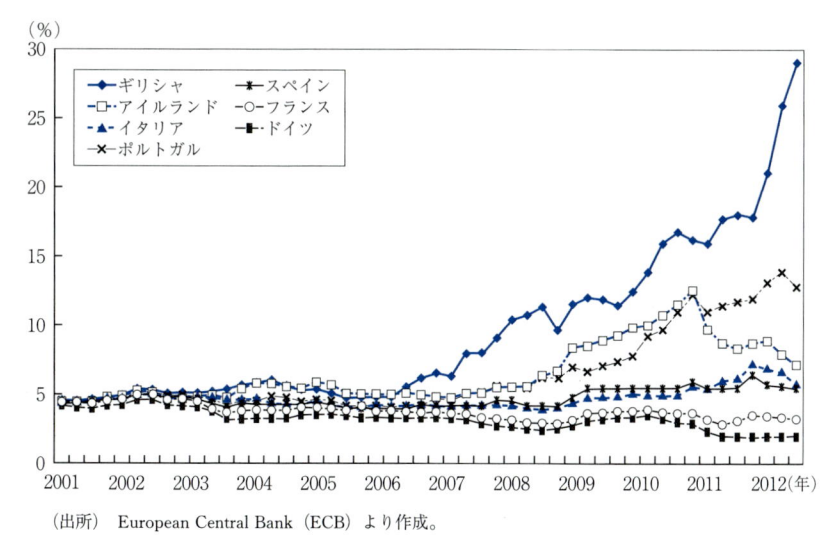

図10-14 EU諸国の国債利回り
（出所）European Central Bank (ECB) より作成。

の金融機関のバランスシート問題となり，**金融危機**へと発展した。2011年1月には，**欧州銀行監督機構**（European Banking Authority：**EBA**）を発足させ，域内90の金融機関に対して**ストレステスト**（資産査定による健全性審査）を実施し，7月にその結果が公表された。しかし，2011年10月には，ギリシャやイタリアの国債を大量に保有し，資金繰りが行き詰まっていた大手金融機関のデクシアが破綻，フランスとベルギー両政府から900億ユーロの公的資金が注入され，一部国有化された。こうした中，ユーロ圏の「最後の貸し手」である**欧州中央銀行（ECB）**は，政策金利の引き下げ，預金準備率の引き下げ，大量の国債買いオペなど金融緩和を行い，潤沢な流動性を供給してきた。

また，もともとEUでもアメリカと同様の不動産バブルが発生していた。2001年以降アメリカのITバブル崩壊が，特にドイツ経済に深刻な不況をもたらし，ECBは，2003年半ばから2005年末までの2年半の間，2％という低金利政策を維持した。そのため，インフレ率の高いアイルランドとスペインのような国では，実質金利はマイナスとなり，ユーロへの参加によって，そうでなければ到底手に入れることのできなかった高い信用によりもたらされた低金利が，著しい住宅＆消費ブームを引き起こすことになった。2006年より景気過熱

と不動産バブルが懸念されたので金利は4.25％まで引き上げられ，バブルが崩壊すると，不動産融資は不良債権化した。

さらに，ユーロ圏の金融機関が抱えていた不良債権は，域内の不動産融資やPIIGS諸国の国債だけではなかった。EUの金融機関は，金利の安いアメリカの短期金融市場でドル資金を調達し，それでサブプライム・ローン関連を含む高利回りの証券化商品に投資を行っており，金融危機発生時までに，こうしたドル建て資産のポジションを解消（デレバレッジ）できていなかったのである。金融危機の勃発とともに，米国の短期金融市場での借り換え（ロール・オーバー）が困難になると，欧州の金融機関はドル建ての資金繰りが困難となり，欧州ではドル不足も深刻化した。欧州中央銀行（ECB）は，ユーロ資金は供給できても，ドル資金の供給ができるのは，アメリカの連邦準備銀行（FRB）だけである。そこで，ECBとFRBがスワップ協定を結ぶことで，ドル資金が供給された。

競争力格差から域内不均衡の拡大へ

9.4で述べたように，EUはユーロ導入に当たって4つの収斂基準を設け，その基準を満たした国でユーロが導入された。その後も，ユーロの価値を維持するため，財政赤字の対GDP比3％以下という安定成長協定（SGP）は継続されたものの，図10-13に見られるように，すでに2000年代に入ってから各国間でバラツキが顕著になってきた。

為替レートによる調整がなく，しかも財政移転がなく，財政赤字が対GDP比3％以下というSGPの財政規律を守って，ユーロという単一通貨を維持するため，ユーロ導入後の2000年の欧州理事会（EU首脳会議）において，リスボン戦略（Lisbon strategy）という2010年までの中期計画に合意した（2010年に欧州2020［Europe 2020］に引き継がれた）。そこでは知識経済の振興による生産性の上昇とともに，賃金の柔軟性（flexibility）と雇用の保障（security）を兼ね備えたデンマーク型のフレキシキュリティ（flexicurity）を理想とした労働市場改革が謳われた。

しかし実際には，こうした構造改革は進まず，生産性上昇と賃金上昇には格

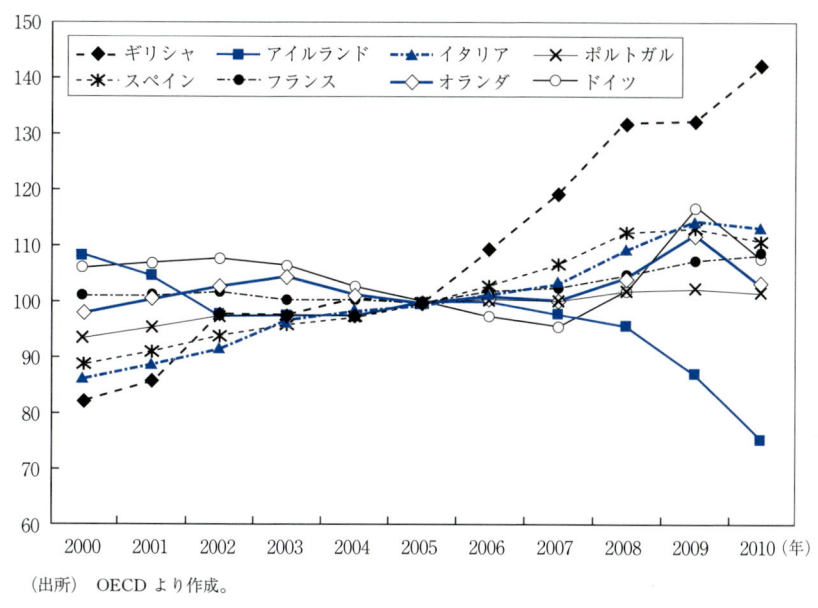

第10章　金融のグローバル化と国際資本市場

（出所）　OECD より作成。

図 10 - 15　EU 諸国のユニット・レイバー・コスト（2005年＝100）

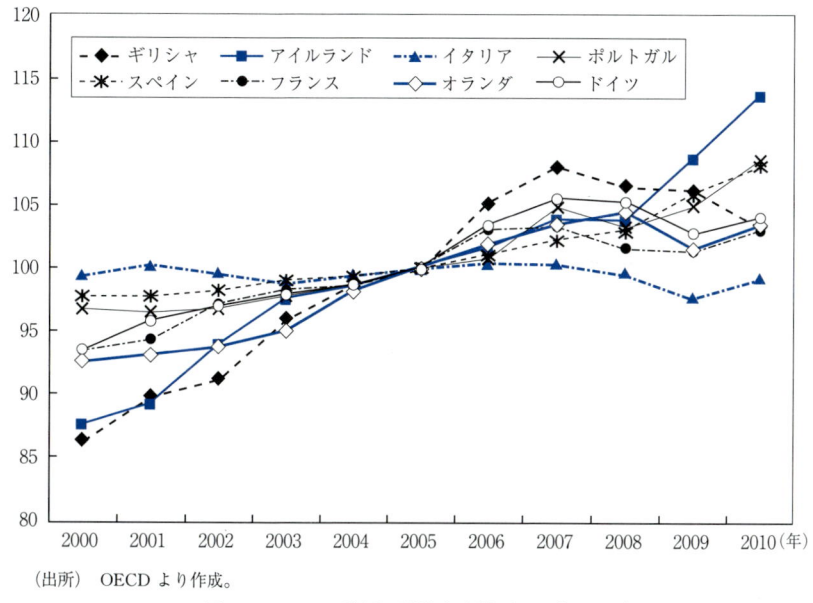

（出所）　OECD より作成。

図 10 - 16　EU 諸国の労働生産性（2005年＝100）

差が広がった。図10-15と図10-16に示されているように，ドイツやオランダのような北の国と，ギリシャやポルトガルのようなPIIGS諸国とを比べると，生産性上昇率は北の方が高く，賃金上昇率はPIGGS諸国が高かった。したがって，生産性上昇率＞賃金上昇率である北の国よりも，生産性上昇率＜賃金上昇率であるPIIGS諸国の方が，インフレ率は高くなった。

　こうした格差は，名目為替レートの変動が自由であるならば，南の国の通貨が減価することによって調整されるが，ユーロ圏では名目為替レートによる調整は不可能である。したがって，南の国の実質為替レートは増価し（過大評価され），対外的な競争力は弱まった。つまり，ユーロ導入の条件であった４つの収斂基準のうち，ドイツのような北の地域と，ギリシャをはじめとする南の地域の間で，「①財政収支不均衡の拡大⇒②長期金利格差の拡大⇒③インフレ格差の拡大⇒④実質為替レートの増価と減価」という不均衡が拡大してしまったのである。そして，財政移転が不可能なユーロ圏で，その不均衡を調整したのが，域内の資本移動であった。

　図10-17に見られるように，PIIGS諸国への資本流入は，ユーロ導入直後の2000年頃から2008年前半にかけて拡大している。これらの国では，資金を調達しやすくなりスペイン，アイルランドでは不動産バブルが生じた。一般に，インフレ率の高い南の地域では，それだけ名目金利も高くなり，ユーロという単一通貨圏で資本移動が自由な場合，金利の安い北で資金を調達し，金利の高い南で資金を運用すれば金利差で利益を稼ぐことができる。このような裁定取引によって，北の地域から南の地域へ資金が流入したのである。また，インフレ率が高い地域では，不動産や住宅価格の上昇率も高いから，北の地域への不動産・住宅投資も進み，さらにインフレ率が高い国では債券の名目金利も高くなるので，ギリシャ国債など南の国の債券への投資も拡大したのである。

　こうしてPIIGS諸国では，民間も政府も，北の地域に対する債務を膨張させ，図10-18に見られるように，北の地域の銀行は，PIIGS諸国に対する貸出でエクスポージャーを高めていった。そしてギリシャの財政赤字の粉飾が発覚したときバブルは崩壊し，同じく図10-18に見られるように，銀行はバランスシート調整に向かったのである。

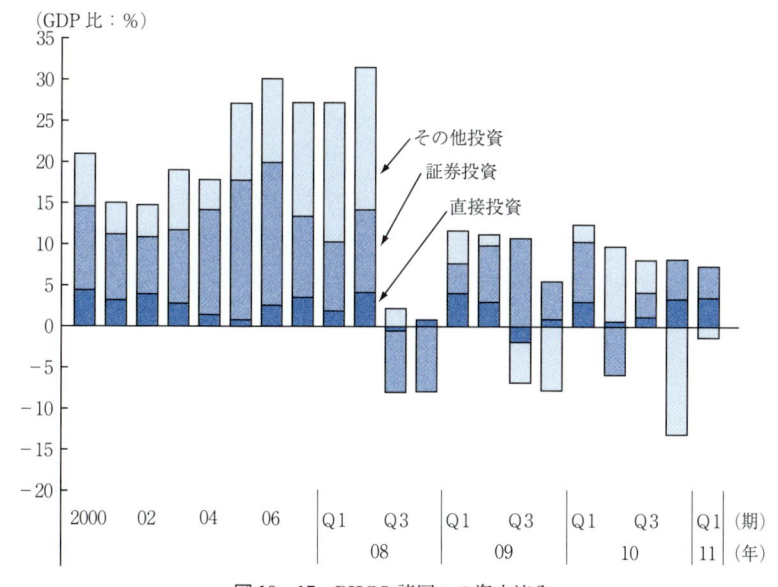

第10章　金融のグローバル化と国際資本市場

図10‐17　PIIGS諸国への資本流入

（出所）　IMF，内閣府『世界経済の潮流 2011年Ⅱ』。

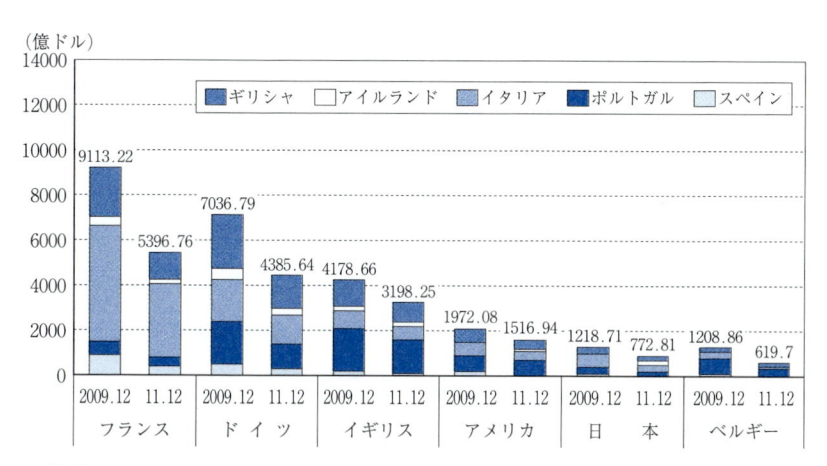

（資料）　BIS, Consolidated Banking Statistics（国際与信統計）より作成。

図10‐18　PIIGS諸国への与信残高

補論 10.1　アジア通貨危機

　1997年7月，タイの通貨バーツの急落をきっかけに，インドネシアや韓国などで波及的に通貨が暴落し，これら3カ国は国際通貨基金（IMF）の支援を求めることとなった。通貨危機に伴って，現地の金融機関や企業の破綻が相次ぎ，こうした金融危機は実体経済に大きな打撃を与え，経済危機に発展した。以下では，アジア通貨危機は，金融グローバル化の産物であったことを検討しよう。

通貨危機

　一般に**通貨危機**（currency crisis）とは，①固定相場制を採用している国の通貨が，外国為替市場で大量に売り浴びせられ，②通貨当局による自国通貨の防衛（外貨準備を用いた自国通貨の買い支え）にもかかわらず，③外貨準備が枯渇してしまうと，自国通貨の価値が維持できなくなり，通貨価値が暴落することを意味する。当該通貨が売り浴びせられるのは，近い将来その国の通貨価値が維持できない（通貨価値が大きく下落する）という予想から，通貨価値を維持している（通貨価値が高い）間に売っておこうとするからである。また，通貨危機に陥った国は，国際通貨基金（IMF）から短期資金（国際流動性＝通常は米ドル）の供与を受け，枯渇した外貨準備を補填すると同時に，IMFからは通貨危機に陥った要因を除去するような緊縮政策をコンディショナリティーとして求められる。

　タイの通貨バーツの場合，1ドル＝25バーツ（1バーツ＝0.04ドル）という固定相場制（**ドルペッグ制**）を採用していたが，経常収支の悪化（対外支払いの必要性）から，外国為替市場ではバーツを売ってドルを買う動き（ドル需要）が強まっていた。固定相場制を採用している場合，外国為替市場でドルを供給するのは通貨当局であるので（第2章を参照），通貨当局の外貨準備は減少し始める。外貨準備が減少し始めると，やがて通貨当局はバーツを切り下げるのではないか（例えば1ドル＝30バーツ［1バーツ＝0.03ドル］）という予

想から，多くの市場参加者はバーツが高いうちに売っておきたいという動機から，一斉にバーツを売り浴びせることとなった。そのため，タイの中央銀行の外貨準備は枯渇し，実際にバーツの通貨価値は大きく下落し（1ドル＝40バーツ［1バーツ＝0.025ドル］）以下に急落し，固定相場制を維持できなくなったのである。

アジア通貨危機におけるトリレンマ

このアジア通貨危機の原因をタイについて，図10-19を参照に，もう少し詳しく検討しておこう。

①1986～95年の10年間のタイ経済は，平均成長率が9.5％という極めて高い経済成長を記録し，新興国の仲間入りを果たすとともに，1990年にIMFの8条国に移行した（経常取引に関する為替管理の撤廃）。これに続き1993年には，BIBF（Bangkok International Banking Facilities）というオフショア市場を創設し，事実上の資本の自由化に踏み切った（資本取引における資本規制の撤廃）。これをきっかけに，タイの高い成長率（高い投資収益率）を求めて，外国から巨額の資本流入が始まった。

②タイへ巨額の資本が流入したもう1つの重要な理由は，固定相場制であった。タイの経済成長を支えたのは対米輸出であり，対米依存度の高い多くのアジア諸国と同じく，米ドルに対して自国通貨を固定するドルペッグ制を採用していた。全く為替リスクのない状態で高い収益率を入手できるので，外国の金融機関はタイへの投資を拡大していった。他方，1995年からアメリカがドル高政策（10.4を参照）に転じると，米ドルに対して固定されていたバーツも連動して，他の通貨に対して過大評価されることになり（実効為替レートの増価），タイの経常収支は悪化した。

③タイの通貨当局は，資本流入によるマネーサプライの増加（バーツ売り）と，それに伴うインフレと実質為替レートの増価を防ぐため，不胎化介入（バーツ買い）を行おうとするが，バーツ買いは金利を上昇させ，さらなる資本流入を招き，マネーサプライは増加を続け，インフレとバブルをもたらすこととなった。

■第Ⅳ部　国際資本市場と国際通貨システム

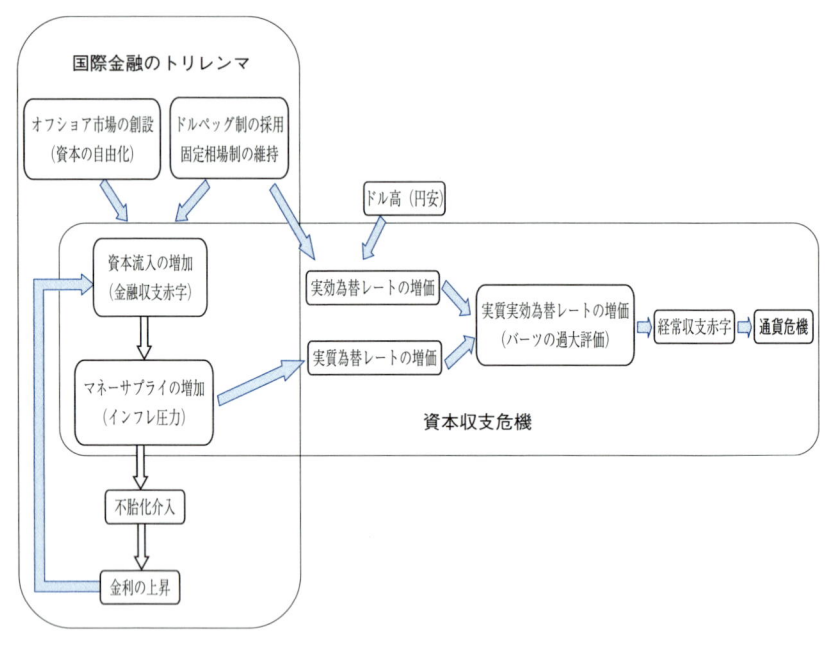

図10-19　アジア通貨危機のメカニズム（タイのケース）

　これらのことから，以下の3つのことが分かる。

　第1に，この①②③は，「資本移動が自由である場合，固定相場制の下では，金融政策（マネタリーベースを一定に保つ不胎介入）は無効である」という，典型的な**国際金融のトリレンマ**であった。したがって，自国の中央銀行が金融政策の独立性（マネーサプライのコントロール）を維持したければ，固定相場制を放棄するか，資本移動の自由を放棄するか，のいずれかしかなかったのである。

　第2に，通貨危機の直接の引き金となったのは，確かにバーツの**実質実効為替レート**の増価（バーツの過大評価）による経常収支の悪化と，それによる外貨準備の枯渇であった。しかし，経常収支赤字は結果であり，その原因は，BIBFの開設を契機とした資本の自由化と，巨額の資本流入による金融収支赤字であった。したがって，アジア通貨危機は，従来の**経常収支危機**というより，新しいタイプの**資本収支危機**であった。

第3に，タイの通貨危機は，以下のような**ダブル・ミスマッチ**があった。1つ目は，現地の金融機関が，国際資本市場から資金を短期で借り入れ，それを国内企業に長期で貸し付けるという**満期ミスマッチ**（maturity mismatch）である。バブルの崩壊によって，国内企業への融資が不良債権化したために，国際資本市場での借換えが困難となった。2つ目は，現地の金融機関が，国際金融市場から資金をドル建てで借入れ，それを国内企業に現地通貨建てで貸し付けるという**通貨ミスマッチ**（currency mismatch）である。バーツの価値が大幅に下落したため，対外債務の自国通貨建て負担が大きくなった。

アジア通貨危機の教訓

　アジア通貨危機は，それまでの通貨危機といくつかの点で，決定的に異なっている。とりわけ，アジア通貨危機では，貸し手も借り手もともに民間部門であるということが重要である。例えば，1980年代のラテンアメリカの債務危機は，貸し手は民間部門（例えばアメリカの銀行）であったが，借り手は公的部門（例えばメキシコ政府）であり，このソブリン・ローンが**債務不履行（デフォルト）**となったことによって発生したものであった。これに対して，アジア通貨危機は，新興国タイの民間部門の借り手が，国際資本市場にアクセスすること（具体的にはオフショア市場を通じての民間資金の借入れ）が容易になり，この民間部門の対外債務の返済が困難になったことによって発生したものであった。バブルの崩壊によって，現地企業への貸出しが不良債権化したことによって，金融機関の破綻が相次ぎ，また通貨危機によって対外債務の自国通貨建て価値の返済負担が大きくなったことによって，金融危機が深刻化し，実体経済に大きな打撃を与えた。その意味で，アジア通貨危機は，**アジア金融危機**でもあり，金融グローバル化の産物であった。

　アジア通貨危機以降，東アジア，特に**ASEAN＋3**（ASEAN 10カ国プラス日本・中国・韓国）において，次のような地域金融協力の枠組みが形成された。第1は，危機が発生した際における流動性供給スキームの構築であり，**チェンマイ・イニシアティブ**（Chiang Mai Initiative: CMI）といわれる。CMIは，2国間（バイラテラル）での通貨スワップ協定（2国間で短期的な資金の融通

を行う取極）であるが，その後，2国間取極のネットワークを，1本の多国間協定に束ねることで合意し，2010年には CMI のマルチ化が締結された。第2は，平時における「ドル建ての短期資金」に依存しない「現地通貨建て長期資金」の安定的な供給スキームの創出であり，具体的にはアジア債券市場の育成である。これは，次の2つの方向から進められた。1つ目のアジア債券市場育成イニシアティブ（Asian Bond Market Initiative: ABMI）は，供給側からのアプローチであり，これまでに日系現地合弁企業による起債や，国際金融間による現地通貨建て債券が発行されてきた。もう1つのアジア・ボンド・ファンド（Asian Bond Fund: ABF）は，需要側からのアプローチであり，外貨資産の一部を東アジア諸国の国債，政府系企業債に投資するためのファンドで，投資家のアジア債券投資への呼び水となることを狙っている。

練習問題

10.1 ユーロ市場は，どのような経緯で発展をしてきたか説明しなさい。

10.2 1990年代から進展した金融のグローバル化には，どのような特徴があるか説明しなさい。

10.3 補論を読んで，アジア通貨危機が典型的な国際金融のトリレンマであることを説明しなさい。

10.4 1990年代後半から拡大したグローバルインバランスには，どのような特徴があるか説明しなさい。

10.5 アメリカの経常収支と対外純資産には，どのような関係があり，またそのことのインプリケーションを述べなさい。

10.6 サブプライムローン問題が，リーマンショック，さらには世界金融危機へと発展していったメカニズムを説明しなさい。

10.7 欧州債務危機はどのような背景で発生したのか説明しなさい。

練習問題解答

第1章

1.1～1.3は略。

1.4 対外総資産を A，対外総負債を L，対外純資産を F，および世界利子率を r^* とすると，所得収支は，

$$r^*F = r^*(A-L) \tag{1}$$

と表され，$F<0$ ならば，(1)で表される所得収支<0となるはずだからである。

しかし，世界利子率のかわりに，対外総資産から受け取る利子率を r^A，対外総負債に対して支払う利子率を r^L とすると，所得収支は，

$$r^A A - r^L L = r^A (L+F) - r^L L = r^A F + (r^A - r^L)L \tag{2}$$

と表される。米国は $F<0$ なので，(2)で表される所得収支>0になるためには，右辺第1項 $r^A F$ のマイナスを上回って，第2項 $(r^A - r^L)L$ がプラスでなければならない。そのためには，「$r^A > r^L$ かつ L の値が十分に大きいこと」が必要である。つまり，米国がグロスの対外資産から受け取る金利の方が，グロスの対外負債に対して支払う金利より大きく，かつ米国の対外バランスシートに高いレバレッジがかかっているからである。

第2章

2.1 **2.3** の図2-4，および **2.4** の図2-5を参照。
2.2 **2.4** の図2-6を参照。
2.3 以下の表を参照。

	(1)	(2)	(3)	(4)	(5)
名目為替レート(S)	100円	90円	100円	100円	90円
米国製自動車(P^*)	2万ドル	2万ドル	2万ドル	3万ドル	3万ドル
米国製自動車(SP^*)	200万円	180万円	200万円	300万円	270万円
日本製自動車(P)	200万円	200万円	250万円	200万円	200万円
実質為替レート(SP^*/P)	1	0.9(実質増価)	0.8(実質増価)	1.5(実質減価)	1.35(実質減価)

第3章

3.1　カバー付き金利平価は資本移動が完全に自由であれば必ず成立するが，カバーなし金利平価は，それに加えて，内外資産が完全に代替的であり，投資家がリスク・プレミアムを要求しないときに成立するというより強い仮定が必要である．詳細は**補論3.2**を参照．

3.2　67～68頁の脚注(1)を参照．

3.3　①　(3-3)に，$i=0.04$，$i^*=0.06$，$S^e=100$を代入して，Sについて解くと，
$$0.04 = \frac{100}{S} - 0.94 \quad \therefore S \approx 102$$

②　(3-3)に，$i=0.03$，$i^*=0.06$，$S^e=100$を代入して，Sについて解くと，
$$0.03 = \frac{100}{S} - 0.94 \quad \therefore S \approx 103$$

③　(3-3)に，$i=0.04$，$i^*=0.05$，$S^e=100$を代入して，Sについて解くと，
$$0.04 = \frac{100}{S} - 0.95 \quad \therefore S \approx 101$$

④　(3-3)に，$i=0.04$，$i^*=0.06$，$S^e=95$を代入して，Sについて解くと，
$$0.04 = \frac{95}{S} - 0.94 \quad \therefore S \approx 97$$

3.4　①　図3-3を参照．72～73頁の②のケース．短期的に自国通貨は減価する．

②　図3-4（75頁）のケース．短期的に自国通貨は大きく減価（オーバーシュート）するが，物価水準の上昇とともに，長期的には増価する．

3.5　**3.5**を参照．

第4章

4.1　略．

4.2　本章(4-1)から(4-2)への変形（脚注(3)）を参照．

4.3　自国（先進国）と外国（途上国）の間で，貿易財部門では一物一価（購買力平価）が成立しているが，非貿易財部門ではそれが成立していない．他方，貿易財（製造業）部門では，先進国の生産性が高く，非貿易財（サービス業）部門では，両国の生産性は等しい．両部門で労働が自由に移動できるならば，各国で単一の賃金が成立するので，貿易財部門の生産性の高い先進国の賃金および消費者物価水準は高くなり，それが低い途上国の賃金および消費者物価水準は低くなる．したがって実質為替レートは，前者では増価し，後者では減価する．

4.4　本章(4-6)から(4-7)への変形（脚注(7)）を参照．

4.5 本章(4-12)から(4-13)への変形（脚注(8)）を参照。
4.6 物価が硬直的な短期のアセット・アプローチでは，UIP によって利子率の上昇は自国通貨を増価させる。しかし，物価が伸縮的な長期のマネタリー・アプローチでは，実質金利が一定の場合，名目利子率の上昇は，フィッシャー効果により，期待インフレ率の上昇に伴ったものと考えられる。期待インフレ率の上昇は，PPP によって自国通貨を減価させる。

第5章
5.1 **5.1**（および**補論5.1**）を参照。
5.2 **5.2**の図5-2，およびその説明を参照。
5.3 **5.3**の図5-5，およびその説明を参照。

第6章
6.1 ① 輸出需要の弾力性を η_x，輸入需要の弾力性を η_m とすると，マーシャル＝ラーナーの条件である「$\eta_x+\eta_m>1$」が満たされる場合に，経常収支の赤字は円安によって改善される。
② Jカーブ効果とは，マーシャル＝ラーナーの条件が短期的には満たされず，長期的には成立する場合，為替レートの変動によって一時的に経常収支の不均衡が拡大し，一定の時間が経過した後に縮小する現象である。
③ 円高によっても企業が現地通貨建て価格を大きくは変更しない場合，パススルーは低下し，為替レートによる経常収支の調整メカニズムが低下する（表6-4の数値例に対する解説を参照）。
6.2 ① $CA=Y-A$　∴ $CA \lessgtr 0 \Leftrightarrow Y \lessgtr A$　(6-4)を参照。
② $CA=(S^P-I)+(T-G)$　∴ $CA \lessgtr 0 \Leftrightarrow (S^P-I)+(T-G) \lessgtr 0$　(6-5)を参照。
③ 146頁の貿易乗数の導出過程を参照。
6.3 **6.3**の図6-5，およびその説明を参照。

第7章
7.1 ① (7-1)，(7-2)，(7-3)の3本の連立方程式から，3つの変数（所得 Y，金利 i，為替レート S）を解くことができる。
② 図7-2パネル ⓐ より，固定相場制下で金融政策は有効ではないが，図7-2パネル ⓑ より，財政政策は有効である。
③ アセット・アプローチで使われるカバーなし金利平価は，資本移動が完全に自由である場合の外国為替市場の均衡条件である。したがって，「固定相場制下

では金融政策に有効ではない」という②の結論は，(1)為替レートの固定，(2)自由な資本移動，(3)金融政策の独立性が鼎立しないという国際金融のトリレンマ命題を意味している。

7.2　①　(7-4)の導出および163頁の「BP 曲線の形状」を参照。

　　　②　(7-4)を $i=i^*$ とおき，図7-3パネルⓐより，変動相場制下で資本移動が完全に自由な場合，金融政策は有効である。

　　　③　図7-3のパネルⓑから，変動相場制下で資本移動が完全に自由な場合，財政政策は完全に無効となる。しかし，図7-8のパネルⓐⓑⓒの順で，資本移動の程度（資本移動の利子に対する感応度）が低くなるにつれて，変動相場制下でも財政政策は有効となってくる。表7-2にその結果がまとめられている。

第8章

8.1　**8.2** の恒常所得仮説（および**補論5.1** の期待効用仮説）を参照。

8.2　①　**8.2** の時間選好率を参照。

　　　②　図8-2の右下がりの直線。

　　　③　$u'(C_1)=(1+r)\beta u'(C_2)$　　（または $\dfrac{u'(C_1)}{\beta u'(C_2)}=1+r$）

　　　　現在消費に対する将来消費の限界代替率＝現在消費に対する将来消費の相対価格。**8.2** のオイラー方程式の導出を参照。

　　　④　オイラー方程式。

　　　⑤　将来消費に対するウェイト β が大きい（時間選好率 ρ が小さい）場合は，現在の消費より将来の消費を高く評価し，将来消費に対するウェイト β が小さい（時間選好率 ρ が大きい）場合は，将来の消費より現在の消費を高く評価する。

8.3　①　$C_1+\dfrac{C_2}{1+r}=Q_1+\dfrac{Q_2}{1+r}+\left[\dfrac{f(I_1)}{1+r}-I_1\right]$

　　　　8.3 の(8-7)の導出過程を参照。

　　　②　$f'(I_1)=1+r$　（投資の限界効率＝1＋利子率）

　　　　8.3 の(8-9)の導出過程を参照。

8.4　現在の生産に比較優位を持ち，現在の消費に対する選好が低い自国は，第1期に経常収支黒字を計上し，第2期に経常収支赤字を計上する。逆に，将来の生産に比較優位を持ち，かつ現在の消費に対する選好が高い外国では，第1期に経常収支赤字を計上し，第2期に経常収支黒字を計上する。両国で経常収支黒字と赤字の異時点間貸借を行うことで，両国とも消費の平準化が達成され，資本移動のない閉鎖経済よりも高い効用を得ることができる（**8.4** を参照）。

8.5 資本移動が完全に自由であれば，各国の投資は世界全体の貯蓄により賄われるので，国内貯蓄と国内投資の間には何ら相関関係が存在しないはずである。しかし，フェルドシュタインとホリオカは，OECD 各国の貯蓄率と投資率のデータを用いた分析から，両者に明確な正の相関関係が存在することを明らかにした。国内貯蓄と国内投資の強い相関関係は，資本移動の自由化が進んでいるとの認識とは矛盾するパズルである（**8.5** を参照）。

第 9 章

9.1 ブレトンウッズ体制には，①為替レートの固定，②経常取引に関する通貨の交換性（為替の自由化＝為替管理の撤廃），③IMF による短期国際流動性の供与という 3 つの原則があった。ブレトンウッズ体制崩壊後，①については，主要先進国が変動相場制に移行し，②については，資本取引に関しても通貨の交換性（資本の自由化＝資本規制の撤廃）が推進され，③については，長期の開発資金を供与してきた世界銀行との役割分担が曖昧になってきた。

9.2 IMF は，経常収支危機に陥り外貨準備が枯渇した加盟国に短期の国際流動性の供与をする機関であり，世界銀行は，もともと戦後の復興資金を供与する機関であったが，その後途上国に対する長期の開発資金を供与する機関となった。

9.3 ドルが国際通貨であり続けているのは，ドルが民間レベルで決済機能，つまり媒介通貨の役割を果たし続けているからである。ドル本位制とは，ドルが媒介通貨の地位を独占した国際通貨システムのことである。民間部門の決済がドルを媒介通貨としていることから，公的部門においてもドルが介入通貨として機能することになり，そのことによってドルが準備通貨として保有されることになっているのである（**9.3** の「ドル本位制と媒介通貨」の項を参照）。

9.4 最適通貨圏とは，財・サービスおよび生産要素の移動が自由で，個別に独立の通貨を持ってその価値を変動させるより，域内で固定相場制あるいは単一通貨を採用することの方が望ましい経済圏を意味する。ある国にとって，固定相場制あるいは単一通貨を採用することの便益（為替リスクや取引コストの消滅）が，その費用（為替レートの変動による不均衡の調整ができなくなること）を上回る場合に，当該国は通貨同盟に参加することが望ましいと判断される。最適通貨圏の条件としては，①生産要素（特に労働力）の移動性，②経済の開放度（財市場の統合度），③非対象的な経済ショックを緩和する財政移転などが挙げられる。

9.5 1992年末までの市場統合を完成させた EU は，ヒト・モノ・カネは自由に域内で移動できる建前になったが，ヒト・モノ・カネの自由移動にとって最後の障壁は，通貨が異なることによる取引コスト（両替手数料など）や為替リスクであった。単一通

貨ユーロを導入したのは，こうした取引コストや為替リスクが消滅するからである。ユーロの導入に当たっては，①財政赤字と政府債務，②インフレ率，③長期金利，④為替レートの固定という4つの収斂基準が設けられ，これらの条件を満たした国の間でユーロが導入された。

第10章

10.1　ユーロ市場は，1960年代以降，次のような経緯で拡大を続けてきた。①アメリカの規制がかからない自由な市場であったため，アメリカに比べて，高い預金金利と低い貸出金利を設定できた。国内の預金と同じように，ユーロダラー預金も貸し出されるので，信用創造メカニズムが働き，このメカニズムを通じて，ユーロ市場は1960年代に大きく拡大した。②1970年代の石油ショックによって産油国に蓄積されたオイルマネーが，ユーロ市場に大量に預金として預けられたことによって，ユーロ市場の規模は飛躍的に拡大した。③オイルダラーの巨額の借入れを1つの要因として，1980年代にラテンアメリカで発生した債務危機（累積債務問題）により，ユーロカレンシー市場は縮小した。しかし，ユーロカレンシー市場に代わってユーロ債市場が発展してきた。

10.2　金融のグローバル化によって，民間部門において巨額の資本移動が発生した。まず，それまで民間資金が流れにくかった新興市場に，多額の資本が流入したが，アジア通貨危機以降は，「貧しい国から豊かな国へ」資金の流れは逆転した。とりわけ，先進国で顕著なのは，ストックとして国際資産取引の爆発的拡大である。この結果，世界の経常収支不均衡（グローバルインバランス）が拡大すると同時に，一国の対外バランスシートである国際投資ポジションがグロスのレベルで肥大化した。

10.3　補論**10.1** の図10-19に対する解説を参照。

10.4　1990年代後半以降のグローバルインバランスには，それまでの経常収支不均衡とは違って，以下の3つの特徴がある。①これまでの経常収支不均衡は，主として，アメリカ，EU（特にドイツ），および日本という先進国間で発生してきたものであるが，90年代後半以降のグローバルインバランスには，中国を筆頭とするアジアの新興諸国，それにロシアや産油国といった新しい経常収支黒字国を含んでいる。②対外不均衡には，フローの概念である経常収支だけではなく，ストックの概念としての国際投資ポジションが含まれ，グロスの対外資産と対外負債が両建てで拡大した。③フローの意味でもストックの意味でもグローバルインバランスが調整される局面で発生するリスクが予想された。結果としては2007年以降の世界金融危機によって，実体経済が大きく縮小することによって，グローバルインバランスは調整されることになった。

10.5　対外純資産を *NFA*，経常収支を *CA*，キャピタルゲインを *KG* とすると，

$$\Delta NFA = CA + KG \quad (NFA_t = NFA_{t-1} + CA_t + KG_t)$$

という関係がある。そして，キャピタルゲインの額は経常収支赤字額を上回る場合さえあり，巨額のキャピタルゲインの存在により，経常収支は悪化を継続しても対外純負債は安定ないしは改善することさえあった。このことは，アメリカの対外予算制約を緩和し，経常収支赤字を持続可能なものとしてきた。

10.6　2000年代初めの FRB による度重なる利下げにより，住宅バブルが発生し，とりわけ低所得者向けのサブプライムローンが拡大した。こうした住宅ローン拡大の背景には，それらを組み込んだ住宅ローン担保証券などの証券化商品が開発され，それを高いレバレッジをかけて購入する金融機関がいたからである。住宅バブルが崩壊すると，こうした証券化商品の価格は暴落し，多くの金融機関は不良債権を抱え，債務超過に陥ることで，金融危機が発生した。サブプライムローンを組み込んだ証券化商品は，アメリカ以外（特に EU）の金融機関も大量に購入していたので，世界金融危機にまで発展した。

10.7　2009年10月，ギリシャの財政赤字が，前政権の公表していた数字より，実際にははるかに大きいことが発覚した。これをきっかけに，ギリシャ国債の格下げが相次ぐとともに，ギリシャと同様に財政規律が守られていない PIIGS 諸国の財政赤字とデフォルト（債務不履行）に対する懸念から，資金が流出し，ユーロ圏で最も信用の高いドイツ国債へと流れ込んだ。こうしたリスクプレミアムの高まりから，これら諸国の国債価格が急落（利回りは上昇）し，ドイツ国債とのスプレッドが急拡大した。こうした PIIGS 諸国の国債を購入していたドイツやフランスなどの金融機関は，不良債権を抱えることになり，信用不安が広がった。欧州債務危機の背景には，ユーロ導入後の構造改革が PIIGS 諸国では進まず，生産性上昇と賃金上昇には格差が広がったことにある。ドイツなど EU の北の国と，PIIGS 諸国とを比べると，生産性上昇率は北の方が高く，賃金上昇率は PIIGS 諸国が高かった。そうした PIIGS 諸国がユーロ建て国債を発行できたことがこの債務危機の根本問題であった。

文献・統計資料案内

全　般

　本書と同レベルの国際金融論（国際マクロ経済学）のテキストブックとしては，下記のようなリストを挙げることができる。洋書テキストのうちでは，[1]が定評のあるものである。[2]は理論の説明やその適用，また直感的理解を助けるフローチャートの多用など出色のもので，貿易編と金融編を分けて入手することもできて便利である。国際金融に特化したテキストでは，[3][4]が分かりやすい。邦語テキストのうちでは，[5]が版を重ね定評のあるものである。[6]は国際マクロ経済学の理論を丁寧に教えている。[8]は少し前の本で絶版中だが，内容は少しも古びていない名著である。[9]は国際金融の実証に焦点を当てたユニークなテキストである。

[1]　Paul R. Krugman, Maurice Obstfeld and Marc Melitz, *International Economics*, 10th. Edition, Prentice Hall, 2014（山形浩生・守岡桜訳『クルーグマン国際経済学』上：貿易編　下：金融編，丸善出版，2017年）.

[2]　Robert C. Feenstra and Alan M. Taylor, *International Economics*, 3rd. Edition, Worth Publishers, 2014（同書の国際マクロ経済学の部分は独立で出版されている。Robert C. Feenstra and Alan M. Taylor, *International Macroeconomics*, 3rd. Edition, Worth Publisher, 2014）.

[3]　Keith Pilbeam, *International Finance*, 4th. Edition, Palgrave Macmillan, 2013.

[4]　Maurice D. Levi, *International Finance*, 5th. Edition, Routledge, 2009.

[5]　高木信二『入門　国際金融』（第 4 版）日本評論社，2011年。

[6]　藤井英次『国際金融論』（第 2 版）新世社，2013年。

[7]　小川英二・岡野衛士『国際金融』東洋経済新報社，2016年。

[8]　浜田宏一『国際金融』岩波書店，1996年。

[9]　小川英治・川崎健太郎『MBAのための国際金融』有斐閣，2007年。

第 I 部

国際収支および SNA 統計

下記は数年に一度改訂される財務省国際局スタッフが中心になって執筆されているものである。国際収支，外国為替市場，国際通貨システムなどが図表とともに正確に説明されている。

[10] 神田眞人（編著）『図説 国際金融，2015-2016年版』財経詳報社，2015年。

- 日本の国際収支統計については，財務省および日本銀行のウェブサイトを参照。
  http://www.mof.go.jp/international_policy/reference/balance_of_payments/index.htm
  http://www.boj.or.jp/statistics/br/bop/index.htm/
- 日本の国民経済計算（GDP 統計）については，内閣府の下記のウェブサイトを参照のこと。
  http://www.esri.cao.go.jp/jp/sna/menu.html
- アメリカの国際収支や GDP 統計は，商務省の Bureau of Economic Analysis を参照。
  http://www.bea.gov/
- IMF の International Financial Statistics（IFS）および Balance of Payments Statistics（BOPS）は有料のデータベースだが，IMF 加盟国全ての最も基本的な資料である。
  http://www.imf.org/external/data.htm
  http://elibrary-data.imf.org/

外国為替市場および為替レート統計

- 外国為替市場および為替レート統計については，日本銀行・FRB・ECB 等の中央銀行，IMF の下記のウェブサイト等を参照。
  http://www.boj.or.jp/statistics/market/forex/index.htm/
  http://www.federalreserve.gov/Releases/H10/current/default.htm
  http://www.ecb.int/stats/exchange/eurofxref/html/index.en.html
  http://www.imf.org/external/np/fin/data/param_rms_mth.aspx
- 外国為替市場の仕組みについては，Sam Y. Cross, *All About the Foreign Exchange Market in the United States*（国際通貨研究所訳『外国為替市場の最新知識』東洋経済新報社，2000年）．が，ニューヨーク連銀のウェブサイトからダウンロードできて，邦訳と合わせて読めば自学自習に最適である。ただ少し古いので「for historical purposes only」という断り書きがある。
  http://www.ny.frb.org/education/addpub/usfxm

277

第Ⅱ部

[11] [12] ともに為替レートの理論的研究であり，[12] は初学者向きである。なお為替レートの統計資料は，上記第Ⅰ部の「外国為替市場および為替レート統計」を参照。

[11] Peter Isard, *Exchange Rate Economics*, Cambridge University Press, 1995（須斎正幸・秋山優・高屋定美訳『為替レートの経済学』東洋経済新報社, 2001年）.

[12] Jeffery A. Frankel, Lucio Sarno, and Mark P. Taylor, *The Economics of Exchange Rates*, Cambridge University Press, 2003.

- 購買力平価の統計については，OECD およびペンシルヴァニア大学の Penn World Table が便利である。
  http://www.oecd.org/document/47/0,3746,en_2649_34347_36202863_1_1_1_1,00.html
  http://pwt.econ.upenn.edu/

第Ⅲ部

[13] はマンデル゠フレミング・モデルや最適通貨圏の理論に関するオリジナル論文が含まれている。[14] は大学院レベルの国際マクロ経済学の金字塔で，同書の第 1 章が本書の第 8 章に相当する。大学院レベルの国際マクロ経済学はこの動学モデルを基本として，その他のトピックスを位置づけている。[15] は動学モデルを基本に据えた日本で最初のテキストブック，[16] は実証研究の対外不均衡に関する専門書である。[17] は「新しい国際マクロ経済学」のサーベイ論文である。

[13] Robert Mundell, *International Economics*, Macmillan, 1968（渡辺太郎・箱木真澄・井川一宏訳『国際経済学』（新版）ダイヤモンド社, 2000年）.

[14] Maurice Obstfeld and Kenneth Rogoff, *Foundations of International Macroeconomics*, MIT Press, 1996.

[15] 河合正弘『国際金融論』東京大学出版会, 1994年。

[16] 松林洋一『対外不均衡とマクロ経済──理論と実証』東洋経済新報社, 2010年。

[17] Philip Lane, "The New Open Macroeconomics: A Survey," *Journal of International Economics*, 54, 2001, pp. 235-266.

第Ⅳ部

[18] [19] は国際通貨システムの歴史的研究の権威による代表的著作。[20] [21] は通貨同盟とユーロ危機に関するものである。[22] は本書では触れなかった国際通貨危機モデルが詳しく展開されている。[23] は国際金融論の全般的なテキストブックであるが，本書では詳しく触れることができなかった国際的な金融規制について詳しく叙述されてい

る。[24]は本書第Ⅲ部の内容を現場の視点から解説している。

- [18] Barry Eichengreen, *Globalizing Capital: A History of the International Monetary System*, 2nd. Edition, Princeton University Press, 2008（第1版の翻訳は, 高屋定美訳『グローバル資本と国際通貨システム』ミネルヴァ書房, 1996年）.
- [19] Barry Eichengreen, *Global Imbalances and the Lessons of Bretton Woods*, The MIT Press, 2010（松林洋一・畑瀬真理子訳『グローバル・インバランス』東洋経済新報社, 2010年）.
- [20] Paul De Grauwe, *Economics of Monetary Union*, 11th. Edition, Oxford University Press, 2016（田中素香・山口昌樹訳『通貨同盟の経済学（原書第8版）』勁草書房, 2011年）.
- [21] 田中素香『ユーロ危機とギリシャ反乱』岩波新書, 2016年。
- [22] 小川英治『国際通貨システムの安定性』東洋経済新報社, 1998年。
- [23] 勝悦子『新しい国際金融論』有斐閣, 2011年。
- [24] 佐久間浩司『国際金融の世界』日経文庫, 2015年。

- EU についての包括的な統計は, 下記の Eurostat や ECB 等を参照。
  http://epp.eurostat.ec.europa.eu/portal/page/portal/eurostat/home/
  http://www.ecb.int/stats/html/index.en.html
- OECD 諸国についての包括的な統計は, 下記を参照。
  http://stats.oecd.org/index.aspx
- 国際比較統計を簡単に調べるならば, 総務省統計局『世界の統計』（各年版）が便利で, 下記のウェブサイトから全てエクセル形式でダウンロードできる（『日本の統計』も便利）。
  http://www.stat.go.jp/data/sekai/index.htm
- 財務省の下記のウェブサイトは, 主要な国際会議・国際金融機関等を網羅していて, 便利である。
  http://www.mof.go.jp/international_policy/index.html

索　引

ア行

アジア金融危機　267
アジア債券市場　268
アジア債券市場育成イニシアティブ（ABMI）　268
アジア通貨危機　1, 52, 199, 234, 239, 254, 264, 266, 267
アジア・ボンド・ファンド（ABF）　268
アセット・アプローチ　64, 65, 68, 87, 95, 102, 103, 159
新しい国際マクロ経済学（NOEM）　172
アブソープション　143
アブソープション・アプローチ　132, 134, 142, 144
アンカー　227
安定成長協定（SGP）　230, 260
域内市場白書　225
異時点間貿易　133, 195
異時点間貿易モデル　172
一時的なショック　73
一物一価　3-5, 66, 87, 91, 109, 111, 140, 228
一方的移転　23, 26
インカムゲイン　250
インターバンク市場　39
ウォール街＝財務省複合体　220
売持ち　49
円キャリートレード　254
円建て外債　35, 236
オイラー方程式　182-184, 186
オイルダラー　237
オイルダラーの還流　237
オイルマネー　232, 237
欧州安定メカニズム（ESM）　258
欧州銀行監督機構（EBA）　259
欧州金融安定ファシレイティー（EFSF）　257
欧州債務危機　1, 6, 230, 234, 257
欧州中央銀行（ECB）　14, 78, 229, 259, 260
欧州通貨危機　226, 227
欧州通貨制度（EMS）　225-227
欧州通貨単位（ECU）　225, 226
欧州2020　260
欧州連合（EU）　224, 227, 229
横断性条件　173
大いなる安定　252
大きすぎて潰せない（TBTF）　12
オーバーシューティング　73-75, 77
オープン・ポジション　50
オフショア市場　234, 237, 238, 265, 267
卸売市場　39, 40
オンショア市場　237

カ行

外貨準備　28-31, 36, 151, 152, 215, 216, 229, 230, 264
外国為替市場　38-41
外債　236
外需　24
買持ち　49
カウンターシクリカリティ　199, 257
価格差別　141, 142
価格調整　46
価格の硬直性　5, 64, 65, 87, 94, 132, 141
価格の伸縮性　5, 64, 65, 87, 88, 94
貸し渋り　13, 256
可処分所得　24
貨幣市場　71, 72
貨幣需要の所得弾力性　107
貨幣需要の利子半弾力性　107
貨幣乗数　128
貨幣数量説　74, 151

貨幣の長期中立性　74
為替介入　40
為替管理　214, 220, 265
為替切下げ競争　212
為替差益　36, 50
為替相場制度　154, 155
為替相場メカニズム（ERM）　225-227
為替ディーラー　40
為替の自由化　214
為替ブローカー　40
為替平衡操作　40, 46, 128
為替ポジション　49, 50, 223
為替持高　49
為替リスク　6, 49
慣性　223
関税　91
関税同盟　225
完全競争　160
完全雇用　65, 74, 147, 151
基軸通貨　216, 226, 227
基礎的不均衡　212, 213
期待効用仮説　125
期待効用関数　124
規模の経済性　224
逆プラザ合意　253
キャッシュフロー　205
キャピタルゲイン　34, 201, 249-251
キャピタルロス　33, 34, 201, 251
93 SNA　22
協調介入　219
共通農業政策　225
銀行間市場　13, 39, 40
金ドル交換停止　218, 220, 221
金ドル本位制　216, 223, 224
金本位制　151
金融危機　1, 13, 14, 239, 257, 259
金融市場のグローバルな統合　1, 238
金融収支　26-33, 159, 240
金融政策　132, 154-157, 160-163, 166-170, 200

金融・世界経済に関する首脳会合（G20）　252
金融のグローバル化　1, 8, 10, 11, 33, 64, 134, 175, 177, 211, 220, 234, 238, 250
金利効果　201
金利裁定　65-67, 87
金利平価　64, 87, 97-99, 104, 113
　カバー付き——（CIP）　51, 55, 57, 58, 84
　カバーなし——（UIP）　66, 67, 83, 84, 95, 155
金利平価条件　65
金利平衡説　236
近隣窮乏化政策　212
クラウディング・アウト　157, 231
グラス・スティーガル法　236
グラスマンの法則　140
グリーンスパンの謎　255
グルーベル=ロイド指数　240
グレシャムの法則　217
クレディビリィティ　48
グローバルインバランス　14, 133, 134, 234, 240, 245, 253, 254
グローバルリバランス　256
グロス　15, 18, 30, 32-35, 202, 240, 242, 245, 250
景気循環増幅効果　199, 256
景気循環抑制効果　199, 257
経済協力開発機構（OECD）　215
経済通貨同盟（EMU）　225, 227
経済のグローバル化　238
経常収支　18, 21, 22, 26-28, 30, 33, 34, 52, 132-135, 137, 143-145, 148, 149, 155-157, 159, 161, 164, 167, 168, 170, 172-176, 178, 185-191, 193, 195, 200-202, 240, 245, 246, 248, 249, 254
経常収支危機　266
経路依存性　224
ゲームのルール　151
減価　42
限界効用　177, 179-181
限界代替率　180, 182, 184, 186, 193

索引

原罪　35, 36
現在価値　174-176, 192, 202, 203, 205, 206
交易条件　53
公開市場　116
交換性　214, 215, 220
恒久的なショック　73
恒常所得仮説　178, 179, 182
構造調整融資（SAL）　221
購買力平価（PPP）　4, 65, 87, 91, 95, 97-99, 101, 102, 104, 108-110
　絶対的——　88, 89, 91, 92, 94, 111
　相対的——　88, 89, 91, 92, 97-99, 104-106
効用関数　177, 179-182
小売市場　39, 40
コールレート　13
国際金本位制　211
国際金融のトリレンマ　77-79, 118, 162, 214, 265, 266
国際決済銀行（BIS）　40, 234
国際資本市場　1, 234, 235, 267
国際収支（BOP）　18, 27, 28, 30, 31, 132, 133, 159
国際収支の調整　132
国際収支のマネタリー・アプローチ　134, 151
国際収支マニュアル　25, 32, 159
国際通貨　211
国際通貨基金（IMF）　25, 210, 215, 220, 264
国際通貨システム　210
国際投資ポジション（IIP）　15, 18, 30-34, 133, 242, 243, 245, 246
国際復興開発銀行（IBRD）　→世界銀行
国際流動性　217, 218, 264
国内均衡　147, 148
国内総生産（GDP）　19-23, 143
国民可処分所得（NDI）　23
国民経済計算（SNA）　18, 25, 143
国民総所得（GNI）　21, 23, 143
国民総生産（GNP）　22

誤差脱漏　26, 29, 32
固定相場制　46, 47, 52, 78, 79, 122, 132, 157, 162, 163, 169-171, 212, 218, 226, 264
古典派の二分法　74
コミットメント　48
コンソル債券　206
コンディショナリティー　215, 221, 264

サ 行

サービス収支　22, 27, 28
債券価格　205
債権国　33
最後の貸し手（LLR）　13
財政移転　228, 258, 260, 262
財政収支　24, 25
財政政策　132, 154-156, 159, 161-163, 168-171, 200, 230
財政連邦主義　230
裁定　3-5, 66
裁定業者　7
最適通貨圏　6, 224, 227-229
債務危機　220, 231-233, 237, 239, 267
債務国　33, 201
債務削減　232
債務超過　12
債務の株式化　232
債務不履行　36, 231, 257, 267
債務返済繰り延べ　220, 232
先物為替レート　38, 48
先物ディスカウント　50, 51, 57, 84
先物取引　48
先物プレミアム　50, 51
（先渡）取引　48
サブプライム・ローン　251, 255, 260
サプライサイド・エコノミックス　231
サムライ債　35, 236
産業内貿易指数　240
三面等価の原則　19, 24
ジェンセンの不等式　125
直先スプレッド　50

283

直物為替レート　38, 48
直物取引　48
時間選好　180
時間選好率　177, 179-184, 186, 193, 194, 203
自己実現的　71
自己資本　3, 8-10, 13
自己資本比率　9
自己資本比率規制　10, 256
資産価格　11, 65
資産効果　121
資産取引　1, 23, 33, 234, 235, 240-242
資産の完全代替　85, 113, 114, 119, 126, 127
資産の代替性　124
資産の不完全代替　85, 113, 114, 116, 123, 126
資産バブル　8, 10, 12, 240
市場介入　46, 116, 128, 158, 170
市場別価格設定（PTM）　140, 141
システム上重要な金融機関（SIFIs）　12
自然対数　80
実現不可能な三位一体　78
実効為替レート　38, 53, 57, 58, 265
実質為替レート　3, 4, 38, 51, 52, 91, 93, 98, 99, 111, 112, 150, 151, 155, 265, 266
実質金利平価　96, 97, 99
実質減価　52
実質実効為替レート（REER）　54, 55, 266
実質増価　52
実質利子率　12, 96, 99, 196, 259
実物ショック　175, 199, 228
シニョレッジ　216
資本移動　1, 132, 154, 160, 163, 165-170, 172, 175, 177, 185, 186, 188, 193-200, 238, 239, 254, 262
　完全な──　56, 57, 67, 85, 113, 163, 165, 166
　不完全な──　67, 166-171
資本移動の感応度　165
資本規制　57, 79, 124, 132, 163, 170, 215, 220, 265

資本収支　159, 160, 164, 165, 167, 266
資本収支危機　266
資本注入　13, 14
資本の限界生産性　198
資本の限界生産力　186, 192, 193
資本の自由化　65, 78, 214, 215, 239, 265
収穫逓増　224
重商主義　133
住宅バブル　251, 255
住宅ローン担保証券　251
集団行動条項（CACs）　258
終端条件　173
14条国　214
収斂基準　225, 229, 230, 260
主観的割引率　177, 178, 180, 183, 203
純輸出　19-22, 24, 25, 155
証券化商品　251, 255
証券投資　26, 27, 31
小国　160, 194
小国開放経済　160, 163, 173
乗数効果　146
消費　19, 21, 22, 24
消費財　188-191
消費の平準化　133, 177, 179, 182, 199
商品裁定　87, 88
ショート・ポジション　49
所得効果　196
新興市場　1, 238, 239, 245
人的資本　198
信用収縮　256
信用創造　237
数量調整　46
スクウェア　50
スタグフレーション　232
ストック　14, 15, 18, 32-35, 133, 240, 245
ストレステスト　259
スミソニアン合意　218
スワン・ダイヤグラム　147
静学　134, 172, 175
政策協調　211, 219

索　引

生産可能曲線　187-189, 192-194
生産関数　186-188
生産性　6, 92, 93, 260, 262
政府支出　19, 21, 22, 24
制約条件付き最適化問題　183, 184
世界銀行（WB）　210, 215, 216, 220, 233
世界金融危機　1, 14, 211, 234, 245, 251
世界金利　160-162
世界的な過剰流動性　12
世界的な貯蓄超過　12, 255
世界の銀行家　202
世界のベンチャーキャピタリスト　202
世界利子率　173, 175, 184, 188, 194-197
セキュリタイゼーション　237
絶対的所得仮説　178
増価　42
総供給　23
総需要　24
贈与　23
租税回避地　238
その他投資　28, 29, 32, 34, 35, 263
ソブリン危機　257

タ 行

第1次所得収支　21-23, 27, 28, 30, 173, 174, 201, 247, 248, 250
第2次所得収支　21-23, 27, 28
対外インバランス　132
対外均衡　147, 148
対外資産負債残高　31
対外純資産　32-35, 173, 174, 187, 189-191, 200, 201, 243, 247-249
対外総資産　32-35
対外総負債　32-35
代替効果　196
大恐慌　212
対顧客市場　39, 40
貸借対照表　32
対数関数　80-84, 104-108
対数線形近似　81

対数の法則　81
代表的個人　177, 181, 182, 184
タックス・ヘイブン　238
ダブル・ミスマッチ　267
単一欧州議定書　225
短期　5, 65, 87
弾力性　83
弾力性アプローチ　132, 134, 144
弾力性悲観主義　137
弾力性楽観主義　137
チェンマイ・イニシアティブ（CMI）　267
中央銀行　13, 14
中間的な為替レート制度　80
長期　5, 65, 87
調整可能な釘付け　212
直接投資（FDI）　26, 27, 31, 34, 247
貯蓄投資バランス　18, 23-25, 142, 143, 145, 189, 190, 196
通貨危機　1, 48, 218, 239, 264, 266
通貨当局　26, 29, 40, 46, 48, 100, 102, 158, 159, 162, 169, 170, 264
通貨バスケット　57, 58
通貨発行益　216
通貨ミスマッチ　267
ティンバーゲンの原則　149
デフォルト　36, 232, 257, 267
デレバレッジ　13, 14, 256, 260
動学　133, 172, 175
動学的確率的一般均衡（DSGE）　172
動学的経路　74, 99
動学的最適化　183
投資　19, 21, 22, 24
投資財　188-190
投資の限界生産力　187, 192
投資の効率化　186
ドーンブッシュ・モデル　75
特別引出権（SDR）　218
ドッドコム・バブル　254
富の移転　36, 250
取引コスト　91

トリフィン・ジレンマ　218
ドル残高　216, 219
ドル建て外債　236
ドルペッグ制　57, 254, 264, 265
ドル本位制　219, 221-224
ドロール報告　225

ナ 行

内外価格差　5, 87
内需　24
ニクション・ショック　218
ネット　15, 30-33, 160, 200, 202, 240
ネットワーク外部性　224

ハ 行

媒介通貨　221, 222, 224, 227
ハイパワード・マネー　128, 129
パススルー　132, 140, 141
8条国　214, 239, 265
バブル　14
バブル経済　220
バラッサ゠サミュエルソン効果　92-94, 110
バランスシート　32, 33
バランスシート調整　262
パリティ・グリッド　226
比較優位　133, 172, 193, 195, 198
東アジアの奇跡　238
非対称性　217, 226, 227
ビッグマック指数　108, 109
ビナイン・ネグレクト　217
非貿易財　90, 92, 93, 110, 111
非ポンジ・ゲーム条件　173
評価効果　34, 35, 201, 250
フィッシャー効果　96-98
フィッシャー方程式　12, 97, 99, 105
フェルドシュタイン゠ホリオカのパズル　196, 197
不確実性　124
不完全雇用　65, 146
複式簿記　18, 26, 133

複利計算　203
不胎化介入　118, 119, 122, 123, 128
双子の赤字　210, 219, 230, 231
2つのコーナー解　80
物価・正価流出入機構　133, 151, 152
不動産バブル　259, 262
プライステーカー　160
プラザ合意　139, 219, 221, 227, 231, 238
不良債権　13
不良債権救済プログラム（TARP）　252, 256
ブレイディ債　232
ブレトンウッズ会議　210
ブレトンウッズ体制　46, 79, 210-217, 226
フロー　14, 18, 31, 33, 133, 240, 245
フロー・アプローチ　38, 42, 45, 64, 159
プロシクリカリティ　199, 200, 256
ヘクシャー゠オリーン・モデル　92, 199
変動相場制　5, 46, 64, 65, 78, 79, 132, 156, 161, 163, 166, 168, 170, 211, 218-220
貿易・サービス収支　19, 21, 22, 27, 28
貿易財　90, 92, 93, 110, 111, 189, 190
貿易収支　22, 24, 25, 27, 28
貿易乗数　144, 146
法外な特権　34, 200, 202
ポートフォリオ・バランス・アプローチ　113, 114, 120, 122-124
ホームバイアス　1, 197, 239

マ 行

マーシャル・プラン　215
マーシャル゠ラーナーの条件　43, 52, 132, 134, 137-139, 144, 149, 151
マーストリヒト条約　225
マクロプルーデンス規制　257
マネタリー・アプローチ　65, 87, 94, 95, 100-103, 105, 119, 134, 151
満期ミスマッチ　267
マンデル゠フレミング・モデル　132, 154-171

索　引

ミクロ経済的基礎づけ　173, 177, 183, 196
ミクロプルーデンス規制　257
民間セクター関与（PSI）　258
無裁定条件　4, 66, 68
無差別曲線　180-182, 193, 194
無償援助　26
名目為替レート　3, 51, 91, 93, 109
名目金利　12
名目減価　52
名目実効為替レート（NEER）　54
名目増価　52
名目利子率　96
モラトリアム　231

ヤ行

ヤンキー債　236
ユーロ　210, 224, 225, 227
ユーロ円　235
ユーロ円債　236
ユーロカレンシー　235
ユーロ共通債　258
ユーロ圏　78, 225, 229, 230, 259
ユーロ債　235
ユーロ市場　232, 234-237
ユーロダラー　235-237
ユーロドル債　236
ユーロペシミズム　225
輸出志向工業化　232
ユニット・レーバー・コスト　6
輸入需要の弾力性　136
輸入代替工業化　232
預金準備率　128
予算制約　173-178, 183, 184, 190-192, 194, 200
予想減価率　68, 84
予想収益率　68

ラ行

ライフサイクル仮説　178
ラグランジュ乗数法　184

ラッファー曲線　231
ラテンアメリカの債務危機　210
リーマンショック　1, 14, 252
リカード・モデル　92
離散時間　82
リスク愛好的　127, 128
リスク回避的　85, 113, 114, 125, 126, 178, 179, 182
リスク中立的　85, 113, 114, 126
リスクプレミアム　113-120, 124, 126, 128, 248
リスケジューリング　220, 232
リスボン戦略　260
流動性のジレンマ　217, 218
累積債務問題　220, 237
ルーカスの逆説　198, 199
レーガノミックス　210, 219, 230-232
レオンティエフの逆説　198, 199
歴史的偶然　223, 224
レギュレーションQ　236
レバレッジ　3, 9-12, 14, 240, 247, 256
連続時間　82
連邦準備銀行（FRB）　14, 235, 255, 260
労働市場改革　260
ローマ条約　224
ロング・ポジション　49

ワ行

ワシントン・コンセンサス　221
ワルラス法則　121

欧文

ABMI　→アジア債券市場育成イニシアティブ
ABF　→アジア・ボンド・ファンド
ASEAN＋3　267
BIBF　238
BIS　→国際決済銀行
　──規制　10, 256
BOP　→国際収支

287

CACs	→集団行動条項	Jカーブ効果	139
CIP	→カバー付き金利平価	LLR	→最後の貸し手
DSGE	→動学的確率的一般均衡	NDI	→国民可処分所得
EBA	→欧州銀行監督機構	NOEM	→新しい国際マクロ経済学
ECB	→欧州中央銀行	$n-1$ 問題	217
ECU	→欧州通貨単位	OECD	→経済協力開発機構
EFSF	→欧州金融安定ファシレイティー	PIIGS	7, 257, 260, 262
EMS	→欧州通貨制度	PPP	→購買力平価
EMU	→経済通貨同盟	絶対的――	→絶対的購買力平価
ERM	→為替相場メカニズム	相対的――	→相対的購買力平価
ERMⅡ	226, 227	PSI	→民間セクター関与
ESM	→欧州安定メカニズム	PTM	→市場別価格設定
EU	→欧州連合	REER	→実質実効為替レート
FRB	→連邦準備銀行	SDR	→特別引出権
FDI	→直接投資	SGP	→安定成長協定
GDP	→国内総生産	SIFIs	→システム上重要な金融機関
GIIPS	→PIIGS	SNA	→国民経済計算
GNI	→国民総所得	SAL	→構造調整融資
G20	→金融・世界経済に関する首脳会合	TARP	→不良債権救済プログラム
GNP	→国民総生産	TBTF	→大きすぎて潰せない
IBRD	→国際復興開発銀行	TTB	40
IIP	→国際投資ポジション	TTS	40
IMF	→国際通貨基金	UIP	→カバーなし金利平価
IS-LM 分析	154	WB	→世界銀行
IT バブル	254, 255		

《著者紹介》
岩本武和（いわもと・たけかず）

1957年　生まれ。
1988年　京都大学大学院経済学研究科博士後期課程単位取得退学。
1999年　京都大学博士（経済学博士）。
現　在　西南学院大学経済学部教授，京都大学名誉教授。
主　著　『ケインズと世界経済』岩波書店，1999年。
　　　　『岩波小辞典　国際経済・金融』（阿部顕三との共編著）岩波書店，2003年。
　　　　『グローバル・エコノミー〔第3版〕』（奥和義，小倉明浩，金早雪，星野郁との共著）有斐閣，2012年。
　　　　『IMF 資本自由化論争』スタンレー・フィッシャー他著（監訳，伊豆久，高橋信弘，佐藤隆弘との共訳）岩波書店，1999年。
　　　　『金融グローバル化の危機』ジョン・イートウェル，ランス・テイラー著（伊豆久との共訳）岩波書店，2001年，ほか多数。

Minerva ベイシック・エコノミクス
国際経済学　国際金融編

2012年10月25日　初版第1刷発行　　　　検印廃止
2021年 4月10日　初版第4刷発行
　　　　　　　　　　　　　　　　　　定価はカバーに
　　　　　　　　　　　　　　　　　　表示しています

著　者　　岩　本　武　和
発行者　　杉　田　啓　三
印刷者　　坂　本　喜　杏

発行所　　株式会社　ミネルヴァ書房
　　　　607-8494　京都市山科区日ノ岡堤谷町1
　　　　　　　　　電話代表　(075)581-5191番
　　　　　　　　　振替口座　01020-0-8076番

©岩本武和，2012　　冨山房インターナショナル・藤沢製本

ISBN 978-4-623-06479-3
Printed in Japan

MINERVA ベイシック・エコノミクスシリーズ

初級から中級レベルを網羅するテキスト
A5版・並製・平均280頁・2色刷り

監修　室山義正

マクロ経済学	林　貴志 著
ミクロ経済学	浦井　憲・吉町昭彦 著
財政学	室山義正 著
金融論	岡村秀夫 著
国際経済学（国際貿易編）	中西訓嗣 著
国際経済学（国際金融編）	岩本武和 著
社会保障論	後藤　励 著
日本経済史	阿部武司 著
西洋経済史	田北廣道 著
経済思想	関源太郎・池田　毅 著
制度と進化の経済学	磯谷明徳・荒川章義 著
経済数学（微分積分編）	中井　達 著
経済数学（線形代数編）	中井　達 著
統計学	白旗慎吾 著
ファイナンス	大西匡光 著

ミネルヴァ書房

http://www.minervashobo.co.jp/